Marius Baar

DAS ABENDLAND AM SCHEIDEWEG

MARIUS BAAR

Das Abendland am Scheideweg

Versuch einer Deutung der endgeschichtlichen Prophetie

VERLAG SCHULTE + GERTH, ASSLAR

ISBN 3-87739-315-2
1. Auflage Oktober 1979
2. Auflage November 1979
3. Auflage Dezember 1979
Umschlaggestaltung: Gisela Scheer
Titelbild: CONTACT Annie Boulat, Paris
Photonachweis:
Seite 8, 58, 72, 97, 100, 120 M. Baar
Seite 60, 85, 102, 104, 106, 164 dpa Frankfurt/M.
Seite 98 Contact, Paris
Seite 114 Jean-Luc Ryckelynck
Gesamtherstellung Mohndruck Graphische Betriebe GmbH, Gütersloh
Printed in Germany

Inhalt

WIDMUNG UND DANK

Allen, die um des Zeugnisses Jesu Christi willen leiden, meiner lieben Frau, mit der ich viele Jahre an vorderster Front im Kampf für das Evangelium stand, und unseren gemeinsamen Freunden gewidmet.

Mein Dank geht an alle Freunde in der Schweiz, in Deutschland und in Frankreich, die auf irgendeine Weise durch ihren Beitrag das Erscheinen dieses Buches ermöglicht haben, denen, die ihre Zeit und ihre Kenntnisse als Schreiber oder Übersetzer opferten, den Korrektoren, den Freunden, die mich ermutigten zu schreiben und mir halfen, manche Gedanken zu entwickeln. Schließlich möchte ich allen danken, die mir erlaubten, ihre Artikel (kostenlos) zu veröffentlichen.

Marius Baar

Iranisches Plakat. – »Der Endsieg wird kommen, wenn unser ganzes Land den Islam angenommen hat. Doch darüber hinaus muß noch ein anderer Sieg errungen werden: Der internationale Sieg des Islam und die Errichtung seines Reiches über die ganze Welt«, sagte der Ayatollah Khomeini. Und Tausende iranischer Frauen riefen während einer Demonstration: »Wir werden die Welt zum Islam bekehren!«

VORWORT DES VERLAGES

Du aber, Daniel, verbirg diese Worte und versiegle das Buch bis auf die Zeit des Endes! Dann werden viele darin forschen, und das Verständnis wird zunehmen.

Er sprach: Gehe hin, Daniel! Denn diese Worte sind verborgen und versiegelt bis auf die letzte Zeit. Viele sollen gesichtet, gereinigt und geläutert werden. Die Gottlosen werden gottlos bleiben, und kein Gottloser wird es merken; aber die Verständigen werden es merken (Daniel 12, 4, 9–10).

Das vorliegende Buch wurde von einem Mann geschrieben, der die Bibel ernst nimmt. Für ihn ist das von Gott auserwählte Volk Israel der Mittelpunkt allen Geschehens. In Abraham hat Gott den Stammvater für ein Volk auserwählt, dem er seine ganze Liebe und Aufmerksamkeit zuwandte. Aber gerade auf Abraham führt der Autor die Probleme der heutigen Zeit zurück.

Abraham hatte zwei Söhne, den ersten von der ägyptischen Magd Hagar, sein Name: Ismael. Den zweiten von seiner Frau Sara, sein Name: Isaak. Der erste Sohn war der *Sohn nach dem Fleisch,* wie Paulus in Galater 4 sagt, weil Abraham und Sarah nicht auf den verheißenen Sohn warten konnten oder wollten. Dann wurde der zweite Sohn geboren. Paulus nennt ihn *den Sohn nach der Verheißung,* weil Gott in diesem Sohn den Stamm Abrahams weiterführen, durch ihn das Volk Israel gründen und aus ihm den Messias, den Retter der Welt, hervorbringen wollte.

Ismael und Isaak haben sich nie vertragen. Deshalb wurde Hagar mit ihrem Sohn von Abraham verstoßen. Doch für beide Söhne erbat Abraham Gottes Segen, und für beide empfing er Verheißungen. Der Streit zwischen beiden hörte nie auf, und er hat sich heute, am Ende der Weltgeschichte, zum tödlichen Haß entwickelt.

Das Volk Israel und der heutige Staat Israel sind Nachkommen und Erben Abrahams und damit auch Verheißungsträger. Gott wird seine Verheißung einlösen.

Ismael ist Stammvater aller Araber geworden. Sie sind im Islam vereinigt, der mit der Industriemacht Öl zur Weltmacht aufzusteigen scheint.

Nach Darstellung dieses Buches ist die ganze Weltgeschichte eine Auseinandersetzung zwischen dem Gott Israels, Jahwe, und seinem Gegenspieler, Allah, der im Islam seine Gewalt ausübt.

Das Abendland steht nun am Scheideweg. Auf wessen Seite wird es sich stellen? Dieses Buch ist keine geradlinige Abhandlung, die man so nebenbei mal lesen kann. Wer daraus wirklich Erkenntnis gewinnen will, muß aufmerksam verfolgen, wie der Autor ein Stück nach dem anderen in dieses Puzzle einfügt, um uns zum Schluß ein gewaltiges, ja schockierendes Bild unserer gegenwärtigen Zeit vorzustellen.

Es ist unser Wunsch und Gebet, daß viele Leser den dargebotenen Stoff gründlich durcharbeiten und sich mit ihm auseinandersetzen. Bisher hat man vieles anders gesehen und biblische Aussagen anders interpretiert. Doch unter der Beweislast der Zeitereignisse kann man sich durchaus den Ausführungen des Autors anschließen.

Der Herausgeber

EINFÜHRUNG

Einen Propheten wie mich wird dir der Herr, dein Gott, erwecken aus deiner Mitte, aus deinen Brüdern; auf den sollst du hören (5. Mose 18,15).

»Heil dem Propheten!« Dieser Ruf schallte einem Mann entgegen, dem es im Namen Allahs gelang, die Macht im Iran an sich zu reißen.

Was im Iran geschieht, ist ein Signal für die Welt, und besonders für die Christen. Haben wir seine Bedeutung verstanden oder gehen wir an dieser Warnung wieder, wie 1973 an der Ölkrise, vorbei?

Der Islam, die totgeglaubte Macht, erlebt seine Auferstehung. Die arabo-islamische Welt schickt sich an, zur reinen Lehre des Propheten Mohammed zurückzukehren. Die Lehre des Koran wird wieder in Kraft gesetzt, denn sie ist die von Allah zuletzt geoffenbarte und für alle Menschen gültige Richtschnur. Unter diesem Banner sollen nach dem Willen Allahs am Ende der Welt alle Menschen vereinigt werden. Die Ereignisse im Iran sind ein Vorspiel dazu.

Einem Mann ist es gelungen unter dem Motto: »Allah akbar« (Allah ist der höchste Gott) den Nahen Osten und die Welt zu erschüttern. So wurde der Triumph des Ayatollah Khomeini nicht nur ein Sieg über die stärkste Militärmacht und Dynastie des Nahen Ostens, sondern der Weckruf für die letzte Weltmacht. Wie damals Gamal Abd el Nasser West-Europa und der ganzen Welt zeigte, daß die Macht Europas durch den arabischen Nationalismus gebrochen sei, so hat nun der Ayatollah Khomeini Ruhallah (Geist Allahs) Amerika und der Welt demonstriert, daß der Islam über Amerika gesiegt hat. Der Sieg des Ayatollah ist aber nicht nur ein Sieg über den Iran und den Schah, es ist auch ein Sieg über das Abendland. Innerhalb kurzer Zeit wurde der Schwerpunkt der Weltgeschichte in den Nahen Osten verlegt. Die Prophetie der Bibel wird Geschichte, Gegenwartsgeschichte. Und wir sind Zeugen!

Der Islam beansprucht den oben angeführten Vers aus dem 5. Buch Mose für sich und sieht in Mohammed den von Gott verheißenen Propheten. Wir erleben heute, wie sich die arabisch-islamische Welt unter dieser Prophetie vereinigt, um – unterstützt durch die Macht des Öls – die Welt ihrem von Allah bestimmten Ziel zuzuführen.

Er (Allah) ist es, der seinen Gesandten (Mohammed) mit der Religion der Wahrheit entsandt hat, um sie über jede andere Religion siegreich zu erheben, auch wenn es den Götzendienern zuwider ist (Koran 61, 9).

Die islamische Welt glaubt, daß am Ende der Zeit ein Prophet kommen wird, dem die Unterwerfung der Welt gelingen wird, und die arabisch-islamischen Führer sind überzeugt, daß ihre Sternstunde gekommen ist: Weltmacht Islam?

Das Rennen um den Propheten hat begonnen: Welcher Prophet wird das Schicksal der Welt für eine bestimmte Zeit lenken? Hat nicht die Welt den Propheten, der aus dem Stammbaum Abraham – Isaak – Jakob kam, abgelehnt? Sollte sie nun den aus dem Stammbaum Abraham-Ismael annehmen?

Es kommt nun darauf an, wohin unser Kompaß zeigt, auf Jesus Christus oder auf Mohammed, und aus welcher Perspektive wir die Weltlage beurteilen: von der Bibel oder vom Koran her.

Hast du nicht gehört, daß ich solches längst vorbereitet und seit den Tagen der Vorzeit beschlossen habe? (Jesaja 37, 26).

Mein Gott, der Herr, tut nichts, er offenbare denn sein Geheimnis seinen Knechten, den Propheten (Amos 3, 7).

In diesem Buch soll niemand angeklagt werden, weder die Theologie noch der Islam noch die politischen Führer. Ich stelle nur fest, staune und muß eingestehen, daß alles nach dem Plan abläuft, der uns in der Bibel gezeigt wird. Wir sind wie Zuschauer, die verwundert zusehen, wie sich die gegenwärtigen Ereignisse zur Endgeschichte hin entwickeln.

Wer jedoch den Autor der Bibel nicht voll anerkennt, wird den tieferen Sinn der gegenwärtigen Ereignisse nicht begreifen. Je ernster wir die Bibel nehmen, um so klarer werden wir die Botschaft des vorliegenden Buches verstehen können. Nur der allwissende Gott konnte uns das Kommende offenbaren.

Alle Heiden mögen zusammenkommen allzumal und die Völker sich versammeln. Wer unter ihnen wird solches verkündigen und uns Neues hören lassen? Laßt sie ihre Zeugen stellen und sich rechtfertigen, alsdann wird man es hören und sagen: Es ist wahr! (Jesaja 43, 9).

Ich beanspruche nicht, die einzig richtige prophetische Schau unserer Zeit zu haben. Ich habe aber durch meine jahrelangen Erfahrungen mit dem Islam und dem Evangelium ein intuitives Verständnis für die Entwicklung des aufwachenden Riesen im Nahen Osten und auch für die gegenwärtige allgemeine Entwicklung bekommen. So glaube ich aufgrund meiner Erkenntnis eine Botschaft für unsere Zeit zu haben, selbst wenn diese vielen nicht in ihre Weltanschauung paßt und sie durch diese Zeilen schockiert werden. Möge solch ein Schock für viele heilsam sein!

Ich habe lange gezögert, das Buch selbst zu schreiben. Lieber hätte ich diese Gedanken einem berufsmäßigen Schriftsteller anvertraut. Da sich aber keiner fand, habe ich mich wohl oder übel selbst an die Arbeit gemacht. Denn ich glaube, die Zeit drängt.

Diesen Ausführungen liegen etwa 25 Jahre Erfahrung mit Moslems zugrunde, von denen ich einige zu meinen Freunden zähle. Unter ihnen ist kein Geringerer als der Sultan der Araber des Gebietes, in dem ich als Missionar arbeitete. Er verdankt sein Leben der Pflege meiner Frau. Auch mit einigen Fakis (Moslempriestern) und nicht zuletzt mit dem Imam der Moschee von B. bin ich befreundet. So habe ich jahrelang Stein um Stein zusammengetragen, um heute dieses Buch vorzustellen.

Nachdem ich den Koran studiert und viel Literatur über den Islam und die Araber gelesen hatte, kam ich immer mehr zu der Überzeugung, daß die Weichen des christlichen Abendlandes falsch gestellt sind.

Wir können heute nur noch zwischen zwei Möglichkeiten wählen: dem Chaos durch eine sich immer mehr von Gott lösende Menschheit und der Ekklesia (Gemeinde Jesu Christi), deren *Erlösung* (die Wiederkunft Jesu Christi) sich naht (Lukas 21, 28).

Wie nahe das Chaos einerseits und die Erlösung andererseits sind, wollen wir aufgrund des prophetischen Wortes zu erkennen versuchen.

Tag oder Stunde weiß niemand; doch bestimmte Zeichen sind uns gegeben. Wenn wir nicht darauf achten und von dem bestimmten Tag oder der Nacht überrascht werden, sind wir ohne Entschuldigung.

Ich bin weder Jude noch Araber, und es geht hier auch nicht um Sympathie oder Antipathie einem Volk gegenüber. Ich gehöre zu denen, die glauben, daß Gott in seinem Wort, der Bibel (Altes und Neues Testament), geredet hat und daß diese Bibel die einzige Offenbarung Gottes ist und durch Gottes Geist inspiriert wurde.

Jede Schrift ist von Gottes Geist eingegeben (2. Timotheus 3, 16).
Getrieben vom Heiligen Geist redeten heilige – von Gott gesandte – Menschen (2. Petrus 1, 19–21).

1

DIE WELT IN DER KRISE

Isaak und Ismael, Israel und die Araber

Der Grundstein zu unserem heutigen Weltproblem wurde vor 4000 Jahren gelegt. Zu dieser Zeit wohnte in Mesopotamien (heute Irak) ein Mann mit Namen Abraham. Er lebte in einer Welt der Vielgötterei. Doch eines Tages offenbarte sich ihm der lebendige, *eine* Gott, Jahwe. Der befahl ihm, seine Heimat zu verlassen und in ein Land zu ziehen, das ihm gezeigt werden würde. Gleichzeitig wurde dem kinderlosen Abraham eine große Nachkommenschaft verheißen (1. Mose 12, 1–3).

Das Problem

Doch der Glaube Abrahams wurde hart geprüft. Es schien, als würde Gott sein Versprechen nicht einlösen. Abrahams Frau, Sara, war mittlerweile in einem Alter, in dem eine Schwangerschaft nach menschlichem Ermessen unmöglich ist. So bedrängte sie Abraham, durch ihre ägyptische Magd Hagar für Nachkommen zu sorgen. Abraham ging darauf ein, denn sein Glaube an Gottes Verheißung war noch sehr schwach (1. Mose 16). Hagar brachte einen Sohn zur Welt, den sie Ismael nannte. Dessen Nachkommen sind die Araber.

Vierzehn Jahre später wurde Abraham und Sara der verheißene Sohn geschenkt – Isaak, dessen Nachkommen die Juden in aller Welt und die Israelis sind. Beide Söhne wurden die Stammväter von je 12 Stämmen. Weil Abraham den Unfrieden zwischen den Halbbrüdern kommen sah, bat er Gott vor Isaaks Geburt, Ismael zu segnen. Gott erhörte diese Bitte (1. Mose 17, 18–21).

Die Feindschaft zwischen den Nachkommen Ismaels und Isaaks brach im Lauf der Geschichte immer wieder auf, und so ist es bis zum heutigen Tag geblieben.

Ismael (Araber) hat es nie verwinden können, daß Isaak (Israel) das von Gott auserwählte Volk und Träger der Gottesverheißungen ist. Von daher werden auch die Aussagen des Koran im Blick auf die besondere Erwählung der Araber verständlicher, ebenso der heutige Streit um das Land Israel.

Bis vor einigen Jahren konnten wir, die Nationen, uns noch einigermaßen neutral verhalten. Heute sind wir aber wegen des Öls gezwungen, eine Entscheidung zu treffen: für Ismael und den Koran oder für Israel und die Bibel.

Die eschatologische Bedeutung Ismaels und Isaaks

Beide Linien, sowohl Ismael als auch Isaak, haben eine eschatologische (endgeschichtliche) Bedeutung. Von jeher waren Christen davon überzeugt, daß Israel in der Endzeit eine wichtige Rolle spielen würde. Selten hat man sich dagegen Rechenschaft darüber gegeben, welche Rolle die Linie Ismaels übernehmen wird. Nach Galater 4, 22–30 vertritt Isaak die Linie der Verheißung oder des Geistes, Ismael aber die Linie nach dem Fleisch.

Gott hat das erste Kommen Jesu Christi durch das Volk Israel vorbereitet. Heute bereitet er durch dasselbe Volk, das in sein Land zurückkehrt, das zweite Kommen Jesu Christi vor. Gleichzeitig aber bereitet der Widersacher Gottes das Kommen des Gottlosen vor. Das *Tier* und der *falsche Prophet* (Offenbarung 19, 20) treten in Erscheinung, und sie werden offenbar werden in dem »Menschen der Sünde« (2. Thessalonicher 2, 3), wenn Israel in sein Land zurückgekehrt sein wird. Wie Israel, so muß auch das Volk, in dem das Kommen des falschen Propheten vorbereitet wird, seit einer bestimmten Zeit existieren.

? Johannes sagte uns vor etwa 1900 Jahren, der Antichrist sei schon in der Welt (1. Johannes 4, 3), folglich existierte die Linie, aus der er kommen sollte, schon zur Zeit des Apostels.

Es ist deshalb wichtig, daß wir die Augen offen halten und sehen, was im Nahen Osten vor sich geht. Dort wird sich der letzte Akt der Menschheitsgeschichte abspielen.

Das Schachbrett

Der Ursprung des Dilemmas, in dem sich die heutige Welt befindet, liegt in dem Ungehorsam Abrahams. Das war vor ungefähr 4000 Jahren. Wir können daraus schließen, daß nichts Zufall ist. Gegenwart und Zukunft sind in der Vergangenheit begründet; alles strebt einem bestimmten Ziel entgegen. Es stellt sich die Frage: Kann man das Schicksal und die Entwicklung ändern? Kann man aus dem Verlauf der Geschichte erkennen, wo sie hinsteuert und welche Konsequenzen man zu ziehen hat?

Wenn alles durch das Wechselspiel von Ursache und Wirkung vorprogrammiert ist, kann man daraus schließen, daß die Folgen, denen die Menschen preisgegeben sind, von bestimmten Kräften dirigiert werden. Der gläubige Christ wird deshalb die Aussagen der Bibel ernst nehmen, denn durch sie kann er erkennen, daß zwei Mächte im Spiel sind: Gott und Satan – Gut und Böse – Licht und Finsternis – Wahrheit und Lüge – Leben und Tod.

Daraus muß man schließen: Das heutige Weltproblem ist geistlicher Natur.

Die Geschichte lehrt, daß Völker einen Aufstieg erlebten und sich zu einer hohen Kultur entwickelten, wenn sie einen gemeinsamen Nenner oder ein höheres Ziel hatten. Sobald aber ein Volk diesen gemeinsamen Nenner oder das Ziel aus den Augen verlor, war sein Untergang und der seiner Kultur besiegelt.

Deshalb ist es wichtig zu erkennen, ob im Abendland noch ein gemeinsamer Nenner mit einem höheren Ziel vorhanden ist, oder ob ein anderes Volk mit einer anderen Kultur die Weltführung übernehmen wird. Wenn ja, welches Volk, welche Kultur und welche Religion?

Wenn sich Gott und Satan in diesem Schachspiel gegenüberstehen, dann ist es für jeden einzelnen Menschen von höchster Bedeutung, dieses Spiel und seine Regeln zu erkennen und sich zu entscheiden, zu welcher Farbe auf dem Schachbrett er gehören will.

Wer sich nicht für Weiß entscheidet, braucht keine Entscheidung zu treffen, denn er ist automatisch auf der Gegenseite. Neutrale gibt es nicht. Im Augenblick scheint die schwarze Farbe im Vorteil zu sein und die größeren Chancen zu haben, doch der letzte Zug ist noch zu vollziehen. Wer wird der Gewinner sein?

Leben wir wie die Menschen zur Zeit Noahs? Noah wurde durch den Bau der Arche zum Schwarzseher abgestempelt, doch er hat recht behalten. Darum sind auch alle, die an der heutigen Arche, *der Ekklesia,* arbeiten, Schwarzseher, denn auch sie verkünden das Gericht, das über die Welt kommt.

Zeitenwende

Über Nacht hat sich der Schwerpunkt der Weltgeschichte vom Abendland in den Nahen Osten verlagert.

Die arabisch-islamische Welt übernimmt die Führung. Die Geschichte aber zeigt: Wo Araber hinkamen oder durchzogen, haben sie eine Wüste zurückgelassen. Ich habe das in Afrika selbst beobachten können. Werden nun auch unsere Länder durch den *Ölsegen* zur Wüste werden? Ist die Umweltverschmutzung nicht eines unserer Hauptprobleme? Müssen wir nicht – um vom Öl unabhängiger zu werden – Atomkraftwerke bauen, die unsere Länder aus der Abhängigkeit führen sollen? Und doch führen sie uns noch mehr in den Teufelskreis hinein, der die Verwüstung der Erde vorbereitet. Was wird geschehen, wenn der starke Mann des Nahen Ostens den Ölhahn zudreht, weil wir uns nicht seinen Bedingungen beugen? Dann wird das Abendland zugrunde gehen! Wenn die Bibel von der Endzeit redet, dann gebraucht sie oft den Ausdruck: *Greuel der Verwüstung.*

Doch schlimmer als die sichtbare wird die geistliche Verwüstung sein. Das kommende Weltchaos wird nicht allein durch die Umweltverschmutzung hervorgerufen, sondern noch schneller und noch plötzlicher durch die religiöse Entwicklung, die sich jetzt im Nahen Osten anbahnt. Der Geist des Greuels der Verwüstung geht der Weltzerstörung voraus.

Wer ein Ohr hat, der höre, was der Geist den Gemeinden sagt! Selig, die da hören die Worte der Weissagung (Offenbarung 2, 7 + 1, 3).

Ich bin mir dessen bewußt, daß meine Ausführungen von vielen, wahrscheinlich von den meisten, abgelehnt werden, denn Weissagung für die Endzeit kann in ihrer Tiefe nur von der Gemeinde Jesu verstanden werden. Wer nicht zu ihr gehört, den werden diese Aussagen wie eine unbekannte Sprache anmuten. Es ist aber mein Wunsch, Gläubigen und Ungläubigen einen Ausblick auf die kommende antichristliche Zeit zu geben. Denn erst am Ende dieser Zeit wird die Herrlichkeit Jesu Christi offenbar werden. Erst dann wird durch die Kraft Jesu Christi das Reich Gottes kommen.

Niemand soll euch um den Kampfpreis bringen, indem er sich in Demut und Engelsdienst gefällt und sich in Sachen einläßt, die er nicht gesehen hat (Kolosser 2, 18).

Die einzige Grundlage und der einzige Wegweiser durch die Zeit ist und bleibt für uns das vom Geist Gottes geoffenbarte und inspirierte Wort Gottes, die Bibel.

Geliebte, glaubt nicht jedem Geist, sondern prüfet die Geister, ob sie von Gott sind. Denn es sind viele falsche Propheten hinausgegangen in die Welt. Daran erkennt ihr den Geist Gottes: Jeder Geist, der bekennt: Jesus ist der im Fleisch gekommene Christus, der ist von Gott; und jeder Geist, der Jesus nicht bekennt, der ist nicht von Gott. Und das ist der Geist des Antichrists, von welchem ihr gehört habt, daß er kommt, und jetzt schon ist er in der Welt.

Kindlein, ihr seid aus Gott und habt jene überwunden, weil der in euch größer ist als der in der Welt. Sie sind von der Welt; darum reden sie von der Welt, und die Welt hört auf sie. Wir sind aus Gott. Wer Gott kennt, hört auf uns; wer nicht aus Gott ist, hört nicht auf uns. Daran erkennen wir den Geist der Wahrheit und den Geist des Irrtums (1. Johannes 4, 1–6).

Der Geist, der leugnet, daß Jesus Christus der Mensch gewordene Sohn Gottes ist, ist ein Irrgeist und ein Anti- oder Widerchrist. Dieser Geist hat von Anfang an immer wieder versucht, den Plan Gottes für Israel, Jesus Christus und die Gemeinde zu zerstören. Er ist der Gegenspieler Gottes und der Gemeinde bis auf diesen Tag.

Der Untergang des Abendlandes

> Die Westmächte, die 1945 allmächtig waren, haben unter dem Einfluß der öffentlichen Meinung freiwillig Position um Position und Land um Land preisgegeben, ohne daß ein Kanonenschuß abgefeuert worden wäre. So sind die Siegerstaaten freiwillig zu besiegten Staaten geworden.
>
> (Alexander Solschenizyn)

Nach dem zweiten Weltkrieg haben die Siegermächte allmählich eine Schlacht nach der anderen verloren: Die Zeit der Entkolonisierung begann. Damit wurden die Siegermächte nicht mehr als Sieger angesehen, sondern als Schwächlinge und besiegte Mächte, die in den Augen der Dritten Welt von Tag zu Tag schwächer und ohnmächtiger wurden. Der Abstieg des weißen Mannes hatte begonnen; wo wird er enden?

Dieser Abstiegsprozeß wurde dem Abendland nicht aufgezwungen, sondern es hat ihn freiwillig angetreten; es trägt an seinem Tod selbst die Schuld. Warum? Weil es kein geistliches Ziel mehr hat, und darum auch keinen Auftrag mehr.

> *Ihr werdet Zeugen für mich sein in Jerusalem, und in ganz Judäa und Samaria und bis ans Ende der Erde (Apostelgeschichte 1, 8).*

Der Inhalt des Auftrags Jesu war: Seine frohe Botschaft zu verkündigen und nicht *Christentum* aufzubauen. Das Ziel war Weltevangelisation, und nicht *Christianisierung und Imperialismus.* Darin versagte das Abendland, und deshalb hat es keine Daseinsberechtigung mehr.

Ich werde deinen Leuchter von seiner Stelle stoßen (Offenbarung 2, 5).

Eine andere Macht wird nun den Auftrag und die Führung der Welt übernehmen. Daraus wird deutlich, daß nicht der Intellekt den Menschen zum Träger einer Kultur macht, sondern sein Geist und sein Glaube.

Entscheidungen

Sagt der Menschheit, daß nun die Endzeit für das Christentum und der Sieg des Islam nahe ist.
Zeigt der Menschheit den Weg zum wahren Islam, gebt dem Christen eine Chance, sich selbst zu erkennen und umzukehren.
(M.S. Abdullah, JESUS, Leben – Auftrag und Tod, Ahmadiyya, Mission des Islam).

1683 standen die Türken – und damit der Islam – im Süden Europas vor Wien. Europa, das durch die Religionskriege geschwächt war, wäre beinahe unter die Herrschaft des Islam geraten. Dann hätte es kein christliches Abendland mehr gegeben.

»Der christliche Glaube ist zwei Fingerbreit vom Untergang entfernt, wenn ihr die Herren bleibt«, sagte Tekeli zu dem türkischen Wezir, dem es beinahe gelang, 1683 Europa dem Islam zuzuführen. Wien galt damals als das Bollwerk der Christenheit (Histoire de l'Empire Othoman, 1713).

Doch das damals durch Religionskriege gespaltene Abendland vereinigte sich, um die Türken aus seinen Ländern zu vertreiben: Von der Zeit der Reformation an rückt Europa in den Mittelpunkt. Von ihm kommen nun die Impulse und die Initiativen für die Weltgeschichte.

Dem türkischen Reich, das einmal die ganze arabisch-islamische Welt umfaßte und an den Toren Europas stand, wurde durch das Schwert eine tödliche Wunde geschlagen. Ob es Zufall ist, daß seit der Reformation das Abendland die Führung übernahm, oder ob Gott eine Gnadenzeit schenkte, weil vom Abendland das Wort Gottes mit besonderem Nachdruck gepredigt und verbreitet wurde? Was hätte aus dem Abendland, ja aus der ganzen Welt werden können, wenn dem Wort Gottes nicht von seiten der Politik, und besonders der Religion,ein so gewaltiger Widerstand entgegengebracht worden wäre!

Hatten die Nationen – genau wie Israel – nicht begriffen, wozu sie berufen waren?

Ist es nun Zufall, daß nach 400 Jahren, in denen die christlich-humanistische Welt dem Wort Gottes Widerstand leistete, das christliche Abendland im Todeskampf liegt? Vor der endgültigen Zerstreuung wurde Israel vor die Entscheidung gestellt: Christus oder Barabbas. Am Ende der Zeit der Nationen wird auch die christliche Welt vor die Entscheidung gestellt: Christus oder Mohammed? Ist die Entscheidung vielleicht schon gefallen? Was durch Gewalt nicht gelang, gelingt durch List. Heute hat Europa auf religiösem Gebiet einen Tiefstand erreicht, und der Islam ist auf dem Vormarsch. Außerdem sind alle Menschen in die Abhängigkeit vom Erdöl geraten.

Ein Leben ohne Öl ist heute in Europa undenkbar. Deshalb benutzt der Islam das Öl als Druckmittel. Europa hat einen großen Fehler begangen, als es im November 1973 die UNO-Erklärung gegen Israel unterschrieb. Die ganze Welt hat sich 1973 mit der Unterschrift vor der UNO in das Lager des Islam begeben. Als nächstes verlangen die Araber den Ausschluß Israels aus der UNO, und die Völker beugen sich. Sie haben es bereits getan, als am 11. 11. 1975 der Zionismus verurteilt wurde. Daran kann man deutlich erkennen, wie schwach der Westen geworden ist.

Doch letztlich geht es nicht um Israel, sondern um Wahrheit und Lüge. Indem wir Israel verwerfen, verwerfen wir seine Geschichte, das heißt, das Fundament, auf dem auch das Neue Testament aufgebaut ist. Wir zerstören den Baum, in den wir eingepfropft sind (Römer 11).

Islam gegen Pfauenthron

Was man gestern noch für unmöglich gehalten hat, wird heute Wirklichkeit. Schritt für Schritt nimmt der Islam im Nahen Osten das Heft in die Hand.

Der Iran – ein Land mit 93% Mohammedanern entwickelte sich in den letzten Jahren zum Koloß. Militärisch ist es neben Israel die stärkste Macht im Nahen Osten. Wer hätte gedacht, daß der Schah von Persien (das »Licht der Arier«) so schnell seine Macht verlieren würde, und daß der Islam in diesem nicht-arabischen Land versuchen würde, den Fortschritt zu stoppen, um die islamischen Gesetze und die islamische Zeitrechnung wieder einzuführen? (Daniel 7, 23–25). Wer hätte je gedacht, daß der Islam aus diesem Teil der Erde den Untergang der Welt hervorrufen könnte?

Seit die Mullas die Macht ergriffen haben, gehen in diesem Land gewaltige Veränderungen vor sich. Bis jetzt war es der Iran, der Israel mit Öl versorgte. Jetzt ist auch dieses Land auf die Seite der *harten Linie* übergelaufen, von der die Vernichtung Israels angestrebt wird. Doch diese Umwälzung zieht weite Kreise. Europa wird noch mehr unter Druck gesetzt werden, Stellung gegen Israel zu beziehen.

Der Iran war bisher das einzige Land im Nahen Osten, das keinen Ölboykott gegen israelfreundliche Länder verhängte, doch das ist jetzt vorbei.

So konnte der Schah mit Recht sagen:

> Wenn dieser Teil der Welt untergeht, geht auch Europa unter. Ich habe Angst, daß das Land untergeht.
>
> (Welt am Sonntag 3. 9. 78)

Während wir in Europa leben, als ginge alles normal weiter, als würde die Krise überwunden, verändert sich das Weltbild von Tag zu Tag zugunsten des *Tieres,* das durch den *falschen Propheten* an die Macht kommt.

Der Islam ist die gemeinsame Basis, die die *zehn Könige,* und mit ihnen die ganze Welt, für den Endkampf einigt (Daniel 7,24; Offenbarung 13 und 17,12). Vor 2000 Jahren schon hat Johannes vorausgeschaut, wie schnell sich in der Endzeit alles verändern wird, und wie rasch Handel und Industrie zusammenbrechen werden.

Die Offenbarung des Johannes erscheint immer mehr wie ein Zeitungsartikel von morgen.

Denn wenn die Tanker mit dem für die Welt unentbehrlichen schwarzen Gold nicht mehr über die Weltmeere fahren würden, dann müßten Handel, Wirtschaft und die Industrie der Welt zusammenbrechen, dann würden die Manager, und mit ihnen der ganze Nahe Osten und das Abendland, wehklagen und weinen. Nichts funktionierte mehr. Das Räderwerk bliebe einfach stehen. Auch Geld, Gold und Silber wären zu dieser Zeit keine Sicherheit mehr.

> *Sie werden ihr Silber auf die Gassen werfen und ihr Gold wird zu Unrat werden. Ihr Silber und Gold vermag sie nicht zu retten am Tage des grimmigen Zorns des Herrn.*
>
> *Es wird ihre Seelen nicht sättigen und ihren Bauch nicht füllen; denn es ist ihnen ein Anstoß zur Sünde geworden (Hesekiel 7,19).*

Aus dieser Bibelstelle wird deutlich, daß auch Johannes nur als Relais-Station gedient hat, um die Endzeit zu projektieren. Zur Zeit überstürzen sich die Ereignisse derart, daß einige der biblischen Voraussagen bereits überholt sind.

Dem Islam ist es gelungen, die mächtigste Dynastie der Welt zu stürzen. Wird das Abendland dieses Alarmsignal verstehen? Ein wichtiger Faktor, der die Ausbreitung des Islam verzögerte und die Ausdehnung des arabisch-islamischen Reiches hemmte, ist ausgeräumt. Andere werden folgen. Die Evolution des arabisch-islamischen Blocks wird nicht mehr aufzuhalten sein, und die Mächte des Abendlandes unterstützen und ermutigen diese Entwicklung. Welch eine Verantwortung bedeutet das! – Welch ein Erwachen wird folgen!

Auch Yasser Arafat erkannte, daß die Explosionskraft des Islam stärker ist als Waffen und Krieg. 1978 unternahm er eine Pilgerfahrt nach Mekka, um sich neu mit Allah zu verbünden. Im Namen Allahs wird das gelingen, was Nationalismus, Terror und Krieg nicht fertiggebracht haben. Im Namen Allahs kann man Millionen von Moslems mobilisieren und für ein gemeinsames Ziel einigen. Im Namen Allahs wird sich der Nahe Osten gegen das Abendland verbünden und es in die Knie zwingen. Alle Könige der Erde werden sich hinter die arabisch-islamische Welt stellen oder schweigen, wenn die Endlösung Israels ausgeführt werden soll.

Wie zur Zeit des *ersten Tieres* (Hitler?) wird der mächtige Mann des Nahen Ostens, das *vierte Tier,* die Welt aus der Wirtschaftskrise herausführen. Er hat die Macht dazu, denn vom Erdöl hängt das Leben der Welt ab. Die Welt wird diesem Mann zu Füßen liegen und ihm alle Ehre darbringen,

denn wer ist dem Tier gleich? (Offenbarung 13,4)

Wer sich ihm nicht unterwirft, kann nicht überleben.

In Zukunft wird die Wirtschaft und das Überleben des Menschen von der Einstellung des jeweiligen Staates zu Israel abhängen.

Diese Zeichen der Zeit bestätigen, daß wir tatsächlich in der Endzeit leben. Es fehlt nur der eine Mann. Morgen kann er wie ein Ayatollah Khomeini aufstehen und den Nahen Osten, und mit ihm die ganze Welt, aus den Angeln heben. Daß das möglich ist, ist keine Frage mehr, die Frage heißt nur: Wann? Das Abendland bekommt eine Ohrfeige nach der anderen. Aber es scheint die Lektion nicht zu verstehen. Vielleicht ist auch die Entwicklung schon viel zu weit vorangeschritten. Mit Verachtung antwortete der Ayatollah Khomeini auf die Appelle seines Exillandes Frankreich. Der ehemalige Präsident der Kammer hatte an die Regierung des Iran und an den Ayatollah Khomeini appelliert, um den früheren Premierminister Howeida zu retten. Der französische Präsident Giscard d'Estaing stellte Edgar Faure sein Flugzeug zur Verfügung, um sich als Verteidiger am Prozeß zu beteiligen. Doch bevor eine Antwort aus dem Iran kam und das Flugzeug starten konnte, war das Urteil über Howeida gefällt und vollstreckt. Täglich werden Menschen von islamischen Schnellgerichten verurteilt und bald darauf hingerichtet. Vor jeder Vollstreckung rufen die Henker »Bismellahi!« (im Namen Allahs).

Erbarmungslos hat der Ayatollah auch den General hinrichten lassen, dem er das Leben verdankt, nachdem dieser sich für ihn beim Schah verwandte. Auch der Luftwaffengeneral, der als erster in das Lager der islamischen Revolution überlief, fand keine Gnade. Die Elite des Iran wird ausgeschaltet und das Land ins finstere Mittelalter zurückgeworfen.

Am Beispiel Iran können wir den Geist des Islam erkennen. Wir sehen dort, wie erbarmungslos die islamischen Gesetze sind, und wie erbarmungslos Allah ist. Alles, was sich ihm in den Weg stellt, wird zerstört. Was sich im Nahen Osten abspielt, wird uns morgen alle etwas angehen. Heute noch im Blick auf die Versorgung mit Öl, morgen auf geistlichem Gebiet. Wie wir unmerklich in die materielle Abhängigkeit hineingeraten sind, so gehen wir auch auf geistlichem Gebiet in die Falle. Weltmacht Öl – Weltreligion Islam?

Das *vierte Tier,* von dem Daniel 7 berichtet, das mit dem Tier aus Offenbarung 13 und 19 identisch ist, wird nur kurze Zeit die Herrschaft erhalten (Offenbarung 12,12), aber es wird um so schrecklicher wüten und seine Wut gegen alles auslassen, was sich ihm in den Weg stellt (Daniel 7,23–25).

Fremdkörper Libanon

Beachten wir, daß die bürgerkriegsähnlichen Auseinandersetzungen im Libanon zwar politische Ursachen haben, vor allem aber religiös motiviert sind. Der Libanon ist der einzige Staat im Nahen Osten, in dem laut Staatsverfassung die Christen an der Staatsführung beteiligt sind. Diese Mitbeteiligung der Christen ist den Moslems ein Dorn im Auge. Aber genauso ist der Staat Israel, oder ein eventuell zu errichtender Staat im Raum Israel/Palästina, in dem Juden und Moslems gleichberechtigt nebeneinander und miteinander regieren sollen, aus islamischer Sicht eine Unmöglichkeit.

Nach einer Broschüre, die 1975 herauskam: »Der Nahe Osten in die Entscheidung gestellt« (Konrad Meyer) ist das

Problem »Libanon« ein geistliches Problem. 1979 konnten wir erkennen, daß sich alle Ereignisse in dieser Richtung bewegten; der Fremdkörper »Libanon« soll aus dem Nahen Osten verschwinden. Das Abendland ist ohnmächtig. Und warum ist es ohnmächtig? Ein Artikel aus der Zeitung »Les Dernières Nouvelles d'Alsace« vom 5. 9. 1978 nennt den Grund dafür:

> Das Gewissen der Welt wird noch gequält von dem Gedanken an die schrecklichen Leiden des jüdischen Volkes. Darum ist uns nicht erlaubt, dem tragischen Schicksal von zwei Millionen libanesischen Christen teilnahmslos zuzusehen. Wir leben in einer absurden Epoche, in der die Moral der Staaten nur den Anstrengungen der Wirtschaft unterworfen ist, und in der die Menschheit täglich Unterlassungssünden begeht. Kann es das Abendland zulassen, daß ein Volk vernichtet und ein unabhängiger Staat den Wirtschaftsinteressen geopfert wird, die sich nur nach dem arabischen Öl richten? Irren wir uns nicht, das Programm des arabisch-islamischen Blocks umfaßt nicht nur die Unterwerfung der Länder des Nahen Ostens, sondern die Unterwerfung der ganzen Welt.

Das Problem »Libanon« ist aber kein Einzelfall. Der Islam kann schon weitere Erfolge verzeichnen. Überall ist sein intensives Wirken zu spüren. In der Türkei, im Tschad, im Iran, und man muß befürchten, auch in Europa.

Ende März 1979 zogen die Briten ihren Union-Jack zum letzten Mal auf der Insel Malta ein. Dort hielten sie 180 Jahre lang die Straße zum Suez-Kanal unter Kontrolle. Der unversenkbare Flugzeugträger, wie Winston Churchill die Insel nannte, ist nun für das Abendland verloren. Zur Abschiedsfeier der Briten war Oberst Gaddafi aus Libyen gekommen. In seiner Begleitung ritten arabische Sultane auf ihren geschmückten Pferden, und ihm voraus kamen etwa 800 Libyer, um in Malta die grüne »Bibel« des Oberst Gaddafi zu verteilen.

Die Briten gehen, und die Araber kommen. Libyen will

Malta nun Geld zufließen lassen, aber es ist bekannt, daß Oberst Gaddafi sein Geld nur im Namen Allahs anlegt.

Hat der Islam in Malta seine erste europäische Eroberung gemacht? Der Islam breitet sich immer mehr aus, und sein Kernland (Arabien) wird immer mehr gesäubert von allem, was sich dem Geist des Islam widersetzt.

Vom Kamel in den Jet

> Das Arabische Reich war eine Großmacht, als Frankreich noch eine römische Provinz, England unbedeutend und Amerika noch nicht entdeckt war!
>
> (König Faisal von Irak, 1919)

Durch die Ereignisse des Jahres 1973 sind wir in das arabische Lager übergelaufen. Seit dieser Zeit dirigieren die Araber die Welt auf wirtschaftlichem und finanziellem Gebiet immer mehr, wobei sie das Erdöl als Waffe einsetzen. Der Nahe Osten ist eine Zusammenballung wirtschaftlicher, militärischer, politischer und religiöser Kräfte, wie sie die Welt noch nie gesehen und erlebt hat.

> Die Folgen des Ölkrieges reichen weit über den israelisch-arabischen Disput hinaus. Seit dem zweiten Weltkrieg hat kein einziges Ereignis von solcher Tragweite und kein so globaler Wechsel stattgefunden. Selbst wenn die Araber den Ölhahn morgen wieder öffnen sollten, wird die Welt nicht mehr die gleiche sein (Time Magazin).
>
> Auf jeden Fall ist eines sicher: Die Geschichte des letzten Viertels des 20. Jahrhunderts wird nicht mehr ohne die Araber geschrieben.
>
> (Encyclopédie du monde actuel »Les arabes«).

Der Schwerpunkt der Geschichte wird in den Nahen Osten zurückverlegt, und die ganze Welt wird in diesen Sog hineingezogen. Aus der ganzen Welt versuchen Unternehmen Aufträge aus dem Nahen Osten zu erhalten. Während in Europa und Amerika alles ins Stocken gerät, und das Abendland ver-

Vom Kamel in die Luxus-Limousine. – In Abu Dabi hat jeder Einwohner ein Jahreseinkommen von 170 000 D-Mark, und jedem Bürger wird eine mietfreie Wohnung zur Verfügung gestellt. Rechnungen für Strom, Wasser, Telefon usw. kennt man nicht. Das ist kein Märchen, sondern Wirklichkeit.

zweifelt aus der Krise zu kommen sucht, bricht in den Ländern am Persisch-Arabischen Golf das goldene Zeitalter an. Das Beste und Modernste ist gerade gut genug für diese Länder, die den Sprung aus dem Mittelalter in eine supermoderne Weltmacht vollzogen haben: Vom Kamel in den Jet. Europa wird bald neben diesen Staaten nur noch als Zwerg erscheinen, dazu noch als ein armer Zwerg. Das arabische Wirtschaftswunder hat begonnen.

Das modernste Telefonsystem der Welt wird in den Staaten am Persischen Golf gebaut. Über Satelliten ist man mit der ganzen Welt verbunden. In Kuwait ist ein Telefon innerhalb von 24 Stunden betriebsfertig zu haben. Telefongebühren sind unbekannt. Das Scheichtum Qadar hat seit 1975 seinen eigenen Erdsatelliten, um seine Verbindungen in aller Welt auszubauen.

Der Bau des modernsten Kommunikationszentrums der Welt in einem Gebiet der Erde, das im Westen vor einigen Jahren kaum zur Kenntnis genommen wurde, verdeutlicht, in welchen Dimensionen die Führer am Persischen Golf planen, welche Erwartungen sie hegen, und welche Rolle diese Länder in naher Zukunft nach deren Plänen spielen sollen.

Die Geschichte hat gezeigt, daß man weniger mit der Weisheit und Vernunft der Nationen rechnen kann als mit der Macht. Wer sie besitzt, bestimmt den Lauf der Geschichte, so wie jetzt die Länder des Nahen Ostens.

Sollte es Zufall sein, das Ismael plötzlich, wie aus dem Nichts und fast gleichzeitig mit Israel, auf der Weltbühne auftritt? Wenn die Bibel von der Wiederbringung Israels in der Endzeit redet, ist dabei auch die Rede von einem antichristlichen System, das seinen Zorn gegen Israel richtet und es auszurotten versucht. Sollten wir deshalb nicht ganz besonders darauf achten, was um Israel herum geschieht? »Die arabischen Staaten warten auf einen Mann, der sie alle zu einem Groß-Arabischen Reich zusammenschließen wird«, sagte mir 1977 ein Palästinenser.

Welche Macht wird dieser Mann besitzen? Können wir uns das heute schon vorstellen? Es wird nicht nur eine politische, militärische und wirtschaftliche Macht, sondern vor allem eine religiöse sein. Aus diesem Grund wird der Kampf im Nahen Osten, in den die ganze Welt hineingezogen werden wird, zu einem geistlichen Kampf. Deshalb ist er besonders gefährlich.

Öl – ein Geschenk Allahs

Ein französischer Wissenschaftler beschreibt das Aufwachen des Islam wie folgt:

> Der Schlaf des Islam dauerte lange. Der Islam war sehr nahe am Tode. Vieles in der Welt hat sich ohne ihn ereignet. Alles ist ihm verlorengegangen. Aber da sein Schlaf nicht lange genug dauerte, wurden seine Werke in der Vergangenheit nicht vollständig zerstört. Doch sie waren alt geworden. Seine Kultur, seine Kunstschätze und seine Moral waren staubbedeckt, aber der Schläfer hielt mit allen Kräften daran fest. Jetzt ist er erwacht, und wir erleben dieses Erwachen. Die Augen des Mohammedaners sind jetzt weit offen. Der Schläfer Islam hat sich vom Traum der Nacht befreit. Sein Geist ist wieder frisch. Er hat seine *Tafeln* angesehen, und ein Programm steht ihm vor Augen. Ein gewaltiges Programm! – (*Tafeln* bedeutet den Koran!)
>
> Der Mohammedaner bleibt bis in sein Innerstes hinein Moslem, selbst dann, wenn er an seinem Glauben nicht mehr festhält. Damit unterscheidet er sich von den vielen Christen, die nur dem Namen nach Christen sind oder nur aus Tradition zur Kirche gehen. Der Moslem ist in dem Maße Mohammedaner, daß seine Religion seine Existenz bestimmt, selbst wenn er es leugnet. Er wird immer als Mohammedaner leben, was auch kommen mag, und welche Lösungen er findet, wenn er sein islamisches Gebäude wieder aufbaut: er wird immer ein echter Mohammedaner bleiben.
>
> (J. P. Roux, L'Islam au Proche Orient, Payot)

Sollten wir nicht auf diese Aussagen achten? Im Nahen Osten strebt alles mit rasender Geschwindigkeit einem Höhepunkt zu.

Von Tag zu Tag wird der Mann, der die Macht in die Hand nimmt, unentbehrlicher. Die Völker des Nahen Ostens warten auf ihn.

Dieser Mann wird der mächtigste Mann unserer Zeit, ja, der Weltgeschichte überhaupt, sein. Alle Könige der Erde werden ihn um des Öls willen unterstützen. Das Schicksal der Welt wird in seinen Händen liegen. Die Vorbereitungen sind schon im Gange, wie uns folgender Buchauszug zeigt:

> Die »Sunday Times«, London, enthüllte Vorgänge, die westlichen Beobachtern als absolut absurd vorkommen müssen. Einem ihrer Redakteure war bei einem Besuch in den arabischen Ländern die Kopie einer kleinen Broschüre in arabischer Schrift in die Hände gefallen. Titel: *Die Wirtschaftsinteressen im Dienst der arabischen Sache.* Sie trug den Stempel *Streng vertraulich.* Der Inhalt entpuppte sich als der genialste Plan, den arabische Regierungen in den letzten 500 Jahren ausgearbeitet haben. Die Broschüre enthielt Dokumente einer pan-arabischen Krisenstrategie. Auf 230 Seiten hatten drei führende arabische Wirtschaftswissenschaftler ein Konzept erarbeitet, das die Situation der arabischen Nationen innerhalb weniger Monate verändern kann.
>
> Das streng vertrauliche Manuskript, das von den Verfassern zur Präsentation vor dem Wirtschaftsausschuß der Arabischen Liga ausgearbeitet worden war, enthält mehr als nur Maßnahmen für die Verwendung des Öls als Mittel der Außenpolitik; es umfaßt ein Zukunfts-Konzept, mit dem die widerstrebendsten Kräfte innerhalb des 125 Millionen-Volkes zwischen Casablanca und Kuwait zu einer gemeinsamen Nation zusammengeschmolzen werden können. *Einen Meisterplan* nennt es die Sunday Times.
>
> (Jens Friedemann, Die Scheiche kommen, Lübbe Verlag, Bergisch-Gladbach)

Was früher in unserer Welt örtlich durch Belagerungen, Blokkaden oder Kriege erreicht wurde, ist heute weltweit möglich geworden. Eine Handvoll Länder – mehr sind es wirklich nicht – können sich heute die ganze Welt hörig und unterwürfig machen. Sie können sie zwingen, jede nur denkbare Bedingung anzunehmen. Was bliebe ihnen auch anderes übrig außer der Selbstzerstörung?

Durch das Öl haben die Ölscheiche Macht über Leben und Tod der hochentwickelten Industrieländer. Wenn sie nicht an den Rand des Abgrunds geraten wollen, müssen sie die Bedingungen der Ölscheiche annehmen.

Die Konflikte, die sich im Fernen Osten, in Afrika und anderen Erdteilen abspielten, haben uns wenig berührt. Sie waren weit weg. Wir empfanden höchstens ein wenig Mitleid, wenn wir Bilder in Zeitung und Fernsehen sahen.

Nun kommt ein Problem auf uns zu, das uns alle ohne Ausnahme betrifft: Wenn im Nahen Osten etwas schiefginge und das schwarze Gold nicht mehr flösse, ständen unsere Lastwagen still, die unsere Städte und die abgelegenen Dörfer mit Lebensmitteln versorgen. Auch unsere Traktoren und landwirtschaftlichen Maschinen blieben stehen, die Fischerboote würden nicht mehr auf die Meere hinausfahren. Die Industrie käme ins Stocken. Eine noch größere Arbeitslosigkeit, als wir sie jetzt schon haben, würde unser ganzes soziales Gefüge in sich zusammenbrechen lassen. Sehr schnell hätten wir auch keine Möglichkeit mehr, uns das immer teurer werdende schwarze Gold für die Beheizung unserer Wohnungen zu kaufen. Unsere Autos, unsere Flugzeuge und Panzer wären dann nur noch wertlose Ausstellungsstücke. Was sich heute anbahnt, gab es seit Menschengedenken nicht.

Noch nie war die Menschheit von einer Energie abhängig, die sich in den Händen einer einzigen Macht befand. Bis zum Zweiten Weltkrieg hätten alle Länder ohne den Rohstoff Erdöl fortbestehen können. Aber heute ist das unmöglich. Wir können uns leicht die Macht des Systems vorstellen, das die Hand am Erdölhahn hat. Keine Macht der Welt hätte sich eine solche Gelegenheit entgehen lassen. – Alles aber wäre weniger ernst, wenn die arabisch-islamische Welt, die über den Ölreichtum verfügt, nicht durch eine religiöse Macht motiviert wäre, die ein weltweites Programm hat.

> Nach der Prognose von MacNamara, werden sich bis 1980 in Arabien 650 Milliarden Dollar angesammelt haben, für die sich kein Verwendungszweck im Nahen Osten selbst findet.
>
> Für 1985, nur fünf Jahre später, ist die Verdoppelung dieser Summe auf 1200 Milliarden vorauszusehen. Das gesamte Industriepotential der EWG, einschließlich Englands, wäre für diesen Betrag käuflich, und noch mehr. Dr. Saeb Jarudi, der Vorsitzende der *Arabic Fund of Social and Economic Development* sagte: Wir werden die beiden entscheidenden Wirtschaftsfaktoren besitzen: Das Kapital dieser Welt und die Energiereserven!
>
> (Gerhard Konzelmann, Die Reichen im Morgenland, F. A. Herbig Verlagsbuchhandlung, München-Berlin)

Dieser schwindelerregende Aufstieg wird in einem anderen Kapitel dieses Buches noch deutlicher beschrieben. Die Hitlerzeit und der zweite Weltkrieg beschleunigten und rechtfertigten die Gründung des Staates Israel. Als Nachspiel dieser Zeit blühte das Wirtschaftswunder in Europa auf und stürzte unsere hochzivilisierte und industrialisierte Welt in die Arme der Länder, die das Öl besitzen. Zur gleichen Zeit erwachte der Islam zu einer weltpolitischen Macht.

Den Ölsegen, der den Moslems im Nahen Osten zufließt, sehen sie als ein Geschenk Allahs an. Er hat ihnen das Öl gegeben, damit sie den Islam zur Weltmacht erheben. 400 Jahre wartete der Islam auf seine Auferstehung. Und siehe, er lebt! (Baath = Auferstehung)

Kein Staatsmann hätte je gedacht, daß die Araber, die noch wie im Mittelalter lebten, von einem Tag auf den andern zu solch einer Macht kommen würden. Doch wer heute das Öl und das Geld besitzt, beherrscht die Welt.

130 Millionen Araber sehnen sich heute nach dem Wiederaufleben der Einheit und der Größe des Islam von Marokko

bis zum Persisch-Arabischen Golf, vom Taurus bis tief in den schwarzen Erdteil.

Dem schließen sich in der Welt etwa 600 Millionen Mohammedaner an. Langsam wird dieser Traum Wirklichkeit; die seit 400 Jahren unterdrückten und totgeglaubten Kräfte werden wieder frei.

Starke Männer suchen Wege, um die Macht alter Zeiten wiederzuerlangen und sie vielleicht noch zu übertreffen. Die Großen dieser Welt haben vor diesem Aufstieg Angst und wundern sich,

wundern sich hinter dem Tier her (Offenbarung 13, 3)

Einer der Anführer der Einheit und des Wiedererwachens der arabischen Welt war Gammal Abd el Nasser, und ein anderer, der den Ruf Nassers verstand und versuchte, ihn in die Tat umzusetzen, ist El-Gaddafi. Er hat begriffen, daß die Zeit gekommen ist, um die Araber aufzurufen. Er ist es, der ihnen zuruft, vom Schlaf aufzuwachen:

»Wir sind die Fußmatte der Welt! Doch das werden wir ändern. Europa darf uns nicht länger demütigen.« In Libyen wird die Sprache des Korans eingeführt, und keine andere ist mehr erlaubt. Kein Beamter wird in einer anderen Sprache antworten, selbst wenn er es könnte. Alle Schriftstücke werden nur noch in arabisch ausgefertigt.

Als wir kürzlich in Tripolis landeten, waren sogar die Hinweisschilder zu den Toiletten für Fremde nicht zu entziffern. El-Gaddafi hat schon viel dazu beigetragen, daß in anderen arabischen Ländern die arabische Sprache schneller eingeführt wird und daß Französisch als Umgangssprache verschwindet. Auch in Syrien und Arabien hat man auf Gaddafis Anregung hin angefangen, sich mit der arabischen Sprache zu beschäftigen.

Araber ist der, dessen Muttersprache arabisch ist. Gaddafi sagt: »Unter dem Banner des Islam werden sich alle Araber vereinigen.«

Das Banner des Propheten muß über ganz Arabien wehen! Der Geist des Islam wird die Araber einigen.

(G. Konzelmann, Die Araber, F. A. Herbig Verlagsbuchhandlung, München-Berlin)

Der Islam wird die Kraft des zukünftigen stärksten Reiches sein: Al Uma el Arabia. Die Welt wird sich wundern. Wer dies heute noch nicht sieht, der treibt Vogel-Strauß-Politik.

Es ist kein Zufall, daß die biblische Prophetie auf solch ein Reich in der letzten Zeit anspielt. Es ist auch kein Zufall, daß dieses Reich in die Zeit der Wiederherstellung Israels fällt, und sich diese neue Weltmacht geographisch um Israel herum herauskristallisiert.

Es gibt zu viele Hinweise dafür, daß es kein Zufall sein kann, deshalb sollten wir um so mehr auf das prophetische Wort achten. Die Pläne, die Gaddafi heute in Libyen verwirklicht, können morgen durch einen noch stärkeren Mann in noch größerem Ausmaß in der ganzen arabischen Welt durchgeführt werden. Alles ist im Aufbruch und in Bewegung.

Der Charakter Ismaels ist über viele Jahrtausende hinweg erhalten geblieben. Das führt zu der Schlußfolgerung:

Hier ist mehr denn Salomo! (Matthäus 12,42).

Seit der Zeit König Salomos gab es im Nahen Osten keine solche Pracht und solchen Reichtum mehr wie heute. Wenn Salomo damals etwa 1400 Pferdewagen besaß, besitzen die heutigen Scheiche Autos, Flugzeuge und Paläste, von denen Salomo nicht einmal träumen konnte. Salomo ließ seine Pferde auf den Karawanenpisten aus Ägypten kommen, die Scheiche lassen sich ihre Autos mit Flugzeugen in einigen Stunden aus Europa oder Amerika einfliegen.

Inbegriff des *neuen Riad* wurde 1958 der Nadjarije-Palast, den der König nachts wie eine Kathedrale anstrahlen läßt: Er erhielt die größte Klimaanlage der Welt und einen eigenen Zoo und besitzt Garagen für mehr als tausend Autos. Innerhalb seiner Mauern liegen vier Paläste für die vier Frauen des Königs und deren Hofstaat, dazu 32 Villen für Konkubinen und 37 Villen für die Prinzen.

Zum Palast gehören eigene Schulen, ein eigenes Krankenhaus und ein eigenes Museum. Die Baukosten der Palaststadt, in der schließlich 6000 Leute leben und in der bis zu 20 000 Gäste untergebracht werden können, sollen 760 Millionen Mark betragen haben.
(Anton Zischka, Europas bedrohte Hauptschlagader, Kümmerly + Frey, Bern)

Seit 1958 hat sich in den arabischen Staaten alles mit unvorstellbarer Geschwindigkeit weiterentwickelt. Die Träume aus »Tausendundeiner Nacht« gehen in Erfüllung. Der »Geist aus der Flasche« macht es möglich. Ist das nicht das Wunder der Weltgeschichte, daß den Arabern der Reichtum in den Schoß fällt, der da aus der Erde fließt? Sie werden ohne ihr Zutun und Wollen zu den reichsten Staaten, die es je auf der Erde gab. Und der freigewordene Geist des Islam schenkt zu dem Reichtum noch Weltmacht. Der Nah-Ost-Korrespondent Gerhard Konzelmann, der den Islam kennt, schreibt folgendes, das sich mit der mohammedanischen Gedankenwelt deckt:

120 Millionen Araber warten auf den neuen Propheten. Sie hoffen, daß er bald kommen und aus achtzehn arabischen Staaten das Groß-Arabische Reich aufbauen wird. Von diesem Propheten ersehnen sich die Araber das Wiedererstehen des glanzvollen Reiches der Kalifen. Die Welt soll wie damals mit Respekt auf Arabien blicken, auf die Großmacht, die sich vom Persisch-Arabischen Golf bis nach Marokko am Atlantik erstreckt.

Das erträumte Vaterland ist reich. Milliardeneinnahmen aus dem Ölexport sichern die Existenz aller Bürger in diesem künftigen Staat. Armut und Hunger verschwinden, Gerechtigkeit herrscht. Der neue Prophet soll Sozialist sein, doch nicht Marxist. Des Propheten Glaube an Allah muß unerschütterlich sein.

Die geistige Kraft, diesen Traum zu verwirklichen, besitzt der Islam. Diese von Mohammed vor dreizehnhundert Jahren geschaffene Religion ist mehr als das moralische

Rüstzeug für die Ordnung im Diesseits und die Sicherung eines guten Platzes im Jenseits – der Islam soll wieder eine revolutionäre, expansive Staatsdoktrin werden. Mohammed und seine Nachfolger haben mit dieser Lehre ein Reich geschaffen, das den Versuch wagen konnte, Europa zu erobern. Doch die Europäer hielten den Vormarsch in Frankreich und vor Wien auf. Das christliche Europa drängte den Islam zurück.

Diesen historischen Ablauf wollen die arabischen Nationalisten korrigieren. Der kommende Prophet soll wieder das *Banner des Islam* entrollen, um abermals den Sprung nach Europa zu wagen. Europa soll dafür büßen, daß es mit Verachtung auf die *orientalischen Kameltreiber* herabgesehen hat. Doch der Traum wird nicht Wirklichkeit, solange der eine Prophet verborgen bleibt.

(G. Konzelmann, Die Araber, F. A. Herbig Verlagsbuchhandlung, München-Berlin)

Das irdische Paradies

Vieles von dem bisher Gesagten klingt wie ein Märchen aus »Tausendundeiner Nacht«, aber es ist kein Märchen, sondern rauhe Wirklichkeit. In Abu Dabi kommt auf einen Einwohner ein Jahreseinkommen von 170.000,– Mark. Wo finden wir so etwas in unserer Welt? Vielleicht im Arbeiterparadies, oder im Land der unbegrenzten Möglichkeiten? Für jeden Bürger dieses Staates stellt das Regierungsoberhaupt eine mietfreie Wohnung zur Verfügung, auch Strom, Wasser usw. werden kostenlos abgegeben. Alles geht auf Rechnung der Regierung. Durch das Telefon ist der Bürger dieses Landes mit der ganzen Welt verbunden, und das dank der Satelliten, die speziell für ihn durch das Weltall schweben. So kann man in einigen Augenblicken an allen Börsen der Welt seine Geschäfte abwickeln. Aber der Traum ist damit nicht zu Ende, er fängt gerade erst an.

Der Bürger dieses Staates, der sich als Familienmitglied des Herrschers betrachten kann, wird nicht nur freigehalten, sondern braucht auch keine Steuern zu zahlen. Auf die eingeführten Waren wird kein Zoll erhoben. Die Geschäftsleute der Industrieländer warten Tage und Wochen, um bei den Scheichen eine Audienz zu erhalten, damit sie ihre Fabriken und Betriebe in Europa über Wasser halten können. Darum sind die Hotels in diesen Ländern auf Wochen, Monate, ja auf Jahre hinaus ausgebucht.

Die Arbeit in diesen Ländern wird von Fremdarbeitern geleistet: Schwarze, Pakistani, Inder, Japaner, Deutsche und Amerikaner. Ist ein Bürger von Abu Dabi krank, wird er in einem supermodernen Krankenhaus kostenlos gepflegt. Ist der Fall zu kompliziert, um im Land selbst behandelt zu werden, wird dem Patienten die Reise und der Aufenthalt im Ausland, oft zusammen mit einem Familienmitglied, vom Staat bezahlt. Die Schulkinder bekommen vom Scheich ein monatliches Taschengeld von 50 Dollar.

Wie aus Aladins Wunderlampe fließen dem wohltätigen Herrscher dieses Landes täglich 10 Millionen Dollar zu. Wenn man nachts über diese Wüste fliegt, sieht man das Licht dieser Wunderlampe brennen, Tag und Nacht wird der Geist in die Atmosphäre gefeuert.

Es ist noch nicht so lange her, daß es eine Seltenheit war, in dieser Wüste überhaupt ein Licht zu sehen, und wenn es ein Feuer gab, dann wurde es oft mit getrocknetem Kamelmist unterhalten, denn auch Holz und Gras waren in diesen Gegenden rar.

Noch vor nicht allzu langer Zeit bewegten sich durch diese Wüstengebiete Kamelkarawanen mit ihrer spärlichen Ware, die im Tagesdurchschnitt etwa 30 km zurücklegten. Heute fahren Landrover und vollklimatisierte Superstraßenkreuzer über asphaltierte Straßen, und man findet sogar vierspurige Autobahnen.

Für die Scheiche am Golf spielt der Verbrauch keine Rolle, und der Preis erst recht nicht. In dem Land, in dem sie leben, ist noch so viel schwarzes Gold verborgen, daß man nicht weiß, wie man mit dem Segen Allahs fertig werden soll.

Es heißt, daß der Antichrist Wunder vollbringe. Wo gab es solche Wunder, seitdem die Welt besteht? Das alles hat sich in einer Zeitspanne von wenigen Jahren entwickelt. Wo wir Europäer und Amerikaner Jahrhunderte brauchten, um mit harter Arbeit und Disziplin auf den heutigen Stand der Technik zu kommen, brauchten diese Länder kaum einige Jahre; und sie erreichten es, ohne viel zu arbeiten. Die Intelligenz liefern Amerika, Europa und Japan. Die Arbeitskräfte kommen aus der Dritten Welt. Alles wird den Arabern auf einem Tablett serviert.

Sollte man Allah nicht dadurch Dank abstatten, indem man mit ganzem Ernst für den Islam und seine Ausbreitung eintritt?

Das Öl, der Islam und die Industrienationen

Und das Tier bewirkt, daß allen, den Kleinen und den Großen, den Reichen und den Armen, den Freien und den Knechten ein Malzeichen gegeben wird auf ihre rechte Hand oder auf ihre Stirn und daß niemand kaufen oder verkaufen kann, als nur der, der das Malzeichen hat, den Namen des Tieres oder die Zahl seines Namens (Offenbarung 13, 16–17).

Kein Gebiet der Welt hat jemals einen so plötzlichen Übergang von Armut zum Reichtum erfahren, und zwar ohne daß die Bewohner einen Finger hätten rühren oder einen Krieg führen müssen.

Der OPEC-Delegation genügten einige Stunden, höchstens einige Tage, um 1973 den Hebel herumzuwerfen und vom Kamel auf die supermodernen Mercedes, Cadillacs, Rolls Royces und Jets umzusteigen. Zum ersten Mal in der jüngsten Geschichte ist die Industriemacht nicht mehr mit der Finanzmacht identisch. Die moderne Welt ist ins Schwanken geraten.

Für uns ist es entscheidend, wie und zu welchem Zweck diese Länder ihren Reichtum und ihre Macht verwenden. Denn davon hängt zum großen Teil das Schicksal der Menschheit in den nächsten Jahren ab. Die Gefahr dieser

Macht besteht für uns nicht ausschließlich im Ölsegen und im Geld, das den Arabern plötzlich zugefallen ist, sondern in der Überzeugung, daß ihnen Allah diesen Reichtum am Ende der Zeit geschenkt hat, um dadurch die Welt in die Gewalt des Islam zu bringen.

Der Überschuß aus Ölverkäufen schwankt zwischen 60 und 80 Milliarden Dollar. Jeden Tag, den Allah schenkt, wächst dieser Dollarsegen um 170 Millionen Dollar, jede Stunde um mindestens 7 Millionen Dollar, jede Sekunde um etwa 120 000 Dollar. Jedes Jahr entspricht das Wachstum des arabischen Vermögens dem 60fachen des Vermögens der Rockefeller.

Man muß sich also nicht wundern, wenn sich amerikanische Banken immer mehr von Israel distanzieren und sich der »arabischen Lobby« verpflichtet fühlen. Jeder versucht, im Geschäft mit den Arabern zu bleiben. Jeder hat Angst, auf die Boykottliste zu kommen. Es ist verständlich, daß die Bank- und Industriewelt vor diesem aufkommenden Riesen zittert.

Der Überschuß an Geld ist so groß, daß diese Länder ohne Schwierigkeiten einige Jahre ohne Einnahmen leben könnten. Wie könnten aber Europa und Amerika einige Monate ohne Öl überstehen? Darum kann Zaki Yamani sagen:

> Unsere Ölwaffe ist viel stärker als ihr denkt. Wir können unsere Produktion um 8 % drosseln. Wenn es sein muß, können wir für Monate die Ausfuhr unterbrechen, ohne selbst darunter zu leiden. Wie aber könnt ihr das überleben?

Die Moslems sind bereit, für Allah ein Opfer zu bringen. Es wäre für Gaddafi keine Strafe, wenn er zu seinen Eltern in die Wüste zurückkehren müßte, um von Datteln und Kamelmilch zu leben (Rede in Damaskus im Juni 1979). Ob wir aber ohne Öl leben könnten?

Während der Ölkrise 1973–74 las ich in einer Schweizer Zeitung:

> Die sich nach Freiheit und Gewaltlosigkeit sehnende

> Menschheit wird ihren Glauben nicht für ein Ölgericht verkaufen, und wir Schweizer werden dem Turban unsere Reverenz verweigern.

Wir wünschten, der Autor hätte recht. Doch ist es uns bewußt, daß die Araber heute die Macht haben, uns in Europa – die Schweiz eingeschlossen – in drei Jahren auszuhungern? Auch Europa wird sich dem Islam beugen, denn ohne dieses »Zeichen« werden wir weder kaufen noch verkaufen können. Das würde den völligen Zusammenbruch unserer Wirtschaft und Finanzwirtschaft bedeuten, und das kann und wird sich kein Land leisten. Jeder Tag bringt uns mehr und mehr in die Abhängigkeit der Araber. Immer mehr verschulden sich Amerika und Europa, und das zur großen Freude der Araber. Diese Staaten sind heute schon gezwungen, die Energiequelle Öl mit Krediten aus arabischer Hand zu finanzieren. Dadurch werden sie wirtschaftlich immer abhängiger und müssen auf jede Bedingung der Araber eingehen. Wer sich weigert, wird von der Kundenliste gestrichen.

Hin und wieder hört man das Argument: »Die Araber brauchen unser Geld.« Wer so argumentiert, hat sich noch nicht mit diesem Problem auseinandergesetzt und kennt die Mentalität der Araber nicht. Nicht die Araber brauchen unser Geld, sondern wir brauchen das Geld und das Öl der Araber.

> Wenn in den westlichen Hauptstädten bekannt werden würde, was heute schon alles fest in arabischen Händen liegt, gäbe es ein Spektakel, meinte ein Bankier aus Paris. (Jens Friedemann, Die Scheiche kommen, Lübbe-Verlag, Bergisch-Gladbach)

An der Riviera in Südfrankreich wechselten 70% der Luxusvillen ihre Besitzer. Die reichen Engländer und Amerikaner überlassen ihren Besitz mehr und mehr den arabischen Scheichen.

Mit dem Privatjet bedeutet für die Scheiche der Flug an die Riviera ja nur einen Sprung über die See. In Paris besitzen die

Scheiche die »Tour Manhattan«, in Straßburg finanziert Saudi-Arabien den Bau eines Komplexes von 44 000 qm mit Büros und Wohnungen. So könnte man fortfahren. Auch Deutschland ist nicht außerhalb dieses Fangnetzes. 25% von Krupp wurden vom Schah aufgekauft, und 14,6% von Daimler-Benz von Kuwait. Darüber hinaus gibt es vieles, was wir nicht wissen.

Mit ihren Milliarden können die Araber jede Währung in der Welt nach Belieben ins Schwanken bringen. Wir sind schon heute so sehr von der Arabischen Welt abhängig, daß wir ohne ihr Geld nicht mehr existieren können. Die EG hat sich bei den ölproduzierenden Ländern um ein Darlehen von drei Milliarden Dollar bemüht.

Die ölpreisbedingten Zahlungsbilanzdefizite mehrerer EG-Staaten für 1974 wurden auf eine Größenordnung von 15 Milliarden US-Dollar, für alle Industrie- und Entwicklungsländer zusammen auf rund 60 bis 70 Milliarden US-Dollar geschätzt. Der Iran verlieh 150 Milliarden Dollar für 12 Jahre an die Weltbank zu einem Zinssatz von 8% pro Jahr, die Gesamtanleihe des Iran an die Weltbank beträgt jetzt 350 Milliarden Dollar.

> Scheich Saba al-Salim Al Sabah, der Emir von Kuwait, kaufte die US-Insel Kawah zum Preis von 17,4 Millionen Dollar. Auf dieser Insel vor der Küste des Staates Südkarolina wird der Emir ein super-luxuriöses Touristenzentrum im Wert von 100 Millionen Dollar errichten, und er selbst wird sich hier eine Residenz bauen, deren Baukosten sich auf 50 Millionen Dollar belaufen. 180 Millionen Dollar nimmt das Emirat pro Woche aus Ölkonzessionen ein.
> (G. Konzelmann: Die Reichen im Morgenland, F. A. Herbig Verlagsbuchhandlung, München-Berlin)

Seit 1977 hat die First Arabian Corporation (F.A.C.) in Paris vier der ersten Luxus-Hotels gekauft: Grand Hotel, Prince of Wales, Meurice und das Café de Paris. Ob Frankreich sich als Liebling der Araber ansehen darf, weil es nicht mit dem Schah geliebäugelt hat – wie etwa Amerika, das ihn nachher doch fallen ließ – und weil es den Ayatollah beherbergte? Dieser hat in der Stadt des Sonnenkönigs eine Weekend-Villa für die Summe von 1,6 Millionen Francs erworben.

Zu Beginn des Jahres 1979 hat die First Arabian Corporation die Ritz-Paris-Holding, ein fünftes Hotel in Paris, gekauft. In diesem Traumhotel müßte man heute für Bau und Ausstattung eines einzigen Zimmers 100.000 Dollar ausgeben, was für unsere heutigen Verhältnisse ganz unerschwinglich ist. Preis des Hotels? Man nimmt an, etwa 100 Millionen Francs. Was bedeutet das aber für Scheiche, die in Ölbarrel rechnen? Dieser Betrag entspricht dem Wert von etwa 1.604.000 Barrel oder 8000 Zisternen-Wagen Öl. Für uns ist das eine astronomische Zahl, doch für die Araber sind das nur 5% der täglichen Ölproduktion. Sie könnten täglich 20 Ritz-Hotels kaufen.

Ein Hotelmanager aus dem Schwarzwald erzählte mir kürzlich: Ein Mann aus einem Emirat stieg bei mir ab. Sein Äußeres war derart vernachlässigt, daß ich mich fragte, ob er wohl zahlungsfähig sei. Ich verlangte eine Anzahlung, da griff der Gast in die Tasche und legte etwa 45.000,– DM auf den Tisch mit der Frage, ob das reiche.

Ein anderer Kunde aus einem Ölland kam in ein Hotel und sah in einer Vitrine künstliche Blumen. Davon bestellte er für 40.000,– DM für seinen Palast. Der Geschäftsführerin bezahlte er das 1. Klasse-Flugticket, damit sie die Blumen selbst in seinem Palast arrangierte. Im Land von Tausendundeiner Nacht!

Diese Begebenheiten wurden mir von glaubhaften Augenzeugen berichtet.

Boykott

Die OPEC ist absolut in der Lage, sich bei den großen Industrieländern Gehör zu verschaffen (»Top Afrika«, April 1976).

Nicht die Araber sind abhängig vom Abendland, nicht wir,

sondern sie können uns boykottieren. Wie recht hat die Offenbarung! (Offenbarung 13,17).

Heute gibt es in Damaskus ein Boykottbüro, in dem Firmen und Einzelpersonen registriert sind, mit denen die Araber nicht ins Geschäft kommen wollen, weil diese mit Israel zusammenarbeiten.

Nicht nur in den arabischen Ländern wird die Kraft des Islam spürbar, sondern auch in Europa, Amerika und der Dritten Welt.

Fünf arabische Länder haben im Februar 1976 bei der belgischen Regierung gegen die Abhaltung des Weltjudenkongresses protestiert. Das Brüsseler Außenministerium mußte den Botschaften Saudi-Arabiens, des Irak, Syriens, Algeriens und Ägyptens antworten, die belgische Regierung könne aufgrund ihrer Verfassung die Konferenz nicht verbieten, solange Recht und Ordnung garantiert seien. In Brüssel wurde hinzugefügt, die belgische Regierung habe der Weltjudenkonferenz weder eine Schirmherrschaft noch andere Unterstützungen angeboten.

(Aachener Nachrichten, 17. 2. 76)

Durch demonstrativen Ausmarsch aus dem Plenarsaal oder durch Fernbleiben boykottierten die arabischen und offenbar auch viele schwarzafrikanische Staaten am Mittwoch auf der Welthandelskonferenz in Nairobi den Vertreter Israels.

(Dernières Nouvelles, 13. 4. 76)

Bericht einer Unterkommission des Repräsentantenhauses: »Viele US-Firmen boykottieren Israel. Zahlreiche amerikanische Firmen sind im zweiten Halbjahr 1975 der Aufforderung der arabischen Länder nachgekommen, Israel wirtschaftlich zu boykottieren. Die Hälfte der 637 überprüften Gesellschaften hat zugegeben, sich den arabischen Boykottforderungen zwischen dem 1. Januar 1974 und dem 5. Dezember 1975 gebeugt zu haben. Die US-Firmen hatten im übrigen angegeben, in dem genannten Zeitraum einen Gesamtumsatz von 352 Millionen Dollar mit den arabischen Ländern erzielt zu haben.«

(Dernières Nouvelles, 9. 4. 76)

Anfang 1973 haben einige afrikanische Länder (Niger, Mali, Tschad) ihre diplomatischen Beziehungen zu Israel abgebrochen. Sie fügten sich dem arabischen Druck und wiesen innerhalb von 24 Stunden die israelischen Botschaftsangehörigen aus. Den Ländern wurden dafür hohe Geldsummen versprochen. Am 29. 5. 73 hat die OAU (Organisation für Afrikanische Einheit) einstimmig eine Resolution angenommen, durch die Sanktionen gegen den jüdischen Staat beraten und beschlossen wurden.

Seit 1973 wird in dieser Richtung ganz konkret weiter gearbeitet. Das Boykottsystem wird immer besser ausgebaut und über die arabisch-islamische Welt ausgebreitet.

Seit März 1979 ist auch der Iran in dieses Boykottsystem eingeschlossen und besitzt ein Büro in Teheran.

Alle Länder, die irgendwie mit dem Staat Israel zusammenarbeiten, werden von jetzt ab weder Öl erhalten noch im Iran arbeiten können.

Diese Länder werden boykottiert, selbst wenn das an Israel oder Südafrika gelieferte Öl nicht aus arabisch-islamischen Quellen stammt.

Alle Banken und Unternehmen, die mit Israel zusammenarbeiten, werden in Zukunft nicht mehr im Iran arbeiten können, so wie das schon in den übrigen arabischen Ländern der Fall ist.

Das Boykottsystem im Iran, ebenso wie in den anderen arabischen Ländern, liegt hauptsächlich in den Händen von PLO-Mitgliedern.

Die Zahl der Firmen, Banken und Unternehmen, die auf der geheimen Boykottlisten stehen, geht in die Tausende.

Viele Firmen haben schon ihre Beziehungen zu Israel abgebrochen, um mit den vielversprechenden Ländern am Persisch-Arabischen Golf geschäftliche Abkommen schließen zu können.

Da für unsere christliche Geschäfts- und Industriewelt die

Grundlage des Wortes Gottes nicht mehr maßgebend ist, sondern das Geschäft und das Bankkonto an erster Stelle stehen, wissen wir im voraus, in welcher Richtung sich unsere Geschäftswelt, Industrie und Banken bewegen werden. Kein Land kann in diesem Existenzkampf neutral bleiben.

Er wird die starken Festungen behandeln wie den fremden Gott. Wer diesen anerkennt, dem wird er große Ehre erweisen, und er wird ihnen Gewalt geben über viele und zur Belohnung Ländereien unter sie verteilen (Daniel 11, 39).

Frankfurter Zeitung
„Blick durch die Wirtschaft"
23. 7. 79

Jahrgang 22 / Nr. 143 **D 1814 A**

Keine Aufträge mehr für die Christen?

P.O. DÜSSELDORF, 22 Juni. Es klingt unglaubhaft, entspricht aber den Tatsachen: Die Christen betrieben eine gefährliche Vielgötterei, indem sie Gott Vater, den Sohn und den Heiligen Geist anbeteten. Auf diesen Umstand, der bei der Vergabe weiterer Aufträge unter Umständen gebührend berücksichtigt werden müßte, hat kürzlich ein Vertreter der saudiarabischen Regierung allen Ernstes einen niederländischen Baukonzern aufmerksam gemacht. Noch plane man zwar keine entsprechenden Schritte, nur werde man die Vielgötterei wahrscheinlich nicht auf Dauer hinnehmen können.

Die arabische Atombombe

Immer raffinierter werden das Abendland und Amerika hinters Licht geführt und überlistet. Da sie sich im Zustand der Ohnmacht befinden, können sie nicht mehr reagieren. Sie haben sich ihr Grab selbst geschaufelt. Durch das wirtschaftliche Wettrennen und die steigende Profitgier haben sie ihren Feinden zur Weltmacht verholfen: Sie verkaufen Waffen und leiten dadurch ihre eigene Zerstörung und die der ganzen Welt ein.

Immer mehr Länder in Ost und West beteiligen sich an dem Wettrüsten, und kaum ein gangbarer Weg zur Abrüstung wird gefunden. Im Gegenteil, nun steigt auch die arabisch-islamische Welt in die Atomrüstung ein. Es ist schon lange bekannt, daß El Gaddafi bereit ist, jede Summe für die Produktion einer arabischen Atombombe zu zahlen. Das Ziel scheint näher gerückt.

Pakistan hat die Atombombe gebaut, aber noch nicht gezündet. Das Material dazu kam aus europäischen Staaten. In Pakistan werden Kommandos der PLO gedrillt, um gegen alles zu kämpfen, was sich dieser Bewegung in den Weg stellt. Pakistan ist ein islamischer Staat, und auch er schaut nach Jerusalem. Sein Präsident, General Zia ul-Hacq, ist der Überzeugung, daß der Islam als die von Allah bestimmte Macht und Religion am Ende der Zeit die Weltherrschaft haben wird.

Zur Erreichung dieses Zieles soll auch die Atombombe dienen. Das *Tier* wird Feuer vom Himmel fallen lassen vor den Menschen (Offenbarung 13, 13). Dies ist eines der Wunder, die das *Tier* tut (2. Thessalonicher 2, 9–12).

Weltwährung

Auch im Bereich der Währung zeichnet sich eine Entwicklung zugunsten der Golfländer ab. Amerika und Europa geraten immer mehr in die roten Zahlen, die jährlich in die Milliarden gehen. Das Defizit lag 1977 für Amerika bei 42,1 Milliarden

Dollar, fast zehn Milliarden Dollar mehr als 1976. Die amerikanische und die europäischen Währungen sind nicht mehr stabil, weil sie durch nichts mehr gedeckt sind. Der Dollar, der über Jahrzehnte hinweg Leitwährung war, nach der sich die ganze Welt richtete, bietet keine Garantie mehr. Auch der Goldstandard, lange Zeit das Fundament der Weltwährung, gilt nicht mehr als zuverlässig. Was würde uns auch Gold nützen, wenn ein Öl-Boykott unsere Wirtschaft und Landwirtschaft lahmlegte?

So sind weder Gold noch Dollar, weder Amerika noch Europa fähig, die Grundlage zum Aufbau einer wirklichen Weltmacht zu bilden.

Auch auf dem Gebiet der Devisen verlagert sich der Schwerpunkt in den Nahen Osten.

Unter dem Titel »Eine arabische Wirtschafts- und Währungseinheit?« stand in einer Zeitung zu lesen:

> Inzwischen setzen die arabischen Länder des Golfs die Verstärkung ihrer wirtschaftlichen und währungstechnischen Zusammenarbeit fort. So schlug zum Beispiel eine Kommission Arabiens und Kuwaits die Schaffung von siebzehn gemischten Gesellschaften zwischen den beiden Ländern vor. Sie prüft zur Zeit die Möglichkeit der Schaffung eines gemeinsamen Golf-Marktes.
>
> Die Währungsbehörden Bahrains, Qatars, der Vereinigten Emirate und des Sultanats Oman beabsichtigen, zusammen mit denen Arabiens und Kuwaits, die gegenwärtig in dieser Zone vor sich gehende Absprache zu vervollständigen und auszuweiten. Diese Absprache könnte, wie die europäischen Beobachter meinen, zu einer arabischen Wirtschafts- und Währungsunion des Golfs führen, einer Union, die viel einfacher zu verwirklichen zu sein scheint als die EWG in Europa, weil alle betroffenen Länder Überschußzahlungsbilanzen haben. Diese Union hätte auch die Möglichkeit, die Rolle des amerikanischen Dollars zu verschlechtern und ihn noch weiter zu schwächen.
>
> (Dernières Nouvelles, 31. 1. 78)

Wenn diese Währung zustandekäme, und sie wird zustande kommen, würde sie die härteste Währung der Welt sein, gestützt auf Energiereserven, die zum Überleben der Menschheit unentbehrlich sind.

> Die OPEC will angeblich den Dollar als Leitwährung aufgeben. Zu einem Zeitpunkt, da Goldpreisanstieg und Dollarkursverfall nach wie vor anhalten – in Paris wurde die Feinunze zu 285,– Dollar notiert, der Kurs der US-Währung lag bei 4,40 F –, berichtete die arabische Wochenzeitung *Arab Report and Memo* in ihrer jüngsten Ausgabe, daß die Organisation erdölexportierender Länder (OPEC) im September dieses Jahres den US-Dollar als Leitwährung für die Festsetzung der Ölpreise aufgeben und durch einen *Währungskorb* ersetzen will.
>
> Nach Angaben der Zeitschrift wird ein entsprechender Beschluß bei einer außerordentlichen Ministerkonferenz der OPEC gefaßt werden.
>
> Gerüchte um die Aufgabe des Dollars als Rechnungseinheit für den Ölpreis, die schon seit längerem umliefen, waren durch ein Expertentreffen der OPEC Mitte Juli in London über die Konsequenzen des Dollarkurssturzes verstärkt worden. Dabei hatten Beobachter festgestellt, daß die Vertreter Saudi-Arabiens, die bisher strikt am Dollar als Leitwährung festgehalten hatten, sich in dieser Frage kompromißbereiter gezeigt hatten.
>
> (Dernières Nouvelles d'Alsace 2. 8. 78)

Inzwischen haben die OPEC-Länder den Dollar, der ihre Ölpreise seit 1973 um fast 75% klettern ließ, noch nicht als Leitwährung aufgegeben. Wann werden sie ihre Pläne wohl ausführen?

Es gibt nichts mehr, was die westliche Welt auf einen Nenner bringen könnte, weder in der Politik, noch in der Wirtschaft, noch im Blick auf Devisen und Währung. Was aber am schlimmsten ist, sie hat die Basis verlassen, die ihr allein geistige Kraft geben konnte.

Der Nahe Osten einigt sich mehr und mehr auf jedem Gebiet, und was ihn vor allem zusammenschließt, ist die geistige Macht des Islam.

Europa hat dagegen seine Chancen verpaßt, denn die Kraft, die am Anfang seines Aufstiegs stand, wurde verdrängt, ausgestoßen aus Politik, Schule und Theologie. So hat Europa heute nur noch den Schein eines gottseligen Lebens, doch seine Kraft verleugnet es.

Amerika auf Kurswechsel

Nixon sah die Gefahr und wollte Amerika vor dem Kurswechsel bewahren. Doch es gelang ihm nicht. Der Watergate-Skandal bereitete seinen Plänen ein Ende.

Ford und Kissinger haben mit viel Diplomatie den Kurswechsel vollzogen. Sie haben damit das amerikanische Schiff auf den gleichen Kurs wie Europa und die übrige Welt gebracht. Das Schiff steuert nun auf Kurs Nah-Ost, wo es einmal zu einer gewaltigen Kollision kommen wird. So beschuldigt der *Petrolium Economist* die amerikanische Regierung, daß sie das Spiel der OPEC spiele. Nach den Ausführungen dieser Zeitung ist der Plan des Präsidenten Nixon *Unabhängigkeit im Blick auf die Energieversorgung vor 1980* in Vergessenheit geraten. Die Vereinigten Staaten, fügt das Blatt hinzu, geraten mehr und mehr in die Abhängigkeit des Nahes Ostens und besonders in die der arabischen Länder.

Der Kurswechsel Amerikas wurde am 15. 5. 78, am Pfingstmontag, bestätigt. Das geschah fast auf den Tag genau 30 Jahre nach der Gründung des Staates Israel und dessen Anerkennung durch die Vereinigten Staaten.

> Eine Ameise hat eben einen Elefanten zerdrückt. Es ist in Washington passiert, nach der *New York Times* zu schließen. Noch vor vierzehn Tagen erklärte diese Zeitung, die arabische Lobby in den USA sei wie ein Insekt gegen einen Dickhäuter, die pro-israelische Lobby. Aber nun hat der amerikanische Senat mit 54 gegen 44 Stimmen eine Resolution verworfen, für die die pro-israelischen Gruppen alle

ihre Anhänger und alle ihre Mittel mobilisiert hatten. Es handelte sich um ein Projekt, das Carter untersagte, Kampfflugzeuge an Ägypten und Saudi-Arabien zu verkaufen. Zum ersten Mal haben die Senatoren Israel und der israelischen Lobby mit *Nein* geantwortet.

Es wäre aber falsch, die ganze Verantwortung für diesen Fehlschlag dem israelischen Premierminister anzulasten. Natürlich hat er falsch gespielt, aber andererseits war die Regie seinen Händen entglitten: Die *neuen Realitäten* im Nahen Osten: Wirtschaft – Finanzen – Erdöl – waren für die Entscheidung der US-Senatoren ausschlaggebend. Das Fiasko der pro-israelischen Lobby im Kapitol am letzten Montag war das wichtigste Ereignis der letzten fünf Jahre im Blick auf die amerikanische Innenpolitik: Ein arabisches Land, Saudi-Arabien, steigt zur finanziellen Weltmacht auf und zwingt dadurch die Vereinigten Staaten zu dem Versuch, ihr wirtschaftliches und strategisches Gleichgewicht wiederherzustellen.

Die arabische Lobby ihrerseits ist voller Tatkraft. Wichtige Persönlichkeiten werden mobilisiert: Bert Lance, ein Busenfreund des Präsidenten, John Connaly, früher Staatssekretär und Schatzmeister, William Fullbright, früher Präsident der mächtigen Abteilung für Außenpolitik im Senat. Joseph Baroody, einer der Verantwortlichen des nationalen Vereins der amerikanischen Araber, bemerkt voller Entzücken: Man fängt an, uns Gehör zu schenken! Die Amerikaner wollen jetzt beide Glockentöne hören.

Eine Anzahl von Illustrierten bringt auf vielen Seiten Farbfotos über eine *außerordentliche Verbindung zwischen Riad und Washington.* In der syrischen Botschaft wird ein Gastmahl veranstaltet, an dem ein Prinz aus Saudi-Arabien, Journalisten und Senatoren teilnehmen.

Am 2. Mai veröffentlichte der Scheich Yamani, Erdölminister Saudi-Arabiens, seine Warnung: Riad kann seine Finanzpolitik umwerfen, wenn die geforderten Flugzeuge nicht geliefert werden. König Khaled erklärte zur gleichen Zeit einer Zeitung in Kuwait, er könne seine Flugzeuge auch *anderswo* kaufen. Diese Äußerungen aus Saudi-Arabien sind in vorsichtig-gemäßigtem Ton ausgedrückt. Sie entsprechen genau dem, was Carter braucht, um seine Senatoren zu beeinflussen. Doch im privaten Gespräch sind die Saudis schärfer. In diesem Handel wollen sie die Festigkeit der amerikanischen Freundschaft prüfen.

Im Senat fanden am Montag Diskussionen statt, die das bestätigen. Es wurde sehr wenig über Israel, aber viel über Saudi-Arabien, über Milliarden Dollar, über Erdöl, über die sowjetisch-kubanische Bedrohung und über amerikanische Lebensinteressen gesprochen.

Dieser Verschwörung können die sentimentalen Vorwände der pro-israelischen Lobby nicht standhalten.

Die Entscheidung des Senats ist gleichzeitig ein Sieg der Realpolitik und der Beginn einer neuen *Pax Americana* im Nahen Osten und am Persischen Golf. Dies mißfällt Israel.

Es ist übrigens nicht sicher, daß es die arabische Bevölkerung auf die Dauer gutheißt. Denn wer ist schließlich der Sieger in dieser von der israelische Lobby verlorenen Schlacht? Die arabische Sache, die Palästinenser? Oder, nüchtern gesehen, das amerikanische *Big-Business* im Einverständnis mit den reaktionärsten Regierungen im Nahen Osten? (Nouvel Observateur, 22. 5. 78)

Die öffentliche Meinung, der Senat und der Mann im Volk ziehen die Abhängigkeit vom arabischen Öl dem Verzicht auf Komfort, Luxus, Straßenkreuzer, Wirtschaftsrückgang und deren Folgen vor.

Es erhebt sich unwillkürlich die Frage, ob ein Land, das innerhalb von fünf Jahren mit 50% seines Ölbedarfs von den Lieferungen einer ausländischen Macht abhängig war, noch den Anspruch erheben kann, eine Weltmacht zu sein. Amerika ist heute in einem goldenen Käfig gefangen. Die arabischen Ölstaaten haben ihr Spinnennetz schon über der Industrie, und besonders über dem Bankwesen, ausgebreitet. Damit kann die amerikanische Fliege jederzeit ausgesaugt werden.

Die Saudis haben für fünfundfünfzig Milliarden Dollar Schatzanweisungen in Amerika gekauft. Wenn Saudi-Arabien diese Schatzanweisungen auf einmal losschlagen würde, wären die Vereinigten Staaten bankrott. Die USA haben nicht allein diese Kursänderung vollzogen, auch Kanada hat sich im Juli 1978 dieser Kursänderung angeschlossen. Wo Frankreich steht, konnten wir bei den Ereignissen im Iran erkennen. So gibt ein Land nach dem anderen nach: Alle Könige der Erde prostituieren sich mit Babylon (Offenbarung 18,3).

Das verlorene Rennen

> Heute ist das Öl der Motor der Geschichte! (Carlos Andres Perez, Präsident von Venezuela).

Utopisten glauben, daß noch frühzeitig andere Energiequellen gefunden werden oder anderswo Öl aufgespürt wird. Doch dieses Wettrennen ist schon im voraus verloren. Das Öl aus Alaska könnte nur 10 bis 15% des amerikanischen Bedarfs decken.

> Das Öl aus Alaska und der Nordsee ist der Ausgleich für den Mehrverbrauch der USA und West-Europas seit zwei Jahren.
>
> Kein Wirtschaftsland ist mehr vor der Abhängigkeit im Blick auf die Energiequelle Erdöl sicher. Amerika kommt schon lange nicht mehr mit seiner eigenen Produktion aus. Bereits heute muß die Hälfte des Ölbedarfs von außen eingeführt werden. 1973 waren es 10%.
>
> (Dernières Nouvelles d'Alsace, 30. 10. 1975)
>
> Die ARAMCO entdeckte 1969 bei einer routinemäßigen Untersuchung ein neues Ölfeld mit einem Volumen von schätzungsweise 8,5 Milliarden Barrel. Das ist ebenso viel, wie in dem ganzen Ölfeld an der Prudehoe-Bay in Alaska vermutet wird und dessen Entdeckung sensationelles Aufsehen erregte. Während jedoch im kalten Norden gigantische Kapitalinvestitionen zum Bau von Pipelines

und beheizbaren Fördereinrichtungen notwendig sind, fließt hier das Öl unter eigenem Druck aus dem Wüstenboden und kann ohne große Kosten in Pipelines und Schiffsbäuche gepumpt werden.
(Jens Friedemann, Die Scheiche kommen, Lübbe-Verlag, Bergisch-Gladbach)

So werden alle *reichen* Länder immer abhängiger von den Lieferungen der *armen* Länder.

Zwischen 1925 und 1929 lieferten die Vereinigten Staaten 69,1% des Öls, das in der Welt verbraucht wurde, Venezuela 5,7%, Mexiko 5,7%, die Sowjetunion 5,6%, Persien 3,1%, die übrige Welt 10,8%.

Die Jahresproduktion betrug 1880 2 Millionen Tonnen, 1890 8 Millionen Tonnen, 1900 18 Millionen Tonnen, 1910 41 Millionen Tonnen, 1920 85 Millionen Tonnen, 1925 141 Millionen Tonnen.

1973 lieferte die arabische Welt 1222,4 Millionen Tonnen. Die Weltreserve wird auf etwa 90 Milliarden Tonnen geschätzt, davon sind 51 Milliarden Tonnen in den Händen der Araber. Da Amerika 50% seines Öls aus den arabischen Ländern importiert, wären die amerikanischen Flugzeuge, die Flotte, die Panzer und die Industrie lahmgelegt, wenn dieser Ölstrom unterbrochen würde. Ein konventioneller Krieg wäre ausgeschlossen. Es bliebe nur eine Alternative: der Atomkrieg.

Unter dem Titel »Eine Meinung zur Erdölkrise« können wir in den »Dernieres Nouvelles d'Alsace« von Straßburg folgendes lesen:

Nach Ansicht von Dr. G. N. könnte die Erdölknappheit schon 1980, also sozusagen übermorgen, beginnen, und dies infolge der weitsichtigen Politik der OPEC-Länder, eine Weitsichtigkeit, die nur in der in unseren Ländern herrschenden Kurzsichtigkeit ihr Gegenstück findet.

Die erdölexportierenden Staaten am Persischen Golf haben nämlich eingesehen, daß die Ausfuhr von Fertigprodukten für sie vielversprechender ist als der Export von Erdöl. Dazu liefert ihnen der Westen noch die schlüsselfertigen Fabriken. So können Erdölchemie, Hüttenwesen und Textilindustrie florieren. Das Ergebnis: Jeder Tropfen Erdöl, den wir verbrauchen, wird schleunigst in Konkurrenzunternehmen von morgen für unsere eigenen Betriebe umgewandelt. So sieht es in Wirklichkeit aus, eine Wirklichkeit, die Dr. G. N. zufolge, uns dazu anregen sollte, mit allen Mitteln nach neuen Rohstoffquellen zu suchen, um unsere Maschinen in Gang zu halten (D. N., 25. 3. 78).

Das Wettrennen um neue Rohstoff- und Energiequellen ist verloren. Denn vorausgesetzt, daß Öl gefunden wird, benötigt man etwa 10 Jahre, um die Ölquellen zu erschließen und ausbeuten zu können. Frage: Bleibt uns noch soviel Zeit?

Die Experten betrachten dieses Problem von allen Seiten, aber vergeblich. Man braucht 10 Jahre, um in politisch sicheren Ländern Ölquellen zu erschließen, vorausgesetzt, daß man Öl findet.

Man benötigt 5 bis 6 Jahre, um eine Atomzelle zu bauen. Man benötigt 10 Jahre, um ein Kohlekraftwerk zu errichten. Die französischen und italienischen Rohstoffe sind dazu noch arm an Energie (Le Point, 3. 12. 74).

Wenn wir unsere Hoffnung auf die Atomenergie stützen, geraten wir auch in eine Sackgasse. Unter dem Titel *Die Atomwette ist ein Vertrag, den Faust mit dem Teufel schließt,* schreibt der Express (Express, Numero spécial, Dezember 1974):

Um aus der Sackgasse herauszukommen, müßte die Welt ein Jahrhundert lang vier Atomreaktoren pro Woche bauen. Das würde unsere Welt 2000 Milliarden Dollar pro Jahr kosten. Um diese Reaktoren zu füttern, müßten 15 Millionen Kilo Plutonium 239 im Jahr hergestellt werden. Mit gewissen Vorsichtsmaßnahmen könnte eine radioaktive Gefahr ausgeschaltet werden. 10 Mikrogramm einzuatmen genügt, um an Lungenkrebs zu erkranken.

Eine Plutoniumkugel von der Größe einer Pampelmuse enthält genug Gift, um die Bevölkerung der ganzen Erde zu vergiften. Die Radioaktivität des Plutoniums hält fünfundzwanzigtausend Jahre an.

Welch apokalyptisches Bild! Unsere Welt steht am Abgrund.

2

DER SIEGESZUG DES ISLAM

Mohammed

Mohammed, der weder lesen noch schreiben konnte, wurde der alleinige Herausgeber des Koran. Nach eigenen Aussagen erschien ihm ein Engel Gottes, um ihm den Koran zu offenbaren (diktieren).

Mohammed wurde um das Jahr 570 geboren. Sein Vater soll Abd Allah (Diener Allahs) geheißen haben, der zu den Rechtgläubigen gezählt wurde. Seine Mutter hieß Amina, und beide gehörten zu dem Zweig der Haschemiten in der Großfamilie der Koreischiten. Die Eltern Mohammeds waren arm. Die Legende berichtet, daß sie durch Freigebigkeit und Großzügigkeit verarmten.

Der Vater starb noch vor der Geburt Mohammeds. Nach dem Tode der Mutter – Mohammed war sechs Jahre alt –

Diese Kamel-Karawane zieht heute den gleichen Weg wie die Karawanen vor 4000 Jahren.

wuchs er zunächst bei dem Großvater auf. Später lebte der Junge bei einem Onkel, der arm war und viele Kinder hatte. Deshalb mußte sich Mohammed schon frühzeitig seinen Lebensunterhalt verdienen. Er zog mit den Karawanen durch Zentralarabien. Dabei bepackte er die Kamele, trieb die Tiere an und war Bursche für die Karawanenführer. Die Reisen führten ihn weit nach Norden, bis nach Syrien. Hier begegnete er den Religionen, die nur *einen Gott* verehren. Da erwachte in ihm die Sehnsucht, in seiner Heimat ein Heiligtum an der Quelle Zem-Zem aufzurichten und all die Tempel der Götter, Götzen und Geister abzubrechen, die in der Kaaba verehrt wurden; es waren 365. – So wurde der Islam geboren, der heute und morgen die Welt in Atem halten wird.

Mohammed trägt alle Kennzeichen eines *falschen Propheten.* Er beansprucht für sich den Titel des *letzten Propheten* und behauptet, die allerletzte Wahrheit geoffenbart bekommen zu haben. Es ist nicht zu verwundern, daß die Juden ihn schon zu seinen Lebzeiten als einen falschen Propheten betrachteten.

Und heute? Wenn wir einige Texte des Neuen Testaments lesen, der letzten von Gott geoffenbarten Wahrheit, können wir die Ansprüche Mohammeds als falsch entlarven, besonders im Blick auf Offenbarung, Inhalt und Ergebnis:

> Offenbarung: *Wir wissen aber, daß der Sohn Gottes gekommen ist und uns einen Sinn gegeben hat, daß wir den Wahrhaftigen erkennen. Und wir sind in dem Wahrhaftigen, in seinem Sohn Jesus Christus. Dieser ist der wahrhaftige Gott und das ewige Leben (1. Johannes 5,20).*
>
> Inhalt: *Denn es ist ein Gott und ein Mittler zwischen Gott und den Menschen, der Mensch Christus Jesus, der sich selbst als Lösegeld für alle gegeben hat (1. Timotheus 2, 5–6).*
>
> Ergebnis: *Das ist das ewige Leben, daß sie dich, den allein wahren Gott, und den du gesandt hast, Jesus Christus, erkennen (Johannes 17,3).*

Aus diesen Texten geht klar hervor, daß niemand Gott erkennen kann, außer durch Jesus Christus, daß nur das Opfer Jesu

Mekka – die Kaaba, wichtigstes islamisches Heiligtum und Wiege des Islam. – Nach islamischem Glauben besitzt der »Schwarze Stein« die Kraft, Sünden in sich aufzunehmen, wenn man ihn küßt. Bereits vor Mohammed wurde er als »Gott des Steins« verehrt und war einer der 365 Götter, die hier angebetet wurden.

am Kreuz den Weg zum Vater öffnet und dem Gläubigen Vergebung und Frieden schenkt. Und nicht zuletzt, daß der Mensch das ewige Leben nur in Jesus Christus, dem alleinigen Mittler zwischen Gott und Menschen, finden kann.

Mit seinen Ansprüchen schiebt Mohammed diese Tatsachen als falsch zur Seite und erweist sich dadurch als falscher Prophet.

Es ist auch interessant zu wissen:

Mohammed behauptet, daß die Streitigkeiten zwischen Christen und Juden erst nach seinem Kommen angefangen hätten. Das ist nicht richtig; sie haben sechs Jahrhunderte vorher begonnen, und das um Jesu willen. Für die einen ist er der Messias, nach den Propheten, für die anderen ist er es nicht. Aber an keiner Stelle der Schrift ist die Rede von

Mohammed. Der Islam bietet als Lösung für diese Streitigkeiten an, die Bibel durch den Koran zu ersetzen.
(L. Feldmann, La Bible et le Coran – Anm. von M. Savari)

Die Christen jedoch wissen aus der Bibel:
Es ist in keinem anderen das Heil, denn es ist auch kein anderer Name unter dem Himmel den Menschen gegeben, in welchem wir sollen gerettet werden (als in dem Namen Jesu) *(Apostelgeschichte 4,12).*

Allah

»Allah« wird von dem hebräischen Wort »Elohim« (1. Mose 1,1) abgeleitet. Elohim ist einer der Namen Gottes in der Bibel.

Allah war (schon vor der Zeit Mohammeds) einer der 365 Götzen der Kaaba, Hauptheiligtum des Islam. Dieser eine Götze hat 364 andere verdrängt, er blieb aber ein Götze, der in der Kaaba verehrt wird. Wer den Stein küßt, dem werden die Sünden vergeben, und er kommt vielleicht ins Paradies. Der folgende Bericht mag dies verdeutlichen:

> Als im August 570 in einem der Häuser Mekkas Mohammed geboren wurde, war der schwarze Stein, die Kaaba, der religiöse Mittelpunkt Arabiens. In dem großen Hof der Kaaba standen 365 Götterbilder. Man verehrte dort alle Arten von Gottheiten. Aber der wirkliche Gott, der *Gott des Steins*, übertraf sie alle an Ruhm; er war der *Gott der Götter*, und – obwohl man ihm nicht länger Menschen, sondern nur noch Kamele opferte – so mächtig, daß er Mekka unangreifbar machte.
>
> Mohammed »verjagte« die 365 Götzen. Sein Gott »Allah« war der einzige Gott. Aber er behielt die Kaaba als Heiligtum bei und bestätigte auch, daß der schwarze Stein die Kraft besitze, Sünden in sich aufzunehmen. Mohammed machte jedem Gläubigen eine Pilgerfahrt zu diesem heiligen Stein zur Pflicht.

> Im Koran, Sure 22, Vers 26–37, wird vorgeschrieben: Mindestens einmal in seinem Leben muß der Moslem nach Mekka wallfahren. (Anton Zischka, Europas bedrohte Hauptschlagader, Kümmerly + Frey, Bern)

Allah ist also kein Gott, der sich offenbart hat, sondern ein Gott, der von Mohammed zum Gott gemacht wurde. Im Bericht eines Islam-Kenners lesen wir:

> Das Nahostproblem ist ein religiöses Problem. Im Nahen Osten liegt die Heimat des Islam. Die Seele der Völker ist von dieser Religion geprägt. Schon vor Mohammed wurde in Mekka in der Kaaba ein heidnischer Dämon verehrt. Bei einem heidnischen Opferfest in Mekka trat Mohammed vor die Menge, zeigte auf die Kaaba und rief: *La alla illa allahu!* (deutsch: Es ist kein Allah, außer Allah ist *Er*!) *Er* war der oberste Dämon, der in der Kaaba verehrt wurde. Dieser Ausspruch Mohammeds wurde, geändert in *La illahilla Allah* (Es ist kein Gott außer Allah), zum Glaubensbekenntnis des Islam.
> Die Kaaba war das erste islamische Heiligtum. Der eigentliche Kern des Islam liegt in dieser Bindung an Allah, den obersten Dämon. Die Menschen, die sich diesem Geist hingeben, werden Gebundene Satans.
>
> Der Islam ist daher eine Religion, die sich immer gegen Jesus Christus, den gekreuzigten, auferstandenen und wiederkommenden Herrn, richten muß. Er ist eine ausgesprochen antichristliche Religion, die Religion der Lüge, eines grenzenlosen Fatalismus und zugleich eines unvorstellbaren Fanatismus.
> (Konrad Meyer, Der Nahe Osten in die Entscheidung gestellt)

Aus all dem geht klar hervor, daß Mohammed keine Offenbarung von Gott hatte, sondern daß er selbst einen der 365 Götzen, die in der Kaaba verehrt wurden, auserwählt hat. (Vergl. Daniel 11,39). Die Wahl fiel auf Allah, den *höchsten Geist*, der dann die 364 anderen verdrängte und mit ihnen auch den Gott der Juden und der Christen, weil sie sich nicht mit dem Geist der Kaaba identifizieren ließen.

Vor Mohammeds Geburt sprach sein Vater vor der Kaaba die Anrufungsformel Bismillah (Im Namen Allahs), um das von Amina erwartete Kind unter den Schutz Allahs, des *höchsten Geistes*, zu stellen. So wurde Mohammed schon vor seiner Geburt dem Allah des Islam geweiht, dessen Gründer er wurde.

Die Pilger, die nach Mekka pilgerten, verbeugten sich vor diesem Geist, der die Kaaba schon vor dem Islam bewohnte. Sie sind also nicht Verehrer des Schöpfers, sondern des *schwarzen Steines*, in dem der Geist wohnt.

Nicht wer eine Begegnung mit Gott hat, kommt ins Paradies, sondern wer eine Begegnung mit dem schwarzen Stein in der Kaaba hat!

Sagt nicht der Gott der Bibel:

Vor mir ist kein Gott gemacht worden und nach mir wird keiner vorhanden sein. Ich, ich bin der Herr, und außer mir ist kein Erretter (Jesaja 43,10–11).

Ist Allah der Gott der Bibel?

> Wir leben nicht im Irrtum, weil die Wahrheit schwer zu erkennen wäre – oft ist sie sogar zum Greifen nahe – sondern wir leben im Irrtum, weil das für uns bequemer ist.
>
> (Alexander Solschenizyn)

Das Abendland macht sich immer mehr mit dem Gedanken vertraut, daß Allah und Jahwe, der sich dem Menschen offenbarende Gott des Alten Testaments, ein und derselbe Gott seien. Diese Überzeugung ist heute schon nicht mehr aus der Gedankenwelt des christlichen Abendlandes wegzudenken. Das zeigt z. B. die von der Römisch-Katholischen Kirche herausgegebene Schrift mit dem Titel »Ein Gott – alle Brüder.«

Um diesen Irrtum aufzudecken, müssen wir uns mit dem

Koran beschäftigen. Wir wollen dazu einige Wahrheiten und Lügen, die im Koran enthalten sind, nebeneinanderstellen.

Die Juden und Christen sagen:
»Nehmt unseren Glauben an, wenn ihr auf dem Weg des Heils sein wollt.« Antwortet ihnen: »Wir folgen dem Glauben Abrahams, der den Götzen Weihrauch verweigerte und nur Gott anbetete« (Koran, Sure 2.129).

Und das Credo des Islam lautet:

Wir glauben an Allah, an das Buch (Koran), das uns gesandt wurde, an das, was uns offenbart wurde von Abraham, Ismael, Isaak, Jakob, und an die zwölf Stämme. Wir glauben an die Lehre Moses, Jesu und der Propheten. Sie sind alle gleich, und wir sind Moslems, Allahs Willen unterworfen (Sure 2.130).

In dieser Sure liegt die erste und wichtigste Abweichung, und wir sollten uns deshalb mit der Frage beschäftigen: Ist der Gott der Mohammedaner, Allah, der Gott der Bibel? Das Glaubensbekenntnis der Juden heißt:

Höre, Israel, der Herr (Jahwe) ist unser Gott (Elohim), der Herr (Jahwe) allein (5. Mose 6,4).

Diese alttestamentliche, richtige Lehre von der Einheit Gottes hat Mohammed im Islam in falscher, menschlicher Weise zur Irrlehre degradiert. Allah ist für Mohammed ein seelenloser, starrer Gott ohne Erbarmen.

Ein solcher Gott duldet nur sein eigenes Bild. Für ihn ist der Mensch ein rechtloser Sklave ohne Entscheidungsfreiheit. Dieser Gott fordert von aller Kreatur Unterwerfung und Anbetung; er ist die vollendete Selbstsucht, ein grausamer und liebloser Tyrann, der nur fordert. Dieser Gott ist ein Fatum (Schicksal), und die falsche Lehre des Islam führt unweigerlich zur Erstarrung in einem düsteren Fatalismus.

Der menschgewordene Sohn Gottes hat uns die vollkommene Offenbarung über das Wesen Gottes gebracht. Es gibt nur einen wahren, lebendigen Gott, aber dieser Gott vereinigt in seinem einen Wesen drei Personen – die Person des Vaters und die Person des Sohnes und die Person des Heiligen Geistes. Er ist ein dreieiniger Gott. Dieses Geheimnis des Wesens Gottes könnte uns die menschliche Vernunft nie offenbaren. Gott, der Sohn, hat uns aber dieses Geheimnis klar und endgültig geoffenbart. Man kann es nur im Glauben erfassen.

Was die menschliche Vernunft in keiner Weise von sich aus erkennen oder erfassen kann, soll der gläubige Christ durch lebendige Erfahrung, ohne Beweise, von der Dreieinheit des lebendigen Gottes wissen. Er wird, ohne sein natürliches Denkvermögen vergewaltigen zu müssen, geistlich erkennen können, daß der wahre, lebendige Gott dreieinig ist.

Ein erster, wenn auch unvollkommener Hinweis auf diese Dreieinheit (drei in EINS – EINS in drei), ist der Mensch selbst, der nach Gottes Bild geschaffen wurde, bestehend aus Geist, Seele und Leib.

Gott ist Liebe, und der Mensch ist als Abbild von Gott auch zum Leben in der Liebe bestimmt, und dieses Leben des Menschen entfaltet sich in seiner Fülle im Zusammenleben dreier Personen:

Ich – Du – Er. Gott ist Liebe; in ihm ist die Fülle der Liebe von Ewigkeit her. Von diesem Gedanken könnte man auch die Pluralendung des Gottesnamens *Eloh – im,* der in den ersten Kapiteln der Bibel häufig auftaucht, ableiten und ebenso die Formulierung: *Lasset uns Menschen machen* (1. Mose 1,17). So müssen in ihm auch immer diese drei Personen – das Ur-Ich, das Ur-Du und das Ur-Er gewesen sein.

Da das Geheimnis der Dreieinheit (Dreieinigkeit, Dreifaltigkeit) auch vielen bewußten Christen Kopfschmerzen bereiten mag, wollen wir versuchen, diesen Begriff umfassender zu erklären. Richard Müller schreibt in seinem Buch *Der du bist im Himmel* folgendes darüber:

> Es gibt nur drei monotheistische Religionen, also Religionen, die nur einen Gott kennen. Im Judentum, im Christentum und im Islam verehrt man nur einen Gott. All die anderen Religionen wissen von vielen Göttern – mit Ausnahme

des Buddhismus, der keinen Gott kennt. Das Judentum ist die erste monotheistische Religion. Gott offenbarte sich Abraham, und dieser wurde der erste Bekenner eines konsequenten Ein-Gott-Glaubens.

Das Christentum ist stark mit der Botschaft des Alten Testaments verbunden, und auch einige grundlegende Gedanken des Islam gehen auf das Alte Testament zurück, in dem sich Gott dem Volk Israel offenbart hat. Der Monotheismus ist heute sicherlich die einzige unserem Denken und Empfinden angemessene Form der Religion. Wir gehen von dem Schöpfer-Gott aus, und den stellen wir uns als *einen* Gott vor. Der Gedanke an eine Götterfamilie, wie wir ihn in den heidnischen Religionen durchweg finden, hat da keinen Raum.

Sofort stellt sich nun die Frage, warum die überwältigende Mehrheit der Menschen Polytheisten sind. Ich glaube, daß wir das wie folgt erklären können: Alle Religionen mit vielen Göttern, die in Wirklichkeit nur Götzen sind, haben ihren Ursprung nicht in Offenbarungen Gottes, sondern im Einfluß des Teufels. Es gibt kaum etwas, was dem Teufel so verhaßt ist wie die Tatsache, daß nur ein Gott ist, der allmächtig und allwissend ist, als der alleinige Herrscher alle Gewalt hat und ausübt, dem alle Ehre und aller Gehorsam gebührt.

Gegen diese Tatsache hat der Teufel von jeher revoltiert. Wenn es ihm auch nicht gelungen ist, so versucht er mit allen Mitteln, diese Tatsache zu verdunkeln. Er setzt alles daran, um den Glauben *Da ist nur ein Gott* zu verdrängen. Darum hat er überall die Vorstellung von vielen Göttern hervorgerufen. Nach seinen Ideen darf nicht ein Herrscher die Macht haben, sondern viele teilen sich diese, und möglichst noch auf unterschiedlichen Rangstufen.

Als der Apostel Paulus in Athen – die Griechen verehrten viele Götter – einen Altar mit der Aufschrift *dem unbekannten Gott* fand, sah er darin sofort eine Anknüpfungsmöglichkeit: *Den Gott, den ihr nun, ohne ihn zu kennen, verehrt, den verkündige ich euch (Apostelgeschichte 17,23).*

Solange Menschen nur an einen Gott glauben, ist zumindest dieser Grundgedanke richtig, wenn die Vorstellung, die sie von diesem einen Gott haben, auch in vielen Punkten falsch sein mag.

Nun aber spricht das Neue Testament von Gott, Jesus Christus und dem Heiligen Geist. Es läßt sich nachweisen, daß jedem göttliche Eigenschaften wie Allmacht, Allwissenheit, Allgegenwart und ewige Existenz zugeschrieben werden. Darum machen Juden und Mohammedaner uns Christen den Vorwurf, wir hätten den großen, grundlegenden Gedanken, die einzig richtige Schau *Da ist nur ein Gott!* verlassen.

Als das erste Gebot von allen hat Jesus Christus selbst genannt: *Höre, Israel, der Herr, unser Gott, ist ein einiger Herr; und du sollst den Herrn, deinen Gott, lieben aus deinem ganzen Herzen und aus deiner ganzen Seele und aus deinem ganzen Verstande und aus deiner ganzen Kraft (Markus 12,29).*

In Jesaja 44,6 lesen wir: *Ich bin der Erste und der Letzte, und außer mir ist kein Gott!*

Unsere Erklärung, daß auch wir nur *einen* Gott kennen, der sich uns als Gott der Vater, Gott der Sohn und Gott der Heilige Geist geoffenbart hat, und wir darum von Dreieinheit sprechen, läßt man nicht gelten. Wir müssen zugeben, daß der Ausdruck Dreieinheit sich nicht in der Bibel findet, wohl aber der Gedanke. Wir kennen einige Bibelworte, in denen die drei Personen der Gottheit nebeneinander genannt werden. In Matthäus 28,19 heißt es: *Taufet sie im Namen des Vaters und des Sohnes und des Heiligen Geistes.*

In Johannes 14,16 lesen wir: *Ich werde den Vater bitten, und er wird euch einen anderen Sachwalter geben, daß er bei euch sei in Ewigkeit, den Geist der Wahrheit.* Hier werden in einem Satz Gott der Vater, der Sohn Gottes und der Heilige Geist genannt.

Es ist interessant zu sehen, daß auch im Alten Testament Gott einige Male von sich in der Mehrzahl spricht: *Lasset uns Menschen machen (1. Mose 1,26). Siehe, der Mensch ist geworden wie unsereiner (1. Mose 3,22). Und ich hörte die Stimme des Herrn, welcher sprach: Wen soll ich senden, und wer wird für uns gehen? (Jesaja 6,8).*

Wir finden also auch im Alten Testament neben der starken Betonung, daß da nur *ein* Gott ist, wenigstens einige Aussagen, die von Gott in der Mehrzahl reden.

In diesem Zusammenhang möchte ich auch auf Gedanken des amerikanischen Naturwissenschaftlers Dr. Nathan Wood hinweisen. Er sagt dem Inhalt nach etwa folgendes: »Die Welt in der wir leben, ist das Werk Gottes. Da liegt es nahe, daß sein Werk auch etwas von seinem Wesen widerspiegelt. Wenn Gott *einer* ist und sich uns doch in dreifacher Gestalt offenbart, müssen wir etwas Vergleichbares in seiner Schöpfung finden können, und das läßt sich nachweisen. Fangen wir mit der Zeit an. Es gibt nur eine Zeit. Niemand käme auf den Gedanken, von zwei Zeiten zu sprechen. Aber diese Zeit kennen wir als Vergangenheit, Gegenwart und Zukunft. Immer, wenn wir an die Zeit denken, wenn wir von ihr sprechen, geschieht es in der oben genannten Dreiteilung.

Zur Zeit gehört der Raum. Da ist nur ein Raum, niemand kann sich einen zweiten daneben vorstellen, und doch beschreiben und berechnen wir diesen Raum mit Hilfe der drei Dimensionen. Wenn man heute auch den Begriff der vierten Raumdimension kennt, so sind wir doch dreidimensionale Wesen und können gar nicht anders, als in drei Dimensionen denken. Keine von den drei Dimensionen ist selbständig, alle drei gehören zum Raum, alle drei müssen sein, damit der Raum ist.

Oder denken wir an den Menschen. Jeder Mensch ist ein in sich geschlossenes, selbständiges Wesen, und doch lehrt uns die Bibel, daß der Mensch Geist, Seele und Leib ist. Der Leib allein ist noch kein Mensch, und der Geist allein erst recht nicht. Sie sind beide erforderlich und die Seele dazu. Sie alle zusammen bilden erst den Menschen.

Als Letztes sei noch die Materie genannt. Wir finden sie in drei Zuständen: Fest, flüssig und gasförmig. Als bestes und bekanntestes Beispiel können wir das Wasser anführen, das als Eis, als Flüssigkeit und als Wasserdampf vorkommt. Nur ein Stoff, aber wir finden ihn in drei, deutlich unterschiedlichen Formen.«*

Alle diese Überlegungen können natürlich das Geheimnis der Dreieinheit nicht erklären, aber sie verschaffen uns einen Zugang zu diesem Gedanken.

Sehr aufschlußreich im Blick auf Gott und den Heiligen Geist erscheint mir das Wort aus *1. Korinther 2,10–11: Der Geist erforscht alles, auch die Tiefen Gottes. Denn wer von den Menschen weiß, was im Menschen ist, als nur der Geist des Menschen, der in ihm ist? Also weiß auch niemand, was in Gott ist, als nur der Geist Gottes.*

Gott ist nicht der Gott Abrahams, *Ismaels* und Jakobs. Hier wird das Kuckucksei ins Nest gelegt, aus dem der Islam herausschlüpft: Isaak wird von den Mohammedanern verworfen, nicht er ist der wahre Sohn, sondern Ismael. Nicht Isaak wurde geopfert, sondern Ismael.

Gott aber sagte zu Isaak:

Ich bin der Gott deines Vaters Abraham (1. Mose 26, 24).

Und Gott sagte eindeutig zu Abraham:

Meinen Bund aber will ich mit Isaak aufrichten, den dir Sara gebären soll (1. Mose 17, 21).

Gott gibt Ismael um Abrahams willen Verheißungen, aber er geht keinen Bund mit der Linie Ismaels ein.

Allah hat nichts mit dem Gott der Bibel gemein. Er ist eine Karikatur Gottes. Es ist Gotteslästerung, wenn wir Allah und den Gott der Bibel auf die gleiche Stufe stellen.

* aus: »The Bible and Modern Science« Henry M. Morris, Ph. D., Chicago 1956

Der Koran

Ich habe euch nicht geschrieben, als kenntet ihr die Wahrheit nicht, sondern weil ihr sie kennt und weil keine Lüge aus der Wahrheit kommt (1. Johannes 2,21).

Wer die Wahrheit nicht kennt, der kann auch die Lüge nicht erkennen. Wie wichtig ist es deshalb, daß wir uns auf den Grund der Apostel und Propheten, da Jesus Christus der Eckstein ist, stellen, und daß wir die Bibel als das inspirierte Wort Gottes, als höchste Autorität anerkennen. Wer das nicht tut, wird in Zukunft nicht als Christ durchhalten können. Die Christenheit des Abendlandes ist schwer ins Schwanken geraten, weil sie diese Autorität verlassen und verachtet hat.

So kann El Gaddafi sagen:

Das Christentum muß mit großen Fragezeichen versehen werden. Es hat überhaupt keine göttliche Botschaft zum Inhalt. Es war immer in der Geschichte Werkzeug des Imperialismus und mit den Ausbeutern des Kapitalismus verbündet. Der Islam ist die einzig gültige, göttliche Konzeption. Er umfaßt alle Religionen. Auch Jesus war Moslem, er hat mehr mit uns als mit dem Christentum zu tun.
(G. Konzelmann: Die Reichen im Morgenland, F. A. Herbig Verlagsbuchhandlung, München–Berlin)

Wenn wir auf die heutige Weltlage sehen, können wir sagen: Paulus hatte einen klaren Blick für das Entstehen und Erwachen der kommenden antichristlichen Macht, als er von der Endzeit redete (2. Thessalonicher 2).

Für den Mohammedaner ist der Koran das Buch, das dem Propheten Mohammed vom Engel Gabriel diktiert wurde.

Rezitiere im Namen deines Herrn...! Rezitiere! Denn dein Herr ist der Allgütige..., der die Menschen gelehrt hat, was sie nicht wußten (Koran, Sure 96).

Von daher kommt auch der Name des Buches »Koran« auf deutsch: Rezitation oder Vortrag. Das Original des Koran liegt im Himmel, und nach diesem himmlischen Vorbild ist der Koran entstanden; kein Jota ist daran verändert bis zum heutigen Tag. So ist das Wort Allahs der Menschheit für alle Zeiten erhalten geblieben.

Die Moslems sind überzeugt, daß der Koran im Himmel in arabischer Sprache vorhanden ist. Arabisch ist die Sprache Allahs, und darum ist sie die schönste und vollkommenste.

Daher wurde der Koran auch lange Zeit nicht in andere Sprachen übersetzt, damit diese Sprache nicht profaniert würde.

Heute aber wird der Koran übersetzt und verbreitet, um die Lehre Allahs allen Menschen zugänglich zu machen. Ein Gegenbild der Bibel!

Aber wenn auch wir oder ein Engel vom Himmel euch etwas anderes als Evangelium predigen würde, außer dem, was wir euch verkündet haben, der sei verflucht (anathema).

(Galater 1,8)

Als meine Familie und ich noch in Afrika lebten, wurden wir frühmorgens oft geweckt, wenn wir auf unseren Feldbetten in der Nähe eines Araberdorfes schliefen. Afrikanische Kinder saßen mit dem Faki (Schriftgelehrter) um ein Holzfeuer und lernten den Koran auswendig.

Es ist der Stolz eines jeden jungen Arabers, Verse aus dem Koran zu lernen und aufzusagen. Es kommt vor, daß sieben- bis achtjährige Jungen den Koran ohne Fehler auswendig aufsagen können. Der Koran ist für diese Kinder das erste Lesebuch, aus dem sie eine ganze Welt mit ihren Regeln und Gesetzen kennenlernen. Der Koran prägt das Leben der Mohammedaner. Jedesmal, wenn ich in das Araberdorf kam, saß der Faki im Schatten eines wilden Mimosenbaumes und las jedem den Koran vor, der sich zu ihm setzte.

Es gibt sehr schöne Koranausgaben mit verzierten Anfangsbuchstaben. Man kann auch Seiten mit der dekorativ verzierten Schrift an den Mauern mancher Hütten finden, oder in den Kabinen von Lastwagen mohammedanischer Fahrer. Die Koranverse werden auch als Amulette um den Hals getragen; sogar von Afrikanern, die noch nicht Moham-

Ein afrikanischer Faki (islamischer Priester) liest den Vorübergehenden aus dem Koran vor.

medaner sind, jedoch an die Kraft des Heiligen Buches glauben.

So wird das Band um die islamische Welt immer enger gezogen. Immer mehr Menschen, besonders in Schwarz-Afrika, werden in den Bann dieser aufstrebenden Weltreligion hineingezogen, unterstützt vom Segen des Öls.

Das auserwählte Volk

Durch die Lehre des Islam wurden die Moslems zum Anti-Volk Gottes:

Ihr Moslems seid das beste der Völker aus den Menschen. Ihr gebietet, was recht ist, und verbietet das Unrecht, und ihr glaubt an Allah. Wenn das Volk des Buches (die Juden) an Mohammed und Allah geglaubt hätte, wäre es besser gewesen für sie.

Es sind Gläubige unter ihnen, doch die Mehrzahl von ihnen sind Frevler (Koran 3,106).

Hier beansprucht Mohammed für die Mohammedaner das, was Gott dem Volk Israel verheißen hat (5. Mose 14,2).

Als Mohammed sah, daß sich Juden und Christen nicht zum Islam bekehrten, impfte er den Mohammedanern das Gift des Hasses ein, das jahrhundertelang seine Wirkung nicht verlor. Mohammed verfluchte die Juden im Namen Allahs. (Koran 4,42.55:)

Das Feuer der Hölle wartet auf die, die nicht an den Propheten glauben (Koran 4,58, 149–150).

Die Liebe Gottes ist dem Mohammedaner unbekannt. Der Koran predigt Haß und Fluch gegen und über alle, besonders Juden und Christen, die sich nicht zum Islam bekennen. Der Mohammedaner soll weder zu Juden noch zu Christen irgendwelche Beziehungen haben.

O ihr Gläubigen, habt keine Verbindung mit den Juden und den Christen, laßt sie sich vereinen untereinander. Wer sie als Freund betrachtet, wird wie sie.

Allah ist nicht der Führer der Verirrten (Koran 4.56).

Wer ist Moslem?

El Gaddafi sagte in einer Ansprache in Kairo unter anderem:

»Die Auslegung, die wir vorschlagen werden, mag vielen in unserer Zeit lebenden Moslems fremd erscheinen. Innerhalb der arabisch-libyschen Republik, oder, genauer gesagt, innerhalb des Rates des Revolutionskommandos, haben wir eine gewisse Auffassung des Islam erarbeitet und anerkannt.

Das ist die menschliche Auffassung der Religion. Und darum haben wir beschlossen, das *göttliche* Konzept des Islam, wie es aus dem heiligen Koran herausragt, anzunehmen.

Viele meinen, daß Moslems nur die Anhänger des Propheten Mohammed waren. Nach dem Koran ist diese Ansicht falsch. Der Koran behauptet, daß die Anhänger aller im heiligen Buch des Islam aufgeführten himmlischen monotheistischen Religionen Moslems sind.

Alle Menschen, die an einen einzigen Gott geglaubt haben, waren Moslems, schon vor der Ankunft des Propheten Mohammed. Es ist also offensichtlich, daß alle Monotheisten, also solche, die nur einen einzigen Gott anbeten, Moslems sind und zwar von dem Augenblick an, wo sie sich dem allmächtigen Gott unterworfen haben.

Das ist zweifellos der *göttliche* Begriff des Islam. Über diesen Punkt steht im Koran geschrieben:

Sagt: Wir glauben an Gott, an die Offenbarung, die uns gegeben wurde, an Abraham, Ismael, Isaak, Jakob und die Stämme, an die Moses und Jesus gegebene Offenbarung und an die, welche allen Propheten von ihrem Herrn gegeben wurde. Wir machen keinen Unterschied zwischen dem einen oder dem anderen, wir unterwerfen uns Gott im Islam.

Aus diesem Vers geht klar hervor, daß es keinen Unterschied gibt zwischen Jesus, Mose, Mohammed, Abraham, Isaak, Jakob und Ismael, denn sie waren alle Moslems. Alle Moslems sind verpflichtet, an alle im Koran aufgeführten Propheten zu glauben. So gibt es keinen Grund, zwischen Mohammed, Abraham oder Noah und den anderen zu unterscheiden: Das nennt man Monotheismus.

Denn Gott ist nicht allein der Schöpfer der Moslems, der Christen oder der Juden. Er ist der Gott des Universums.

Deshalb empfinden wir es als unsere Pflicht, die Christen und auch die Juden aufzuklären, denn der Vers, den ich erwähnte, spricht von Rettung und Erlösung für alle, die an das glauben, was Mohammed glaubte. Wenn heutzutage ein Christ für die Wahrhaftigkeit dieses Verses eintritt, befindet er sich im Widerspruch zu seinem eigenen Glauben: Seine Anschauung ist falsch, und er muß sie ändern, damit er ein wahrhaftiger Gläubiger wird. Wenn er sich nicht korrigiert, wird er am Tage der Auferstehung gerichtet werden und für seine Sünden büßen müssen.

Der Begriff *göttlich* bedeutet im Islam die Berufung aller Menschen zum Islam. Alle nachfolgenden Propheten haben diesen Ruf seit dem ersten Propheten wiederholt. Der Prophet Mohammed ist der letzte dieser Propheten, und es gibt keinen mehr nach ihm: Er hat die lange Nachkommenschaft der Propheten abgeschlossen.

Die logische Schlußfolgerung daraus ist: Der Islam ersetzt alle Lehren der Apostel. Man muß im Islam also auf jede Unterscheidung zwischen denen, die an den Propheten Mohammed, an Jesus oder an irgendeinen anderen Apostel glauben, verzichten.

Wer sich im Irrtum befindet, muß wieder auf den rechten Weg gebracht werden. Der Koran hat nie verlangt, uns untereinander zu bekämpfen, um festzulegen, wer recht hat, und wer unrecht hat. Solange der Glaube an Gott der Hauptnenner unserer Bemühungen ist, um etwaige Meinungsverschiedenheiten zu lösen, wird es uns immer gelingen, uns zu verstehen.

Wenn ihr dem *göttlichen* Begriff der Religion zustimmt, wird keiner von uns daran denken, Gewalt anzuwenden, um diese Streitfälle zu lösen, denn der Islam wie die Christenheit verwerfen Gewalttätigkeit.«

Es besteht kein Zweifel darüber, daß die von Gaddafi in seinem Namen sowie im Namen seiner elf Gefährten des Rates des Revolutionskommandos vorgebrachte Auffassung geeignet ist, gewaltige Wirbel innerhalb wie außerhalb der islamischen Welt auszulösen. Gaddafi ist sich dessen bewußt.

Koste es, was es wolle, er muß diese Auffassung durchsetzen, nicht nur, weil er felsenfest von ihrer Richtigkeit überzeugt ist, sondern weil alle seine anderen Bemühungen, ob es sich nun um die arabische Einheit oder um die Volksrevolution in Libyen handelt, damit auf die eine oder andere Art zusammenhängen.

(Gaddafi, Messager du Désert, Ed. Stock)

Man muß El Gaddafi Anerkennung aussprechen und ihm dankbar sein, daß er die Dinge klarstellt, damit es kein Mißverständnis gibt.

Der Islam ist so, wie er im Koran gelehrt wird, für den Moslem die einzige und allein richtige Religion. Wenn es eine Annäherung geben soll, kann es nur auf Kosten der Wahrheit geschehen. Denn der Islam in seiner heutigen Stellung hat nicht die Absicht, sich dem Christentum anzunähern. Der Islam ist in einer starken Position. Dem Schwachen bleibt nichts anderes übrig, als sich zu beugen. Das ist ein Gesetz der Natur. Weil der Islam eine Religion des Naturmenschen ist und seines *Gottes*, erkennt er kein anderes Gesetz an.

Unter dem *Tier,* das in der Endzeit, insbesondere um Israel herum – Babylonien, Großsyrien – die Herrschaft übernimmt, werden gewaltige Veränderungen vor sich gehen. Immer mehr Länder im Nahen Osten führen die islamische Zeitrechnung ein. Die amerikanischen Rechenzentren in den Ölstaaten werden mit Daten gespeist, die sich auf das Jahr 1399 beziehen, das gegenwärtige Jahr der islamischen Zeitrechnung. Immer mehr wird die christliche Zeitrechnung aus der Gedanken- und Geschäftswelt der islamisch-arabischen Länder verdrängt. Wer heute in diesen Ländern ins Geschäft kommen will, muß das zur Kenntnis nehmen.

Änderung der Gesetze

Wir erleben heute, wie ein islamisches Land nach dem anderen seine Gesetze ändert, um sich auf die Scharia (Islamische Gesetze des Koran) umzustellen. Mitte Februar 1979 war es Pakistan; nun folgt der Iran, bald auch die Türkei usw. Alle richten sich nach dem Vorbild des Staates Mohammeds, dessen Vertreter heute Saudi-Arabien ist. Die Gesetze aus der christlichen Kolonialzeit werden durch die Scharia verdrängt und ersetzt.

Dem Dieb wird die Hand abgehackt oder der Fuß, die Ehebrecherinnen werden gesteinigt, wer Alkohol zu sich nimmt, oder Anstoß zu einem öffentlichen Ärgernis gibt, wird durchgepeitscht. Da der Islam die Weltherrschaft anstrebt, ist er überzeugt, daß diese Gesetze für die ganze Menschheit gültig sind. Sie müssen darum auch gegen die Fremdarbeiter in diesen Ländern angewandt werden.

Der pakistanische Militärdiktator Sia-ul-Hak sagte: »Die Moslems können die Welt regieren« (Der Spiegel, Nr. 7, 12. 2. 1979).

Pakistan (803 943 qkm, 75 280 000 Einwohner).

So sehen wir, wie auch mit der Veränderung der Zeit und des Gesetzes, von der Daniel spricht, wieder ein Teil in das Puzzle, in das Gesamtbild der heutigen Weltlage, eingepaßt wird.

Glaubensbekenntnisse

Die Mohammedaner als Nachfolger des Propheten haben sich unzählige Völker, Volksgruppen und Rassen unterworfen und zu Verbündeten gemacht: Syrer, Ägypter, Berber, Perser und Nubier. Es ist unmöglich, sie wieder aus 130 Millionen Arabern herauszudestillieren.

Im siebten Jahrhundert verbreitete sich der Islam durch Kriege und durch den Handel über die ganze Küste Nordafrikas. Wer den Islam annahm, stand auf seiten des Siegers und konnte der Zukunft ruhig entgegensehen.

Die Juden ließen sich nicht assimilieren. Die Kraft ihrer Religion widerstand der Macht des Islam. Sie lehnten den Propheten Mohammed von Anfang an ab, weil sie erkannten, daß er die Bibel gefälscht hat. Einige Christen konnten sich jedoch im arabischen Raum halten. Einen Überrest davon stellen die Kopten Ägyptens dar.

Gläubig wird der Mohammedaner, wenn er das Glaubensbekenntnis aufsagt:

Allah il Allah Mohammed rasul Allahi. Es gibt keinen Gott außer Allah, und Mohammed ist sein Prophet. So wird er in die Reihen des besten Volkes der Erde eingereiht (Koran 3,106 s. S. 81).

Der Christ wird gläubig durch das Werk des Heiligen Geistes in seinem Herzen. Durch den Glauben an Jesus Christus, den Sohn Gottes, und dessen Tod am Kreuz von Golgatha, wird er Gottes Kind, und seine Sünden werden ihm vergeben. Das ist die Botschaft des Neuen Testaments (Matthäus 26,28). Daran glaubten die ersten Christen. Viele gingen um dieses Glaubens willen in den Tod. Daran glaubten unsere Väter und glauben alle, die die Bibel ernst nehmen.

Ich glaube, daß Jesus Christus der Sohn Gottes ist (Apostelgeschichte 8,37).

Das war das Glaubensbekenntnis des Schatzkanzlers aus Äthiophien.

Das Bekenntnis des Petrus lautete:
Du bist der Christus, der Sohn des lebendigen Gottes! (Matthäus 16,16).

Für Paulus, den Heidenapostel, war es klar, daß jeder, der die Botschaft vom gekreuzigten Christus annahm und glaubte, das Siegel des heiligen Geistes bekam und ein *Glied am Leib* Jesu Christi wurde.

Denn der Sohn Gottes, Jesus Christus, der unter euch durch uns gepredigt worden ist, durch mich und Silvanus und Timotheus, der war nicht Ja und Nein, sondern in ihm ist das Ja geworden; denn soviele Gottesverheißungen es gibt, in ihm ist das Ja und deshalb durch ihn auch das Amen, Gott zum Lobe durch uns.

Der Gott aber, der uns samt euch für Christus befestigt und uns gesalbt hat, der hat uns auch versiegelt und in unsere Herzen das Pfand des Geistes gegeben.

(2. Korinther 1, 19–22)

In ihm seid auch ihr, nachdem ihr das Wort der Wahrheit, das Evangelium eurer Rettung gehört habt, – in ihm seid auch ihr, da ihr gläubig wurdet, versiegelt worden mit dem heiligen Geist der Verheißung, welcher das Pfand unseres Erbes ist bis zur Erlösung des Eigentums, zum Preise seiner Herrlichkeit (Epheser 1, 13–14).

Und betrübt nicht den heiligen Geist Gottes, mit dem ihr versiegelt worden seid auf den Tag der Erlösung (Epheser 4,30).

(Nach der Lehre des Koran wäre der verheißene Geist »Periklytos«, nämlich Mohammed).

Jesus Christus erwähnt niemals die Linie Ismaels, als hätte sie eine Verheißung, sondern er erwähnt nur die Linie, die schon im Alten Testament festgelegt ist, und er unterstreicht sie in Matthäus 22,32; Markus 12,26 und Lukas 20,37.

Der Samariterin sagt Jesus:

Ihr betet an, was ihr nicht kennt, wir beten an, was wir kennen, denn das Heil kommt von den Juden (Johannes 4,22).

Nicht die Nachkommen Ismaels, aus denen Mohammed und der Islam kommen, werden erwähnt, sondern Jesus unterstreicht in obigem Vers das Heil, das er ja selbst ist, welches aus den Nachkommen Abrahams, Isaaks und Jakobs kommen wird. Aus Israel, und nicht aus Ismael. Auch der erste Märtyrer hat sich in seinem Zeugnis, das ihn das Leben kostete, auf den Gott Abrahams, Isaaks und Jakobs berufen. Stephanus war bereit, um dieses Gottes willen sein Leben zu lassen. Wie viele im christlichen Abendland wären wohl heute noch bereit, ihr Leben um dieses Gottes willen hinzugeben?

Warum verbeugt sich das Abendland vor der Linie aus Ismael? Doch nur, um überleben zu können, um nicht sterben zu müssen. Der Antichrist und der Zerstörer kommt, um die Menschen zu verführen. Der Antichrist legte schon vor etwa 1300 Jahren das Kuckucksei ins Nest der modernen Theologie, und siehe, das Ei ist ausgebrütet worden, und der Kuckuck wird gefüttert.

Er wirft die richtigen Kinder aus dem Nest, wird von der Stiefmutter ernährt und fängt an, sich selbständig zu machen und auszufliegen.

Wir glauben an Allah und was er zu uns niedersandte, und was er niedersandte zu Abraham und Ismael und Isaak und Jakob und den Stämmen, und was gegeben war den Prophe-

ten von ihrem Herrn, keinen Unterschied machen wir zwischen einem von ihnen; und wahrlich, wir sind Moslems.

Siehe, Abraham und Ismael und Isaak und Jakob und die Stämme, waren sie Juden oder Nazarener? (Die Nazarener sind die Christen). *Sprich: Wisset ihr es besser oder Allah? Und wer ist sündiger, als wer ein Zeugnis verbirgt, das er von Allah hat? Aber Allah ist nicht achtlos eures Tuns.*

E. Montet erklärt zu diesem Koranvers: »Mohammed klagt die Juden und Christen an, bewußt die Wahrheit zu verbergen, die sie kennen, daß nämlich das Kommen Mohammeds durch die heiligen Bücher der Juden und Christen verkündigt wurde« (Koran, Sure 2,130 und 134).

Der heilige Krieg hat wieder begonnen

Nur der kann den Mantel des Propheten tragen, der in der Lage ist, überall auf der Welt den Islam durch das Schwert zu verteidigen (Gesetz des Islam).
(A. Zischka, Europas bedrohte Hauptschlagader, Kümmerly + Frey, Bern)

Wahrlich, die wahre Religion vor Allah ist Islam (Koran).

Doch gleichwie damals der nach dem Fleisch Geborene den nach dem Geist Geborenen verfolgte, so auch jetzt (Galater 4,29).
Alle, die das Schwert ergreifen, werden durch das Schwert umkommen (Matthäus 26,52).

Wenn ihr getötet werdet, kommt ihr ins Paradies. Und auch wenn ihr tötet, kommt ihr ins Paradies, das ist die Logik des Islam! Ayatollah Khomeini)

Verfolgung und Krieg, Feindschaft und Verfolgung kommen aus der Vergangenheit, aus der Linie Ismaels. Sie spitzen sich am Ende der Zeit weltweit zu, zu einer Feindschaft gegen Gott, seinen Gesalbten und das Volk Israel. Durch die Lehre des Propheten Mohammed wird die Feindschaft aktuell und in konkrete Bahnen geleitet.

Vor 1970 öffnete sich der arabische Nationalismus und Sozialismus der Kultur des Abendlandes und versuchte, sich mit ihr zu identifizieren.

Heute ist das vorbei. Die *islamische Revolution* ist in Bewegung, um von sich aus die Welt zu erobern.

Mit der Re-Islamisierung im Nahen Osten ist eine neue Zeit angebrochen, nicht nur für die Welt, sondern für den Islam selbst. Es ist nicht mehr der unterwürfige, tolerante Islam, von dem wir so viel gehört haben, nein, es ist ein neuer Islam, der die Christen und die Juden als Verfälscher ihrer Offenbarungsschriften betrachtet. Damit sind sie Ketzer und schlimmer als die Heiden.

Der Islam hat allen den Krieg angekündigt, die sich ihm in den Weg stellen. Freidenker, Atheisten, Christen, Juden, nicht-islamische Missionare und abgefallene Moslems werden als Fremdkörper betrachtet und entweder ausgestoßen oder vernichtet. Der Islam ist eine totalitäre Religion, die sowohl die religiöse als auch die politische Führung der ganzen Welt beansprucht. Sein Kampf gilt nicht nur Israel als einem Fremdkörper im Dar al Islam – (im Land des Islam), sondern auch dem Christentum und allem, was von ihm im Dar al Islam noch vorhanden ist.

Von dem Segen, den Allah aus der Wüste Saudi-Arabiens für seine Bewohner fließen läßt, die zu 99% seine Anhänger sind, soll er auch seinen Teil zurückbekommen. Bis zu 5% aller Einkommen in diesem Land werden für den heiligen Krieg verwendet. Wenn man sich vorstellt, wie groß der Segen Allahs in diesen Ländern ist, dann kann man sich leicht ausrechnen, wieviel Mittel den Soldaten Allahs zur Verfügung stehen, um den Islam über die Welt zu verbreiten.

Auf der Flagge Saudi-Arabiens steht das Glaubensbekenntnis des Islam. Darunter das Schwert.

Saudi-Arabien: (2 149 690 qkm, 9 520 000 Einwohner, Staatsreligion: Islam). Nach dem Gebot des Islam sollte der Islam durch das Schwert über die Welt verbreitet werden.

Flagge von Saudi-Arabien. – »Unter diesem Zeichen wirst du siegen!« Diesen Aufruf zum Kampf wollte Kaiser Konstantin (306–337 n. Chr.) vom Himmel gehört haben. Und er zog mit dem Kreuzzeichen auf dem Banner in den (heiligen) Krieg, um dem Christentum zum Sieg zu verhelfen.
Heute rufen die Moslems unter dem Zeichen des Schwerts und der Parole »Es gibt keinen Gott außer Allah, und Mohammed ist sein Prophet!« zu ihren heiligen Kriegen auf.

Heute hat er eine Waffe in der Hand, die ihm erlaubt, den Kampf weltweit und an allen Fronten zu führen: militärisch, ideologisch, wirtschaftlich und revolutionär.

Vor 1300 Jahren eroberte der arabische Heerführer El Okbar ganz Nordafrika für den Islam. Als er zum Atlantik kam, trieb er sein Pferd bis zum Bauch in das Meer, zückte das Schwert und rief: »Bismellahi! (Im Namen Allahs!) Wenn mich das Meer nicht aufhielte, würde ich die Botschaft des Propheten noch weiter nach Westen tragen!«

Nach dem etwa 1000jährigen Schlaf, der beinahe zum Tode geführt hätte, scheint sich der Wunschtraum des El Okbar zu verwirklichen. Die Waffe wird aber nicht nur das Schwert sein, sondern der Geist aus Aladins Wunderlampe, eine Waffe, die die gleiche Kraft besitzt wie die Atombombe.

Vom Berg Morija, wo das Heiligtum steht, auf dem Tempelplatz in Jerusalem – ergeht der Ruf zum Heiligen Krieg gegen das Volk der Verheißung (Israel) und gegen die Untreuen und Gottlosen.

Während der letzten 20 Jahre wurde vom Felsendom aus der Aufruf zum heiligen Krieg verbreitet – zur Vernichtung Israels. In unseren Tagen, nachdem die Israelis die Trennmauer zwischen Alt-und Neustadt zerstört und entfernt haben, ergeht immer noch von der gleichen Moschee aus der gleiche Ruf zum heiligen Krieg.

Von dem Platz aus, auf dem das Heiligtum Israels verwüstet wurde, wird zur Endlösung aufgerufen. Ist das nicht der Greuel der Verwüstung, von dem die Propheten und Jesus Christus redeten?

Dort, wo die Wohnung(der Tempel) des Gottes Israels war, sind Verkündiger des *falschen Propheten*, die zur Vernichtung des Volkes Gottes aufrufen.

Am 2. 6. 1967 rief Ahmed Choukeiri aus dem Felsendom (Omar-Moschee) in Jerusalem zum heiligen Krieg auf. Er sagte: Ehre sei Allah, in diesem Augenblick, wo wir uns anschicken, in den heiligen Krieg zu ziehen, um Palästina zu befreien und um das heilige Land von den Untreuen und Gottlosen zu reinigen.

(Claude Duvernoy, Le Sionisme de Dieu, Serg)

Welch ein Irrtum! Wenn der Gott des Alten und Neuen Testaments auch der Gott des Koran wäre, dann könnte nicht von heiliger Stätte aus Haß gegen das Volk, aus dem das Heil kommt, und gegen

den Samen des Weibes, der das Zeugnis hat und die Gebote Gottes hält, (Offenbarung 12,17)

verkündigt werden.

Obwohl der Islam als tolerant gepriesen wird, besonders den Völkern des »Buches« – Juden und Christen – gegenüber, sind letzlich doch alle Ungläubige (Kafir), weil sie sich nicht dem Islam unterwerfen.

Der Islam erlebt seine Reformation, und der Koran wird auf den Leuchter gestellt. Immer mehr von den etwa 650 Millionen Mohammedanern unterstellen sich dem für den Islam einzig gültigen Gesetz, dem Koran. Er ist das Band, das sie gegen alle Feinde einigt.

Christen in Gefahr

Unter dem Titel »Dunkle Gewitterwolken« heißt es im »Le Levant«:

> In mehreren Ländern des Vorderen Orient (Türkei, Ägypten, Irak) sind die Christen in besonderer Bedrängnis, in einigen sind sie nur eine verschwindend kleine Minderheit, in den meisten anderen werden sie nur geduldet.
>
> **Syrien** (185 180 qkm, 7 840 000 Einwohner)
>
> In Syrien ist die politische Lage äußerst ungewiß. Es vergeht keine Woche, ohne daß extremistische Moslems oder Anhänger der irakischen Baath-Partei gegen Präsident Assad ein Attentat zu verüben suchen. Wenn man dazu bedenkt, daß zur Zeit mehr als die Hälfte aller amerikanischen und französischen Waffenlieferungen nach dem Vorderen Orient (Iran einbegriffen) gehen, kann man schon das Schlimmste befürchten.
>
> **Türkei** (780 576 qkm, 42 130 000 Einwohner)
>
> Aus der Türkei kommt folgender Bericht: Viele Kurden sind arbeitslos. Durch die libanesischen Wirren wird ihr Christenhaß verstärkt. Sie bilden bewaffnete Banden, rauben das Vieh und zerstören die Obstplantagen christlicher Dörfer, überfallen und ermorden christliche Bauern.
>
> Aus mehreren Dörfern im Osten von Mardin, in denen früher Christen und Moslems friedlich miteinander lebten, beginnen die Christen zu fliehen. So sind beispielsweise aus dem Dorf Azech, in dem noch vor einem Jahrzehnt die Christen die Mehrheit gebildet haben, inzwischen die meisten Christen geflohen.
>
> Der türkische Ministerpräsident Demirel hatte sich

Moschee in Istanbul

schon in seiner ersten Amtszeit in den sechziger Jahren nur ungern mit den Mißständen in dem armen Südosten der Türkei befaßt. Wie im Libanon, so machen auch in der türkischen Provinz von Mardin radikale politische Gruppen mit islamischen Emotionen Stimmung gegen die Christen. Demirel will die Parlamentswahlen gewinnen. Er schont daher auch jetzt die fanatischen Moslems; denn auf die Christen kommt es bei den türkischen Wahlen nicht an. Kein Wunder, daß immer mehr Christen im Tur Abdin, von bewaffneten Moslem-Banden bedrängt, ihre Dörfer verlassen. (Morgenland, Nr. 1–2, 1977)

Mit dem Schrei »Die Türkei den Moslems« werden Frauen und Kinder ermordet und Männer entmannt (Eingriff, den die Soldaten des heiligen Krieges vornehmen, damit ihre Opfer im Jenseits keine geschlechtliche Reize haben), bevor man sie tötet.

Nach Aussagen von Präsident Bulent Ecevit handelt es sich um *einen regelrechten Massenmord.*

In der Türkei gab es mehr Opfer als im Iran, jedoch hat die internationale Presse die Sache totgeschwiegen, obschon diese Tragödie nicht weniger erschütternd ist als die des Libanon.

Indonesien (2 027 037 qkm, 143 280 000 Einwohner) Die Christen (10% der Bevölkerung) sind trotz ihrer kleinen Zahl ein wichtiger Faktor im Staat. Ihre Schulen, Krankenhäuser und ihre Sozialarbeit stehen allen offen. Dank ihrer guten Ausbildung findet man sie in allen verantwortungsvollen Positionen. Der Islam jedoch ist weit verbreitet. Eine militante Minderheit möchte aus Indonesien einen Moslemstaat machen. Ihr Angriff wird in letzter Zeit immer stärker, auch politisch. Die Religionsfreiheit ist deswegen immer bedroht (Messager Evangelique).

Ägypten (1 001 449 qkm, 38 740 000 Einwohner, Staatsreligion: Islam)

Die Toleranz des Islam in Ägypten: Es ist schmerzhaft,

festzustellen, daß Ägypten, der mohammedanische Staat, der sich auf dem Vorposten im Kampf um die nationale Emanzipation und die wirtschaftliche Unabhängigkeit befindet, das Land, auf das die mohammedanischen Völker mit Stolz schauen, auch der Staat ist, in dem den einheimischen Christengemeinden und der Mission die größten Prüfungen auferlegt werden. Sie leben hier in größter Ungewißheit. Die koptischen Christen, deren Kirche auf die Zeit der Apostel zurückgeht, werden von der Regierung nicht als Ägypter betrachtet. Die neue Gesetzgebung zwingt die ausländischen Unternehmen, 80% ihres Personals aus Einheimischen zu rekrutieren. Die Christen werden nicht zu den Einheimischen gerechnet. Vor kurzem wurden viele arbeitslos, weil sie »Ausländer« sind. »Reine« Ägypter, das heißt Mohammedaner, wurden an ihrer Stelle eingestellt. Noch andere Schikanen, wenn nicht Bedrohungen mit dem Tode, werden unseren christlichen Brüdern im Niltal ständig als Prüfung auferlegt.

Man spricht von ca. 1000 Bekehrungen zum Islam pro Jahr, von denen sich die meisten wohl unter äußerem Druck vollziehen. Wenn unsere Informationen richtig sind, dann war im Herbst 1948 die völlige Vernichtung der Christenheit in Ägypten geplant. Die Regierung wollte das Ziel in Zusammenarbeit mit der Moslem-Bruderschaft erreichen. Anlaß war der Palästinenserkrieg.

Tatsache ist auf jeden Fall: Die ägyptischen Gesetze sind Gesetze eines totalitären Regimes, nach denen keine andere Ideologie erlaubt ist als die der Staatsreligion. Das hindert aber die Mohammedaner nicht daran, sich einer unvergleichbaren Toleranz zu rühmen.

(Dialogue avec l'Islam, H. Nusslé, Editions de l'Action Chrétienne en Orient)

Eine Schweizer Zeitung kommentiert die Situation folgendermaßen:

Es ist eine Geschichtsfälschung, einfach zu behaupten: »Das Bemerkenswerte an den arabischen Eroberungen war, daß sie die unterworfenen Völker nie nötigten, den Islam anzunehmen.« Doch das ist nicht wahr und entspricht nicht den geschichtlichen Tatsachen. Es ist mir unverständlich, wie man so etwas behaupten kann. Eine genaue Quellenforschung weist auf das Gegenteil hin. Mohammed selbst hat schon zu seinen Lebzeiten angefangen – besonders während seiner letzten Lebensjahre –, seine neue Religion mit Waffengewalt auszubreiten und sie anderen aufzuzwingen. Mohammed ging auch mit rücksichtsloser Strenge und grausamer Gewalt gegen die jüdischen Niederlassungen in Arabien vor. Er suchte immer wieder Vorwände, um die Juden auszurotten oder zu verbannen. Damals begann der sogenannte *Heilige Krieg*, der durch Jahrhunderte fortdauerte, bis in unsere Tage hinein. Gegen *Ungläubige* und Widersacher bewies der Prophet Feindseligkeit und Rachsucht, dagegen machte die Annahme des Islam einen Menschen ohne weiteres zum Bruder und Freund. Später kamen die Feldzüge der Seldschuken, die Verfolgung der Juden und Christen in Nordafrika und Spanien. So ging es weiter bis zum Beginn unseres Jahrhunderts. Das erlebte auf traurigste Weise das uralte christliche Volk der Armenier, das den Koran nicht annehmen wollte. Kaltblütig wurden die Menschen aus ihrer Heimat vertrieben, wo sie jahrhundertelang gewohnt hatten. Die Männer wurden in die Wüste gejagt und einem elenden Tod durch Verhungern oder Verdursten überlassen. Mädchen und Frauen wurden vergewaltigt und in die Harems verkauft. Das geschah vor rund 80 Jahren. Wenn ausnahmsweise, gewöhnlich aus politischer und kommerzieller Überlegung, Juden oder Christen in mohammedanischen Ländern geduldet wurden, gehörten sie zu einer politisch rechtlosen Klasse und konnten kein höheres Amt bekleiden. Sie wurden mit allen Mitteln unterdrückt, mit besonderen Steuern belegt und ausgebeutet. Ihr Leben war im besten Falle ein stilles und ergebenes Dahinvegetieren. Wer den Koran gründlich gelesen hat, weiß, daß es im Wesen des Islam beschlossen ist, daß er die unduldsamste aller Religionen war und ist. Hören wir einige Suren aus dem Koran selbst:

»O ihr Gläubigen, macht nicht die Juden oder Christen zu euren Freunden! Tötet die Götzendiener, wo ihr sie findet, macht sie zu Gefangenen, belagert sie, lauert ihnen auf. Wenn ihr Ungläubige trefft, so haut ihnen den Kopf ab, bis ihr ein großes Blutbad unter ihnen angerichtet habt«.

(Brückenbauer, Pfarrer H. Büchner, Biel)

Sudan (2 505 813 qkm, 16 950 000 Einwohner)

Re-Islamisierung im Sudan: Wir müssen uns darauf einstellen, daß auch die Christen im Sudan unter Druck (wenn nicht gar Verfolgung) kommen. Denn von Saudi-Arabien und den anderen reichen Ölländern wird jetzt der Islam systematisch gefördert, und zwar nicht nur als Religion neben anderen Religionen, sondern man versucht den Islam zur Staatsreligion zu machen und ihn der Gesamtheit der Bevölkerung aufzuzwingen.

(Mission in der Welt des Islam, Januar-Februar 1978)

Komoreninseln (im Indischen Ozean, 1797 qkm, 335 000 Einwohner)

Nach zwei Jahren reger Tätigkeit in der afrikanischen Republik der Komoreninseln hat die »Afrika-Inland-Mission« den Befehl erhalten, alle ihre Missionare von den Inseln zurückzurufen. Die mohammedanische Regierung des Archipels hat zwei Missionare verhaftet und bei dieser Gelegenheit erklärt, die 16 anderen Missionare seien in der neugegründeten Republik unerwünscht. Nachdem sich eine Anzahl der Inselbewohner für das Evangelium interessierte und sich auch mehrere Menschen zu Jesus Christus bekannt hatten, reagierte die Regierung, indem sie sich der Tätigkeit der Afrika-Inland-Mission widersetzte.

(Témoin, No. 6, 11. 12. 78)

Marokko (458 730 qkm, 18 250 000 Einwohner, Staatsreligion: Islam)

Ein Arzt aus Marokko ausgewiesen: In Safi, einer Stadt am Atlantik, hatte der Arzt Dr. Campell fünf Jahre lang in einer Klinik gearbeitet und bekam so guten Kontakt mit der Bevölkerung, daß sich einige zum Glauben an Jesus bekannten. Er wurde wegen *illegaler* Missionsdienste nicht ins Gefängnis geworfen, sondern kurzfristig aus Marokko ausgewiesen. Zurück blieb eine Gruppe getaufter Moslems. Zwar gibt es unter dem Druck der Behörde zur Zeit in Safi keine Versammlungen, aber die Gläubigen kennen sich untereinander, und wir hoffen, daß ihnen unsere Bücher eine Stärkung bedeuten.

(Mission in der Welt des Islam, Mai–Juni 1978)

Irak (438 446 qkm, 11 910 000 Einwohner, Staatsreligion: Islam)

Im Irak sind seit November 1978 ca. 600 Christen inhaftiert worden, darunter befinden sich auch Ausländer. Nur 4% der irakischen Bevölkerung zählt sich zur christlichen Kirche.

Jemen (Arabische Republik 195 000 qkm, 7 080 000 Einwohner)

(Demokratische Volksrepublik 336 870 qkm, 1 790 000 Einwohner)

Anfang 1979 mußten alle Mitglieder der *Evangelischen Mission* den Jemen verlassen, nachdem sie sich vorher schriftlich verpflichten mußten, nicht mehr von Christus zu sprechen und keine Literatur zu verteilen.

Wäre Christus dem im Koran beschriebenen Jesus ähnlich, dann hätte doch der Islam keinen Grund, den Missionaren zu verbieten, von Jesus zu reden oder christliche Literatur zu verteilen. Es wäre nicht gerechtfertigt, die Missionare auszuweisen; denn in Europa unterliegen die islamischen Missionen weder einer Einschränkung noch einem Aufenthaltsverbot. Es ist auch nicht verboten, islamische Literatur und den Koran zu verbreiten. In Saudi-Arabien ist es sogar verboten, Bibeln einzuführen.

Offensive gegen das Christentum

Es ist heute kein Geheimnis mehr, daß der Islam schon zu einer missionierenden Religion geworden ist. 1974 wurde in Mekka auf der Tagung der »Weltmoslemliga« die Gründung eines »Islamischen Weltmissionswerkes« beschlossen. Auf allen theologischen Fakultäten der islamischen Universitäten sollen Missonare ausgebildet werden, die die systematische Ausbreitung des Islams betreiben.

In Mekka wird ein mächtiger internationaler Sender errichtet, der sich »Die Stimme des Islam« nennt. Er soll die Sendungen der evangelischen Sender, die über Afrika ausgestrahlt werden, stören und übertönen. Etwa 25 Radiogesellschaften der mohammedanischen Welt beteiligen sich an diesem Unternehmen.

So denn ein Satan den anderen austreibt, so muß er mit sich selbst uneins sein; wie kann denn sein Reich bestehen? (Matthäus 12,26).

Wenn Allah der gleiche Gott ist wie der der Christen, warum dann diese Feindschaft und Bekämpfung?

Irgend etwas muß aus dem Gleichgewicht gekommen sein, sonst könnten unsere christlichen Kirchen das Spiel nicht mitmachen. Es gibt meines Erachtens mehrere Gründe dafür: Das Salz ist dumm geworden, und das Licht wurde unter den Scheffel gestellt. Wir haben nicht Treue gehalten, weder dem inspirierten noch dem menschgewordenen Wort Gottes gegenüber. Man fragt sich das, nicht ohne zu überlegen, ob auf das christliche Abendland ein Druck ausgeübt wird.

Wird ihm vorgeschrieben, wo die Grenzen liegen, wenn man überleben will? Sind die Christen wirklich so naiv, daß sie nicht merken, wo sie hingeführt werden? Sollte das der Fall sein, dann können sie auch die Folgen der Katastrophe nicht erfassen, und sie sind wehrlos.

Wenn wir sehen, wie weit die Entwicklung fortgeschritten ist und wie das Abendland immer noch nicht gemerkt hat, was die Stunde geschlagen hat, müssen wir uns fragen, ob der Sohn Gottes unsere Zeit meinte, als er sagte:

Und ich gab ihr Zeit, Buße zu tun, und sie will nicht Buße tun von ihrer Hurerei (Offenbarung 2,21).

Dann müssen wir uns auch nicht wundern, daß die Zeit der Nationen zu Ende ist.

Bedenke nun, wovon du abgefallen bist und tue Buße, und tue die ersten Werke. Sonst komme ich über dich und werde deinen Leuchter von seiner Stelle stoßen, wenn du nicht Buße tust (Offenbarung 2,5).

Ist die Zeit der Buße vielleicht schon überschritten? Dann kann nur noch das Gericht kommen.

Die Ungläubigen

Solches habe ich zu euch geredet, damit ihr keinen Anstoß nehmet. Es kommt die Stunde, wo jeder, der euch tötet, meinen wird, Gott (Elohim) einen Dienst zu erweisen. Und solches werden sie euch tun, weil sie weder den Vater noch mich (den Sohn) kennen (Johannes 16, 1–3).

Wir dürfen nicht vergessen, daß vom Islam jeder, der nicht Moslem ist, als ungläubig eingestuft wird, sowohl Juden wie auch Christen.

Wahrlich, ungläubig sind, die da sprechen: »Siehe, Allah ist ein dritter von drei.« Aber es gibt keinen Gott denn einen einigen Gott. Und so sie nicht ablassen von ihren Worten, wahrlich, so wird den Ungläubigen unter ihnen schmerzliche Strafe (Koran 5, 76–77).

Selbst wenn die Grenzen auch im Koran verwischt sind, und hier die Rede von den Besitzern des Buches ist, seien es Juden oder Christen, so werden sie nicht als vollwertig anerkannt. Denn die Schriften des Alten und des Neuen Testaments werden von den Moslems als gefälscht betrachtet, da sie sich nicht mit dem Koran decken. Für den Moslem ist aber der Koran die höchste und letzte Offenbarung Allahs an die Menschheit, die allein den Menschen zur Wahrheit und zu Allah führt. Wer sich nicht dieser Autorität unterstellt, ist ein Ungläubiger.

Den Ungläubigen aber wird in den islamischen Ländern der Krieg erklärt.

Gegenwärtig dringt der Islam im Fernen Osten und in den weiten Räumen des Südpazifik vor, wo er Neu-Guinea erreichte. Zu gleicher Zeit verstärkt er seine Stellung überall da, wo er Herr ist.

Afghanistan (647 497 qkm, 20 340 000 Einwohner, Staatsreligion: Islam)

Der afghanische Staat zum Beispiel hat aus seinem Territorium schon 1926 die armenischen Christen und Juden verbannt. Dazu hat er die Islamisierung der Pamir-Hindustani durchgeführt, wo er den Namen Kafiristan (Land der Lästerer) in Nourestan (Land des Lichtes) veränderte.
(Henri Nusslé, Dialogue avec l'Islam, Editions de l'Action Chrétienne en Orient)

In Afrika sind in den letzten Jahrzehnten, schon vor dem eigentlichen Erwachen des islamischen Blocks, ganze Dörfer und Volksgruppen zum Islam übergetreten. Nachdem heute der arabische Block zur Weltmacht heranwächst und mit einem Knopfdruck die ganze Welt lahmlegen könnte, gleichzeitig aber den armen afrikanischen Staaten Wohlstand und Überleben garantiert, ist die Zahl der Übertritte zum Islam in Afrika sehr stark angestiegen.

Die christliche Welt läßt sich verführen und irreführen, indem sie den Islam mit eigenen Maßstäben mißt. Das ist grundlegend falsch; denn bei dem Fanatismus, wie ihn der Islam kennzeichnet, kann keine gemeinsame Linie gefunden werden.

Der Islam ist totalitär. Er verweigert nicht nur den Nichtmoslems die Religionsfreiheit, sie ist für die Moslems undenkbar. Dem Moslem ist kein Zweifel daran erlaubt, daß der Islam die einzig gültige Religion ist. *Ein* Gott, *eine* Religion – von diesem Gedanken ist er nicht abzubringen. (Henri Nusslé, Dialogue avec l'Islam, Editions de l'Action Chrétienne en Orient)

Ägypten: Am 21. 5. 1978 wurde durch ein Referendum das Gesetz ratifiziert, das dem Staatsoberhaupt erlaubt, al-

len das Staatsrecht zu entziehen, die sich folgende Schuld zukommen lassen: Atheismus, Dienst für eine fremde Macht, Zugehörigkeit zum vorherigen Regime und Machtmißbrauch während des Nasserregimes.
Was aber noch verwirrender ist, man muß in Zukunft beweisen, daß man rechtgläubig ist, um das Recht zu haben, zu schreiben, sich wählen zu lassen, oder einen verantwortungsvollen Posten einzunehmen (Nouvel Observateur, 5. 6. 1978).

Renaissance des Islam

Um die Jahrhundertwende wurden die Moslems des Maghreb, Tripolitaniens und der Cyrenaika von Franzosen und Italienern beherrscht; die Bewohner Ägyptens, des Sudan, Indiens und des heutigen Indonesiens von Engländern und Holländern. Das Osmanische Reich, einst aggressiver Vorkämpfer des Islam, dessen Truppen 1529 und 1683 vor den Toren Wiens standen, lag in der Agonie und galt als *kranker Mann am Bosporus*...

Das allmähliche Erstarken des Islam in diesem Jahrhundert vollzieht sich nach außen als geographische Ausbreitung, nach innen als Renaissance der Religion und der kulturellen Werte der klassischen islamischen Zivilisation des Mittelalters. Der Islam dringt in Afrika ständig weiter vor. Oberst Gaddafi, ein Motor der arabischen Einigungsbewegung unter dem Zeichen des Islam und eine Integrationsfigur aller *Progressiven* in der moslemischen Welt, sagte: »Der afrikanische Kontinent muß islamisch werden.«
(Wolfgang Günter Lerch, Frankfurter Allgemeine, 9. September 1978)

Wie der Islam mit den arabischen Nomaden immer mehr nach dem Süden Afrikas vordringt, so dringt er, wenn auch noch unscheinbar und harmlos, mehr und mehr nach Europa vor.
In England, Schweden und Frankreich sind die Moslems schon die zweitgrößte Religionsgemeinschaft. Seit dem 2.

Weltkrieg entstanden in Jugoslawien 600 neue Moscheen, die teilweise staatlich subventioniert wurden. Die christlichen Kirchen dagegen wurden immer mehr dem Verfall ausgesetzt.

Die »Neue Weltschau« schreibt unter dem Titel: *Islam auf gigantischem Marsch gegen Westen – letzte Warnung an die Christenheit* unter anderem:

> Wenn die fünfte Kolonne eines Tages marschiert, sind die nordafrikanischen Gastarbeiter in Frankreich und die Türken in Deutschland, beziehungsweise Mitteleuropa, Einwanderer oder Unterwanderer, ohne es selbst im Augenblick zu wissen. Sind sie das Trojanische Pferd, wenn die erstarkten arabischen Völker ihre Hände nach den europäischen Mittelmeerküsten ausstrecken? Stellen die Einwanderer und Gastarbeiter – vielleicht schon in der kommenden Generation – die fünfte Kolonne dar?
>
> Während in den nordafrikanischen Staaten immer mehr Kirchen in Moscheen umgewandelt werden, entstehen auf dem europäischen Kontinent immer mehr Moscheen. Christliche Kirchen werden dagegen zu Beatschuppen umfunktioniert.
>
> In Belgien ist der Islam bereits als offizielle Religionsgemeinschaft anerkannt. Der belgische Staat übernimmt die Besoldung des Imam (Vorbeter in der Moschee).
>
> Die Provinzverwaltungen werden sich um die Wartung und Pflege der Moscheen kümmern. In Belgien gibt es 20 Moscheen und etwa 100 000 Moslems.
>
> Die arabischen Ölscheichs kaufen in Europa ganze Straßenzüge und gewaltige Areale von Grundstücken. Mit einem riesigen Kapital sind sie bereits in die europäische Großindustrie eingestiegen und haben damit eines Tages das Übergewicht bei der Bestimmung über das Schicksal unserer Industrie und ihrer Produktion.
>
> Kein Mohammedaner, der europäisches, christlich gesegnetes Brot ißt, wird zum christlichen Glauben übertreten. Im Gegenteil, ihren Ghettocharakter geben sie nirgends auf. Immer mehr christliche Frauen werden durch

Heirat mit Mohammedanern Moslems, und mit ihnen die von ihnen geborenen Kinder

(Neue Weltschau, 12. 12. 1974).

Während immer mehr europäische Mädchen und Frauen Mohammedaner heiraten, ohne sich darüber klar zu sein, in welches Abenteuer sie sich einlassen, vermißt man umgekehrt die Toleranz, wenn mohammedanische Mädchen einen Nicht-Mohammedaner heiraten möchten.

Ein krasses Beispiel zeigt die tragische Geschichte von Dalila Zeghar:

Nachdem sie einen Franzosen geheiratet hatte, wurde sie von ihrem Bruder mit dessen Privatflugzeug aus Kanada entführt. Seither lebt sie in Algerien unter Bewachung. In Algerien ist diese Frau wieder unter dem algerischen Gesetz, das einer Mohammedanerin verbietet, einen Nicht-Mohammedaner zu heiraten.

(Nouvel Observateur, 10. 7. 78)

Mohammeds Sprung nach Schwarz-Afrika, Europa und Amerika

Während wir in mohammedanischen Ländern die Missionsarbeit aufgeben mußten und Kirchen in Moscheen verwandelt werden, antwortet der Islam auf den Dialog in seiner Weise. Er baut Moscheen in christlichen Ländern. Nicht einmal der Papst hat mehr die Macht, in Rom den Bau einer Moschee samt islamischer Universität, die hoch auf dem Monte Mario den Petersdom überragen wird, zu verhindern. An den Baukosten beteiligt sich Gaddafi mit 25 Millionen und Saudi-Arabien mit 50 Millionen D-Mark. So bereiten die Araber die Ausbreitung des Islam im christlichen Abendland vor.

Die Regierung Afghanistans hat angeordnet, die einzige christliche Kirche im Lande zu zerstören. Sie wurde am 15. Juni 1974 mit einem Bulldozer niedergewalzt. Der amerikanische Pfarrer war drei Monate vorher ausgewiesen worden. Die Erlaubnis zum Bau dieser Kirche war der Gemeinde von

Kabul 1959 während einer Reise des Präsidenten Eisenhower gegeben worden.

Die Zerstörung dieser christlichen Kirche ist umso unverständlicher, als sie gerade in dem Augenblick geschah, wo in Hollywood eine Moschee gebaut wurde.

Tschad: *(1 284 000 qkm, 4 200 000 Einwohner)*

In N'Djamena, der Hauptstadt des Tschad, wurde die größte Moschee Schwarzafrikas mit islamischer Universität gebaut. Dies ist ein Beweis dafür, daß der Islam auch schon im Süden der Wüste Fuß gefaßt hat. Auf eine Bekehrung

Die Moschee in N'Djamena, Tschad, die größte Moschee Schwarz-Afrikas. Auf eine Bekehrung zum Christentum kommen in Afrika neun Bekehrungen zum Islam. Schwarz-Afrika wird mit Moscheen übersät. Sie sind Geschenke an die armen Völker der Dritten Welt.

zum Christentum kommen in Afrika neun Bekehrungen zum Islam.

Schwarzafrika wird geradezu von Moscheen übersät; sie alle sind ein Geschenk der Staaten am Persisch-Arabischen Golf oder Libyens an die armen Völker der Dritten Welt.

Orientalischer Zauber

...in Frankreich

Am 17. September 1976 wurde in St. Louis die erste Moschee des Elsaß eingeweiht. Um ihre Sympathie und Einigkeit zu bezeugen, waren auch die Behörden vertreten, sogar Mgr. El-

Die Moschee in Paris. – Bei der Einweihung der Moschee in St. Louis wurde die Bedeutung des 2. Vatikanischen Konzils hervorgehoben und darauf hingewiesen, daß »die Kirche mit Achtung auf die Mohammedaner sieht, die an Gott glauben.« In Frankreich ist das Verhältnis zwischen Mohammedanern und Protestanten 2:1.

chinger aus Straßburg. Eine Sprecherin hob die Bedeutung des 2. Vatikanischen Konzils hervor. Dabei wies sie darauf hin, daß *die Kirche mit Achtung auf die Mohammedaner sieht, die an Gott glauben.*

Es wird nicht die letzte Moschee sein, die eingeweiht wurde, denn die verantwortliche »Association Musulmane« im Elsaß verlangte anläßlich dieser Veranstaltung Hilfe und Unterstützung, damit man bald auch in Mülhausen eine Moschee bauen könne.

So werden bald in ganz Europa Moscheen gebaut werden, denn durch die Fremdarbeiter ist das Verhältnis in Frankreich heute schon so, daß auf zwei Mohammedaner ein Protestant kommt. 1978 wurde in Bischheim bei Straßburg eine Moschee eingeweiht.

...in Spanien

Die Nachkommen derer, die einst Andalusien in Spanien aufgebaut haben, das fast 800 Jahre mohammedanisch war (bis 1492, das Jahr, in dem Christoph Kolumbus Amerika entdeckte), fühlen sich wieder von diesem Land angezogen. Der Emir von Kuwait hat vor, dort eine arabische Siedlung mit einer Moschee und einer islamischen Universität zu bauen.

...in der Schweiz

In der Rhonestadt entsteht die größte Moschee der Schweiz:

> »Das Bauwerk wird zu den Schätzen zeitgenössischer Kunst in der UNO-Stadt zählen« schrieb die Genfer Zeitung *La Suisse* zu Beginn des Jahres über die größte Moschee der Schweiz, die im Genfer Stadtteil Petit Saconnex entsteht: *Sie wird zu den Sehenswürdigkeiten der Stadt gehören wie die Kathedrale Saint-Pierre.* Ende Mai werden zu der Eröffnung des vom Königreich Saudi-Arabien gestifteten Baues prominente Persönlichkeiten aus der Welt des Islam erwartet, König Khaled vielleicht, zumindest aber sein Premierminister. Das Ursprungsland des Islam mit den heiligen Städten Mekka und Medina bringt mit der Mo-

Die Moschee in Genf. – »Sie wird zu den Sehenswürdigkeiten der Stadt gehören wie die Kathedrale Saint-Pierre.« Kaum jemand macht sich Gedanken darüber, was der Bau der Moscheen in der Hochburg des Katholizismus, Rom, oder des Protestantismus, Genf, für die islamische Welt bedeutet.

schee von Petit Saconnex einen Abglanz orientalischen Zaubers in die Stadt der Nationen. Der Bau, der 11 Millionen Schweizer Franken gekostet hat, wurde in einem Zeitraum von zwei Jahren erstellt (aus einer Schweizer Zeitung, von Marcel Schwander, 1978).

Das alles geschieht, ohne daß die Bevölkerung oder die Behörden in der Hochburg des Schweizer Protestantismus auch nur ahnen, was hier gespielt wird. Es scheint, als mache sich niemand Gedanken darüber, was der Bau der Moscheen in der Hochburg des Katholizismus, Rom, oder des Protestantismus, Genf, für die islamische Welt bedeutet. Es ist der Siegeszug des Islam. Er hat es sich zur Aufgabe gemacht, die Welt zu unterwerfen. Ob nun im Gegenzug auch in Saudi-Arabien eine Kirche gebaut wird? Wir leben doch im Zeitalter des Dialogs!!

Im »Züri Leu« konnte man lesen:

> Zum Glück hat Allah die Ölkrise geschickt: Das fördert das Interesse an einer Religion, deren Anhänger plötzlich so reich und mächtig wurden, ganz entschieden. So können jetzt in Zürich alle paar Wochen wieder an die vierzig Bekehrungen gefeiert werden. Gemeinsam betet man für ihre Standhaftigkeit... (Züri Leu, 29. 11. 77).

Das Gegenstück präsentiert der folgende Bericht:

...in Tunesien (163 610 qkm, 6 070 000 Einwohner)

> In Tunesien gibt es gegenwärtig nur wenig einheimische Christen, ungefähr 25. Obwohl sich das Regime politisch sehr duldsam gibt, ist es für die Christen dieses Landes sehr schwierig, sich zu versammeln. Jede Missionstätigkeit ist streng verboten. Die Interpretation der UNO-Charta im Blick auf Religionsfreiheit ist ziemlich nebelhaft. Man ist frei, Christ zu bleiben oder Mohammedaner, aber es ist unmöglich, als Mohammedaner die Religion zu wechseln!!
>
> (Prions sans cesse, Nr. 1, 1978)

...in England

In London entstand die größte Moschee Westeuropas mit islamischer Universität im Regent's Park.

Auf der Internationalen Islamischen Konferenz in London 1976 hieß es dazu:

> Wenn wir London für den Islam gewinnen, wird es nicht schwer sein, die ganze westliche Welt zu gewinnen.

Jeder sechste Bewohner der Welt ist heute bereits Mohammedaner. Die Mohammedaner sehen das Christentum als eine sterbende Religion, während der Islam als aufstrebende Weltreligion propagiert wird. London soll als strategisches Zentrum im Westen dienen, um den Islam zu verbreiten.

Jährlich treten etwa 50 *Christen* in England zum Islam über. Wieviele der Million Mohammedaner im Vereinigten Königreich bekehren sich zu Christus?

1945 gab es in England eine Moschee; 1950 waren es 25; 1960 bereits 80 und 1976 zählte man 200.

Allein in Westeuropa leben heute schon sieben Millionen strenggläubige Mohammedaner. Auf der ganzen Welt gibt es heute etwa 650 Millionen Mohammedaner gegenüber etwa 900 Millionen Christen.

...in Österreich

Nach 296 Jahren wird die siegreiche Schlacht bei Wien zur Niederlage, zur Niederlage des Abendlandes! Im Jahre 1683 wurde in dieser Schlacht der Wesir Cara Mustapha Pascha geschlagen. Dieser Sieg der christlichen Welt vernichtete die Hoffnung des Wesirs: die Islamisierung des Abendlandes.

In London – größte Moschee Westeuropas. – Während der Internationalen Islamischen Konferenz 1976 wurde folgendes prophezeit: »Wenn wir London für den Islam gewinnen, wird es nicht schwer sein, die ganze westliche Welt zu gewinnen.«

Aber auch die *Christianisierung* der Welt war für diese Zeit nicht vorgesehen. Dafür gibt es in den Evangelien keine Hinweise. Die Kirche konnte dieses Ziel, das sie sich aus eigener Initiative gesteckt hatte, nicht erreichen, weil es gar nicht ihre Aufgabe war. Ihr Auftrag ist, das Evangelium zu verkünden und die zu taufen, die ganz bewußt auf der Seite Jesu Christi stehen wollen.

296 Jahre nachdem der Islam bei Wien zu Tode verwundet wurde, erscheint seine Niederlage als Sieg der islamischen Welt. Doch diesmal nicht durch den Krieg. Die erste Moschee Österreichs wird zur Zeit in Wien, im Park an der Donau, errichtet. König Khaled von Saudi-Arabien stiftete zu diesem Bau acht Millionen D-Mark. Das Programm war also nur aufgeschoben!

In der Bibel findet sich eine Erklärung der Lage: Das *Tier,* das 1683 aus den Nationen (dem Meer), aber noch nicht aus dem Abgrund aufstieg (Offenbarung 13, 1), sollte eine Rolle spielen. Diese Rolle wurde um 296 Jahre verzögert, weil das geistliche Leben in der Zeit nach der Reformation wieder erwachte. Es war durch Gottes Kraft geschehen und breitete sich über die ganze Welt aus.

Heute ist die Christenheit geistlich tot. So beginnt der Islam seinen Siegeszug über das Abendland und die ganze Welt. Die feindlichen Stellungen werden auf allen Fronten überrannt, die Front ist eingedrückt, keiner weiß mehr, wo der Feind steht.

Welche geistlichen Werte können wir dieser erwachenden Macht, die alle Zeichen der Dämonie mit einem festgelegten Programm trägt, entgegenstellen? Dieses Programm – wir sehen es heute im Libanon, im Iran, in der Türkei, in Afrika und in Israel – schließt Kompromiß, Dialog und Toleranz aus.

... in Deutschland

Am 17. 4. 1979 schrieb Martina Kempff in »Die Welt«:

> Über dem Schaukasten mit Szenenbildern aus der »Heiligen Johanna der Schlachthöfe« war der türkische Halb-

Die Moschee in Frankfurt. – In der Bundesrepublik leben zur Zeit 1,5 Millionen Moslems. Während der ersten Großveranstaltung des Islamischen Kulturzentrums im April 1979 in Frankfurt klagte der Vorsitzende Necdet Demirgülle, daß den Moslems in der Bundesrepublik Steine in den Weg gelegt würden. Er forderte die Anerkennung des Islams als offizielle Religion. Ein entsprechender Antrag wurde bereits beim Kultusministerium Nordrhein-Westfalens gestellt.

mond aufgegangen: Die rote Flagge mit Mondsichel und Stern flatterte vor dem Frankfurter Theater am Turm. Von der Theaterbühne herab forderten türkische Imame am Ostersonntag die Anerkennung des Islam als offizielle Religion, die Gleichstellung der türkischen mit der christlichen Religion.

Rund 1000 Vertreter von 158 Moslem-Gemeinden in der Bundesrepublik waren dem Aufruf des »Islamischen Kulturzentrums« in Köln zu dieser ersten islamischen Großveranstaltung gefolgt. Streifenwagen der Frankfurter Polizei fuhren unablässig am Theater Patrouille, türkische Ordner waren vor dem Eingang postiert. Man wollte gegen mögliche Störversuche anderer türkischer Gruppen gewappnet sein. Denn das »Islamische Kulturzentrum« versteht sich im Gegensatz zu den linken türkischen Gruppierungen und den rechtsradikalen »Grauen Wölfen« nicht als politische, sondern ausschließlich als religiöse Gemeinschaft, die ihr Leben nach den Buchstaben des Koran ausrichtet.

Doch gerade in diesem Punkt würden den Moslems in der Bundesrepublik Steine in den Weg gelegt, klagte der Vorsitzende des Islamischen Zentrums, Necdet Demirgülle. Er wehrte sich gegen die »Verhetzung der Koranschulen in den Medien« und behauptete: »Die moslemischen Eltern sorgen sich um die religiöse Erziehung ihrer Kinder. Sie befürchten, daß ihre Kinder dem Glauben entfremdet werden können, ihre kulturelle und nationale Identität verlieren.« Islamische Eltern seien aber verpflichtet, ihre Kinder im Glauben zu erziehen. »Und eine bessere Alternative als die Koranschulen kann es so lange nicht geben, als unsere Kinder in deutschen Schulen nicht in ihrer heimatlichen Religion unterwiesen werden.«

Dies könnte sich nur ändern, wenn der Islam als offizielle Religion in der Bundesrepublik anerkannt würde. Ein Antrag hierzu sei bereits beim Kultusministerium Nordrhein-Westfalens gestellt worden. Der geistliche Leiter des Islamischen Zentrums, Harun Resit Tüyloglu, fragte, weshalb die Bundesrepublik nicht dem Beispiel Belgiens folgen könne, das den Islam inzwischen auch als offizielle Religion anerkannt habe. In der Bundesrepublik lebten immerhin 1,5 Millionen Moslems, darunter 1,2 Millionen Türken. Die Koranschulen würden von mehr als 10 000 sechs- bis 15jährigen Türken besucht.

Demirgülle wandte sich gegen die Äußerung von Karl-Heinz Göbel, dem stellvertretenden Leiter der Abteilung Ausländische Arbeitnehmer im DGB, der kürzlich beklagt hatte, die Koranschulen erzögen zu »reaktionärem Fanatismus und zu Feindlichkeit gegenüber allem Fremden«.

Der Islam, so Demirgülle, hege keinerlei aggressive Absichten gegen andere Gemeinschaften: »In unseren Koranschulen wird den Kindern der Gedanke nahegelegt, daß sie

Moschee in München.

an der Gestaltung dieser Gesellschaft mitwirken und friedlich miteinander leben müssen. Sie sollen nicht vergessen, daß ihre Eltern hierhergekommen sind, um den Lebensunterhalt zu verdienen und daß die Freundschaft zwischen der Türkei und Deutschland auf einer langen Tradition beruht.«

Die religiöse Unterweisung belaste die Kinder nicht, sondern entspreche »ihrem Alter und Fassungsvermögen«. Genau das hatte Göbel jedoch angezweifelt, als er kritisierte, daß schon Sechsjährige die 114 Suren des Korans (500 Seiten in der deutschen Übersetzung) auswendig lernen müssen.

Daß die kleinen Türken den Sinn der arabisch geschriebenen Suren nicht verstehen, wurde während der Frankfurter Veranstaltung nicht erwähnt.

Das Geheimnis der Bosheit

> *Es werden falsche Christi und falsche Propheten auftreten und werden große Zeichen und Wunder tun, um wo möglich, auch die Auserwählten zu verführen (Matthäus 24, 24).*

El Gaddafi sagt:

> Der Koran ist moderner als die Offenbarung der Christen und der Juden, Mohammed hat mehr vom wahren Sozialismus verstanden als Karl Marx.

Wer in Zukunft nicht fest in der Bibel und im Glauben verwurzelt ist, wird diesem falschen Propheten, der als Engel des Lichts auftreten wird, nicht widerstehen können. Er wird wieder Ordnung in eine gesetzlose Welt bringen; doch wird er Gesetz und Geist ändern.

> Dem Dieb wird die Hand abgehackt, Alkohol ist nicht erlaubt, kein Mann darf den Beruf des Damenfriseurs ausüben, da dem Gläubigen die Berührung fremder Frauen untersagt ist; keine Frau soll allein Auto fahren. Der Prophet hat die freie und unbehinderte Bewegung der Frau

außerhalb der Mauern des Hauses abgelehnt (G. Konzelmann, Die Araber, F. A. Herbig Verlagsbuchhandlung München–Berlin).

In *Libyen* (1 759 540 qkm, 2 430 000 Einwohner), das sich offenbar zum Führer des erwachenden Islam entwickelt, wird der Islam durch die Kulturrevolution zur Ideologie des Staates erhoben. Jede Handlung und Gesinnung der Bürger soll an der Frage geprüft werden: Wäre der Prophet (Mohammed) mit dieser Handlung, mit dieser Tätigkeit, mit dieser Gesinnung einverstanden?

Alles, was aus dem Ausland kommt, Sitten, Gebräuche, Philosophie, Literatur, Kultur und Religion, wird abgelehnt oder vernichtet. Die »Vergiftung der islamischen Denkweise« muß aufhören. Regel und oberstes Gesetz ist der Islam. Der Prophet hat den Arabern und durch sie der Welt Allahs Wort auf der Erde gegeben. Neben oder über dem Propheten Mohammed darf nach Allahs Willen kein anderer stehen.

O ihr, die ihr die Schriften erhieltet (Christen und Juden)! Unser Apostel (Mohammed) ist schon zu euch gekommen, um euch aufzuklären über Irrtümer der Apostel, aus Angst, daß ihr sagt: Es ist weder ein Warner noch ein Verkündiger der frohen Botschaft zu uns gekommen. Aber jetzt ist ein Warner und Verkündiger der frohen Botschaft zu euch gekommen (Mohammed). Allah ist mächtig über alles (Koran 5.22).

Jetzt wartet der Islam auf einen neuen Propheten. Die Zeit und die Bedingungen für sein Kommen waren noch nie so günstig wie heute. Diese Gelegenheit werden die Araber nicht ungenützt vorübergehen lassen.

Die Lüge hat Zukunft

Denn das Geheimnis der Gesetzlosigkeit ist schon an der Arbeit, nur muß der, der jetzt aufhält, erst aus dem Wege geschafft werden: Und dann wird der Gesetzlose geoffenbart werden, welchen der Herr Jesu durch den Geist seines Mundes aufreiben und den er durch die Erscheinung seiner Wiederkunft vernichten wird, ihn, dessen Auftreten nach der Wirkung des Satans erfolgt, unter Entfaltung aller betrügerischen Kräfte, Zeichen und Wunder und aller Verführung der Ungerechtigkeit unter denen, die verloren gehen, weil sie die Liebe zur Wahrheit nicht angenommen haben, durch die sie hätten gerettet werden können. Darum sendet ihnen Gott kräftigen Irrtum, daß sie der Lüge glauben, damit alle gerichtet werden, die der Wahrheit nicht geglaubt, sondern Wohlgefallen an der Ungerechtigkeit gehabt haben (2. Thessalonicher 2, 7–12).

In der Endzeit wird die Lüge geglaubt werden, weil die Liebe zur Wahrheit, das heißt zur Bibel, immer mehr abnimmt. Da die Wahrheit wie eine Leiche seziert worden ist, haben wir es mit einem toten Christentum zu tun, das überhaupt nicht mehr reagiert oder schreit, wenn aus ihm etwas entfernt wird. So gibt es heute nur noch ein verkrüppeltes Evangelium, von dem sich viele schon völlig abgewandt haben.

Dem Abendland ist es heute nicht mehr möglich, diesen Schritt rückgängig zu machen, es hat keine Kraft mehr dazu.

Wäre das Abendland heute noch bereit, um der Wahrheit willen auf seinen Lebensstandard zu verzichten? Könnte es das überhaupt noch?

Aber der Islam hat eine Lösung:

> Würde der Islam voll zur Wirkung kommen, würde sich die ganze Menschheit bekehren, und alle Ideologien wären besiegt (Ayatollah Khomeini).

Diese Worte zeigen das Ziel der Moslems. Sie weichen kaum von denen des Präsidenten Gaddafi ab. Das Programm: Die Unterwerfung der Welt unter den Islam.

Man darf nicht annehmen, daß die Moslems um unser Wohlbefinden besorgt wären. Die fanatischen Moslems im Iran verwerfen jeden Fortschritt. Im Namen des Islam stellen sie die 1300 alten Verordnungen und Gesetze wieder her. Irren wir uns nicht: Der Islam hält seine Anhänger in seiner Lehre gefangen. Diese Macht hat bis heute jeder Infiltration widerstanden, sei sie materieller oder geistiger Art. Auch unsere unsicher gewordene materialistische und geistlose Welt kann den Kurs der islamischen Welt nicht ändern.

Die mohammedanische Welt hat keine Hochachtung vor einem Christentum, das sich seines Glaubens schämt, das sich als lebendig ausgibt und doch tot ist (Offenbarung 3,1).

Dies erinnert mich an ein Erlebnis, das wir mit einem arabischen, mohammedanischen Sous-Préfet hatten, der einige Jahre in Europa verbracht hatte, um sein Studium zu absolvieren. Er besuchte uns in Afrika und blieb einen Tag bei uns. Vor dem Essen betete ich. Am Abend, als wir bei ihm waren, sagte er zu uns: *Heute hörte ich zum ersten Mal einen Weißen beten.*

Und doch hatte er vier Jahre in einem christlichen Land gelebt!

Da könnte man auch auf das Christentum anwenden, was der Ayatollah Khomeini im Blick auf den Islam ausrief: »Würde sich das Christentum voll auswirken, würde sich die ganze Menschheit bekehren und alle Ideologien wären besiegt«.

Aber leider erweist sich das Christentum als immer weniger wirksam. Nicht nur das, es wird sogar durch die verleugnet, die sich Christen nennen (2. Timotheus 3,5).

Der höchste Prozentsatz an Gebildeten fand sich zuerst auf dem europäischen Kontinent. Alle, ja alle, hätten die Bibel lesen können. Doch genau wie Israel haben auch die Heiden nicht begriffen, wozu sie berufen und bestimmt waren.

Wie Israel konnten sie eine Wahl zwischen Segen und Fluch treffen (5. Mose 11, 18–32). Sie haben den Fluch gewählt. Deshalb werden sie gerichtet werden, ebenso wie Israel gerichtet wurde und noch gerichtet werden wird.

Ein Urteil wird über sie ausgesprochen wie noch keines gefällt wurde, seitdem die Welt besteht (Matthäus 24, 21; Daniel 12,1). Wie lange wird es noch dauern, bis sich die dunklen Gewitterwolken über unserer Welt entladen?

Dialog oder Monolog

Der Stärkere hat in der Geschichte immer dem Schwächeren seinen Willen aufgezwungen. Es wäre ein Irrtum zu glauben, daß das in der Beziehung zwischen Islam und Christentum anders verlaufen würde.

Der Islam geht von der Voraussetzung aus, daß er die höchste und letzte Offenbarung Allahs erhielt und deshalb die Krönung aller Religionen darstellt (Sure 3. 17–19). Die Mohammedaner sind das *auserwählte Volk* (Sure 3.106).

Die einzig mögliche Lösung des Konflikts ist für den Islam: Juden und Christen müssen sich dem Islam unterstellen (Sure 2,129). Der Koran steht dem Dialog ablehnend gegenüber.

> *O ihr Gläubigen, habt keine Verbindung mit den Juden und den Christen. Laßt sie sich untereinander verbinden. Wer sie sich zum Freund nimmt, wird ihnen gleich werden, und Allah ist nicht der Führer der Perversen (Sure 5.56).*

Dialog kann für den Moslem nur das bedeuten, was in Sure 2,129 ausgedrückt wird:

> *Die Juden und Christen sagen: Nehmt unseren Glauben an, wenn ihr auf dem Weg des Heils sein wollt. Antwortet ihnen: Wir folgen dem Glauben Abrahams, welcher den Götzen Weihrauch verweigerte und nur einen Allah anbetete.*

Wir sehen, wie auf höchster Ebene die größten Kunststücke angewandt werden, um alles auf einen Nenner zu bringen. Es muß doch möglich sein, das Reich Gottes irgendwie und irgendwo einzuordnen; menschlich gesehen, könnte es ja sehr schön und gut im Zusammenschluß der Monotheisten liegen. Doch es ist dem christlichen Abendland noch nicht bewußt, daß es sich in einer sorgfältig gestellten Falle verfängt. So, wie sich die heutige Weltlage entwickelt, kann das von den Moslems aufgestellte Endziel nur Allah il Allah und Islam sein. Man will einen Elohim über alle anderen stellen, und alles, was diesem Ziel im Weg steht, muß weggeräumt werden. Das geht natürlich nur auf Kosten der Wahrheit. Was aber noch schlimmer ist: Die Lüge wird zur Wahrheit gemacht. Auch hier läuft alles planmäßig ab, wie die Bibel es im Blick auf die Endzeit vorausgesagt hat.

Darum sendet ihnen Gott kräftigen Irrtum, daß sie der Lüge glauben, damit alle gerichtet werden, die der Wahrheit nicht geglaubt, sondern Wohlgefallen an der Ungerechtigkeit gehabt haben (2. Thessalonicher 2, 11–12).

So wird es sich offenbaren, wer der Wahrheit Treue gehalten hat. Die kleinste Abweichung von der Bibel kann verheerende Folgen haben.

Das Verhalten des Vatikans zum Islam

Es ist eine große Wandlung eingetreten. Ein Dokument des Vatikan gibt *Anleitungen zum Dialog zwischen Christen und Moslems.* Darin wird den Christen geraten, doch ihre Vorurteile und ihre Stellung zum Islam zu überdenken. Es ist wichtig, daß sich die Einstellung der Christen nach und nach erneuert und ihre Vorurteile und Verleumdungen aufhören; die Christen sollen erkennen, wie ungerecht das Abendland die Moslems behandelt hat. Warum bezeichnen sie den Gott des Islam immer noch mit Allah? fragt der Verfasser. *Allah* ist kein anderer als der Gott des Mose und der Gott und Vater Jesu Christi!

Ein anderes Dokument des II. Vatikanischen Konzils (1962–1965), unter dem Titel *Lumen Gentium* veröffentlicht, erklärt:

Die Moslems glauben wie Abraham; mit uns beten sie den alleinigen, barmherzigen Gott an, der am jüngsten Tag die Menschen richten wird.

Die Moslems selbst erheben sich gegen die Gewohnheit der Europäer, ihren Gott mit Allah zu bezeichnen, da doch Christen und Moslems denselben Gott anbeten. Um dem Abendland zu beweisen, daß der Vatikan eine Annäherung wünscht, bemüht er sich, Kontakte zwischen der Kirche und dem Islam zu fördern: Der Präsident des vatikanischen

Sekretariats für Nicht-Christen stattete dem König Faisal von Saudi-Arabien einen Besuch ab; Paul VI. empfing die großen Ulemas von Arabien im Jahr 1974. Auch Mgr. Elchinger, Bischof von Straßburg, empfing die Ulemas (arabisch-islamische Gelehrte) im Münster und lud sie ein, vor dem Altar im Chor ihre Gebete zu verrichten. Sie taten das auch, indem sie sich nach Mekka wandten!
(Maurice Bucaille, La Bible, le Coran et la Science)

Da nun zwischen den höchsten Vertretern der christlichen und der islamischen Welt ein Dialog entstanden ist, denkt der Verfasser des Berichts, sollte man sich auch über andere Themen unterhalten, und im besonderen über die Authentizität der Texte der Heiligen Schrift.

Damit wird man nun in eine stufenweise Zerstörung der biblischen Wahrheiten hineinkommen. Nachdem man beim Monotheismus angekommen ist, muß man natürlich auch die Authentizität der Bibel infrage stellen. Der Islam stellt sie infrage, unsere moderne Theologie etwa nicht?

Alles ist eingespielt und von dem Gegenspieler Gottes schon lange vorbereitet. So geht die Entwicklung in dieser Richtung immer weiter. Das christliche Abendland beugt sich immer tiefer vor dem *Tier*.

Hier noch ein Ergebnis des christlich-islamischen Kolloquiums in Tripoli 1976:

Der Vatikan hatte eine 14köpfige Delegation geschickt, an ihrer Spitze Kardinal Pignedoli, Präsident des Sekretariats für Nicht-Christen. Das gemeinsame Kommuniqué bezeichnet beispielsweise den Zionismus als eine *Doktrin,* die *rassistisch, aggresiv und fremd gegenüber Palästina und dem Nahen Osten* sei. Der Text verlangt *die Räumung aller besetzten Gebiete* und die Anerkennung der nationalen Rechte des palästinensischen Volkes, einschließlich der Rückkehr in sein Land.

Im Blick auf Jerusalem proklamiert das Kommuniqué den arabischen Charakter der Stadt, verwirft ihre Internationalisierung und bestreitet den jüdischen Charakter der Stadt.

Die Ulemas im Straßburger Münster

In ihren Beschuldigungen gegen Israel waren weder die UNO noch die UNESCO noch die Sowjetunion so weit gegangen.

400 Delegierte aus der islamischen und katholischen Welt hatten in Tripoli die Aufgabe, eine bessere Welt für anderthalb Milliarden Christen und Mohammedaner vorzubereiten... Nach fünf Tagen harter Diskussion in einer geladenen Atmosphäre machten die Mohammedaner den christlichen Vertretern bittere Vorwürfe. Aber plötzlich erfaßte Begeisterung die heilige Schar. Es geschah, als sich der Vater Lanfry-Gross – mit grauen Haaren und blauen Augen – erhob, um die Mohammedaner öffentlich um Vergebung zu bitten wegen der Beschuldigungen, die die Christen in der Vergangenheit gegen den Propheten Mohammed gerichtet hätten. Es gab einen riesigen Applaus, *Allah Akbar* schrie ein Scheich. *Ich spürte das Wehen Allahs über der Versammlung* sagte der Vertreter Indiens.

> Niemand hätte sich am Anfang des Kolloquiums vorstellen können, daß die Vertreter des Vatikans für die allerextremsten arabischen Thesen stimmen würden.
>
> Ins Gewicht fällt, daß das Kommuniqué von Tripoli unterzeichnet wurde. Dadurch ist für die mohammedanische Welt der offizielle Standpunkt des Vatikans festgelegt.
>
> Der Vatikan hat sich mit den Extremisten unter den Arabern verbündet, die Israel vernichten wollen, mag es noch so viel Leiden, Tränen und Blut kosten (Hebdo, 13.–19. Februar, 1976).

Dieses Kommuniqué wurde nachher von Rom widerrufen, doch für die mohammedanische Welt ist es festgelegt und unterzeichnet.

Wie weit die Verbrüderung zwischen Christen und Mohammedanern schon vorangeschritten ist, zeigt uns auch folgender Bericht unter dem Titel: *Freundschaftliche Begegnung mit den Moslems in Damaskus:*

> Bei seiner einwöchigen Orientreise traf Kardinal König von Wien zu einer freundschaftlich-aufgeschlossenen Begegnung mit den Moslems in Damaskus ein. Fünfmal kam er mit dem Großmufti der Republik Syrien, Scheich Keftaro, zusammen. Der Großmufti lud Kardinal König in die Moschee ein. Dort sprach der Scheich vor allen Predigern aus Damaskus und in Anwesenheit des orthodoxen Patriarchen Yacoub über Jesus Christus und Maria im Koran. Kardinal König verwies auf die gemeinsame Aufgabe der an den einen Gott glaubenden Christen und Moslems: Ungläubige für den Glauben zurückzugewinnen. Unter dem großen Beifall der Gläubigen umarmten sich der Scheich und der Kardinal. Mitglieder der Wiener Stiftung *Pro Oriente* wiesen auf die Bedeutung dieser Geste als Zeichen des guten Einvernehmens zwischen Moslems und Christen hin. Besondere Wichtigkeit erhalte diese Begegnung angesichts des Bürgerkrieges im Libanon, der immer wieder fälschlicherweise als Religionskrieg bezeichnet werde. Kardinal König, der vom Scheich einen Koran als Ge-

schenk erhielt, lud den Großmufti nach Wien ein. (Christ in der Gegenwart, 23. 4. 1978; Kath. Wochenzeitschrift, Herder-Verlag, Freiburg i. Br.)

Es scheint, als würde die Prophetie im Blick auf Israel von seiten der Kirche völlig ignoriert:

Daß der Islam selbst von seinen Anhängern ernstgenommen wird, erklärt sich auch aus folgendem Tatbestand: Saudi-Arabien untersagt allen internationalen Fluggesellschaften das Überfliegen von Mekka, der heiligen Stadt. Keinem Ungläubigen ist es gestattet, die *Heilige Stätte* zu schauen, und wäre es aus der Vogelschau. Können wir von einem christlichen Heiligtum dasselbe behaupten?

Im Dar-al-islam, (im arabischen Land um Mekka) wird alles, was sich nicht zum Islam bekennt, als Fremdkörper angesehen: Keine fremde Religion wird geduldet, weil eben der Dar-al-islam von den Mohammedanern als *heiliges Land* betrachtet wird. Aus diesem Grund blieb dieses Land allen *Nichtgläubigen* verschlossen. Manch ein Außenseiter, dem das Gesetz nicht bekannt war, mußte dort sein Leben lassen. Heute noch ist es jedem Nichtmoslem bei Todesstrafe untersagt, in das Mekka-Gebiet vorzudringen.

Mag der Papst die Ulemas im Vatikan empfangen, er würde niemals in Mekka zugelassen. Toleranz gegen Fanatismus!

Indem nun die christliche Welt – sowohl die katholische wie die protestantische Kirche – in dieses Karussell einsteigt, hat sie ihren Untergang besiegelt. Eine christliche Kirche, die ihr Fundament, Jesus Christus, verlassen hat, kann keine Botschaft mehr haben. Sie ist auch nicht mehr glaubwürdig und lebensfähig.

„Gießener Allgemeine", 26.7.79

Expansiver Islam

In den kommenden Jahren sollen in nichtmoslemischen Ländern sechs islamische Universitäten gegründet werden. Dies teilte Ahmad Ali Assad, Mitglied der »Islamischen Handelskammer von Amerika«, in New York mit. Eine dieser Universitäten soll in New York selbst gebaut werden, drei in Westeuropa - England, Frankreich und Spanien - und zwei in den sozialistischen Staaten: in der Volksrepublik China und in der Sowjetunion. Die »Islamische Handelskammer von Amerika« hat in der Vergangenheit den Bau von Moscheen in der westlichen Welt durch erhebliche finanzielle Zuwendungen gefördert. U.a. beteiligte sie sich auch an den Baukosten für die »Islamische Universität« in Sarajewo.

*

Der Islamkongreß von Japan hat für die kommenden Monate eine großangelegte Werbekampagne für den Islam angekündigt. Über das Netz der etwa 350.000 organisierten Zeitungsausträger soll jeder japanische Haushalt kostenlos mit einem Exemplar des Koran versorgt werden. Außerdem sollen 200.000 Exemplare an Hotels zur Auslage in den Gästezimmern verteilt werden. Der Islamkongreß hat inzwischen den Druck von einer Million Exemplaren der heiligen Schrift des Islam in japanischer Sprache eingeleitet.

3

ISRAELS LEIDENSWEG

Der Tragödie erster Teil

Und Sara sah, daß der Sohn der Hagar, der ägyptischen Magd, den sie Abraham geboren hatte, Mutwillen trieb. Da sprach sie zu Abraham: Treibe diese Magd mit ihrem Sohn Ismael aus, denn der Sohn dieser Magd soll nicht erben mit meinem Sohn Isaak (1. Mose 21,6).

Die Erfüllung der Verheißungen Gottes eigenmächtig zu erzwingen, heißt den zweitbesten Weg wählen, den *Weg des Fleisches.* Die Folgen eines solchen Weges bemerken wir bei Abraham. Einst werden wir erkennen, wieviel wir versäumt haben, indem wir nicht *im Geist* gelebt und gehandelt haben.

Im Blick auf Ismael sehen wir die Folgen erst heute in ihrem ganzen Ausmaß über unsere Welt kommen. Gott wird uns nie hindern, Dummheiten und Fehler zu begehen, denn der Mensch wollte von Gott unabhängig sein, aber wir dürfen Gott dann auch nicht für die Folgen verantwortlich machen.

Sara wählte diesen zweitbesten Weg und gab ihre ägyptische Magd dem Abraham, um durch sie den verheißenen Sohn zu erhalten. Eine voreilige Handlung!

So wurde Ismael zum Sohn »aus dem Fleisch«, zum Anti-Isaak. Diesen Fehler hat der *Lügner von Anfang,* der Satan, 2500 Jahre später aufgegriffen und daraus den Islam hervorkommen lassen.

Heute, etwa 3900 Jahre danach, wird dieser Fehler Abrahams zum Weltproblem. Denn heute beansprucht die Linie Ismaels das verheißene Land und den verheißenen Segen.

Wir dürfen uns nicht wundern, wenn die Welt und auch viele Christen diesen geschichtlichen Vorgang mit Ismael und

Isaak (Israel) nicht verstehen. Selbst Abraham konnte die Folgen seiner Bitte nicht ermessen, als er Gott bat:

Ach, daß Ismael vor dir leben sollte (1. Mose 17,18).

Diese Bitte erhörte Gott und siehe, Ismael lebt! Auch die Verheißung durch des Herrn Engel an Hagar hat sich erfüllt.

Siehe ich will deinen Samen also mehren, daß er vor großer Menge unzählbar sein soll (1. Mose 16,10).

So leben heute im Nahen Osten etwa 130 Millionen Araber, eine große Menge!

In 1. Mose 16 zeigt uns Gott die Charaktereigenschaften Ismaels und seiner Nachkommen, die sich bis auf den heutigen Tag nicht verändert haben und die im Koran und im Islam erst richtig zum Ausdruck gekommen sind:

Er wird ein wilder Mensch sein, seine Hand wider jedermann und jedermanns Hand wider ihn, und er wird gegenüber von allen seinen Brüdern wohnen (1. Mose 16,12).

Zwölf Stämme sollten aus Ismael hervorgehen, ein Abglanz des Segens Israels, ein Antibild (1. Mose 17,20).

Ismael wird sein wie ein Wildesel! Wer die arabischen Nomaden kennt, weiß, was das bedeutet. Es ist ein Volk, das nicht zu zähmen ist. Ismael spottet über Isaak, und dieser Spott führte zur Vertreibung der Sklavin mit ihrem Sohn (1. Mose 21,9).

Heute muß Israel feststellen, daß ihm ein Volk gegenübersteht, das ihm zu mächtig ist. Etwa 2400 Jahre nach der Geburt Ismaels stand der Mann auf, der das Volk der Araber in einem großen Bund zusammenschloß. Er war in ihren Augen der große, von Allah gesandte Prophet. Um unsere heutige gefährliche Weltlage besser verstehen zu können, ist es sehr wichtig, die Lehre Mohammeds genau zu studieren.

Sara sah, daß Ismael, der Sohn Hagars, ein Spötter war (1. Mose 21, 9).

Das Geheimnis Israel

Denn ich will nicht, daß euch, liebe Brüder, dieses Geheimnis unbekannt bleibe (Römer 11,25).

Paulus nennt in seinen Briefen drei Geheimnisse:

Das Geheimnis Israel (Römer 9, 10–11)
Das Geheimnis Christus und seine Gemeinde (Epheser 5,32 und Kolosser 1,26)
Das Geheimnis der Gesetzlosigkeit (2. Thessalonicher 2,7)

Dem Geheimnis Israel widmet der Heidenapostel drei Kapitel in einem der wichtigsten Briefe des Neuen Testaments.

Paulus hat, wie auch Jesus Christus, nie das Gesetz (die Thora), angegriffen oder gar aufgehoben, wie die Pharisäer behaupteten und glaubten. Paulus war und blieb sein Leben lang ein strenggläubiger Jude.

Ganz klar hebt er hervor, daß die Kindschaft, die Herrlichkeit, die Bündnisse und die Gesetzgebung, der Gottesdienst, die Verheißungen und die Patriarchen Israel gehören (Römer 9,4–5).

Paulus predigte also weder Haß noch Verfolgung der Juden, sondern erkannte im Gegenteil die besondere Stellung Israels an. Er hat nie die Ekklesia (Gemeinde Christi) an die Stelle Israels gestellt oder umgekehrt; beide haben ihre Zeit und ihre Aufgabe.

Als die Ekklesia ihren Anfang nahm und damit die Zeit der Nationen begann, wurde Israel auf ein totes Gleis gestellt; aber es ist nicht für immer *verstoßen* (Römer 11,1). Die Prophetie im Blick auf Israel wurde nicht aufgehoben, sondern nur aufgeschoben, und zwar von der Wegnahme des Gesalbten an bis ans Ende; dann wird Israel wieder als Volk vom toten Gleis in die Weltgeschichte zurückgeholt (Daniel 9,26).

Fast 2000 Jahre hat Israel nun auf dem toten Gleis gestanden. Dies war die Zeit der Nationen und die Zeit der Gemeinde. Wenn nun dieses Abseitsstehen Israels den Heiden zum Segen wurde, wieviel mehr wird ihre Wiederannahme den Heiden zum Segen werden.

Denn so ihre Verwerfung der Welt Versöhnung ist, was wird ihre Annahme anders sein als Leben aus den Toten.

Gott wird sie wieder einpfropfen (Römer 11),
ob das den Nationen paßt oder nicht. Paulus glaubte an die

Auferstehung Israels von den Toten. Sind nicht die Totengebeine, von denen Hesekiel 37 spricht, die erwachen und sich zusammenfinden und den Geist empfangen, eine Anspielung auf die Auferstehung und Wiederherstellung Israels?

Das wird in dem Augenblick geschehen, in dem der letzte Heide in die Ekklesia eingegangen sein wird, aber nicht, wenn alle Heiden zum Christentum bekehrt sind, was sich heute immer mehr als eine Utopie herausstellt. Es geschieht auch nicht, wenn die Nationen meinen, durch den Monotheismus das Reich Gottes aufbauen zu können. Es muß sich erst erfüllen, was Jesaja prophezeite:

> *Und es wird für Zion ein Erlöser kommen und für die in Jakob, die sich von der Übertretung bekehren, spricht der Herr (Jesaja 59,20).*

Wie wir gesehen haben, war auch Paulus von der Wiederherstellung Israels überzeugt. Auch er dient als Relais-Station für einige Propheten und strahlt die Prophetien eines Jesaja, Hesekiel u. a. in die Zeit der Wiederherstellung Israels, also in unsere Zeit, weiter.

Wir dürfen das sehen, was Jesus Christus und auch die Apostel Petrus, Paulus und Johannes durch den Heiligen Geist vorausgesagt haben und gern erlebt hätten. Sie haben sich auf die Wiederbringung und Wiederherstellung Israels gefreut (Apostelgeschichte 1,6). Doch es scheint, als hätten wir uns weithin mit diesem Thema noch gar nicht befaßt.

Gott erfüllt seine Verheißung

Hier einige Aussagen von Christen aus der neueren Geschichte, die damit rechneten, daß Gott seine Verheißung an Israel wahrmachen würde. Sie warteten darauf, nicht weil sie Propheten waren, sondern weil sie dem prophetischen Wort des Alten und Neuen Testaments glaubten. Sie waren überzeugt, daß Gottes Wort wahr ist und in Erfüllung gehen muß.

Diese Wiederherstellung Israels ist für sie das Zeichen dafür, daß wir in eine neue Phase der Weltgeschichte getreten sind, von der Daniel sagt, sie sei die Endphase.

Jung Stilling. 1740–1817

Allenthalben blickte der wahre Christ nach dem großen goldenen Uhrzeiger an des Tempels Zinnen; und wer blöde Augen hatte, der fragte den schärfer Sehenden, wieviel Uhr es sei. Was du mir von den Juden schreibst, ist mir zum Teil bekannt. Die Bekehrung dieses merkwürdigen Volkes und sein Zug ins Vaterland wird vielen die Augen öffnen.

Dadurch wird dann die Bibel noch einmal vor aller Augen legitimiert, und wir wissen dann gewiß, woran wir sind.

Emile Guers, 1856:

Israel hat wirklich Anspruch auf unser Interesse, schon wegen seiner Leiden in der Vergangenheit. Dieses Volk steht vor uns mit seinen 18 Jahrhunderten der Schmach und der Leiden. Kaum ist Jesus Christus weggenommen, da erscheint Titus in Judäa als Anführer seiner Rachelegionen mit ihren Adlern, den Wahrzeichen ihrer Kraft und ihrer Geschwindigkeit. Jerusalem, wohin beinahe das gesamte Volk geflüchtet war, wird von den Römern eingenommen. Schwert, Hungersnot und Pest fordern ihre Opfer. Eine Million Juden kommen während der Belagerung der Stadt um.

Die darauffolgenden Jahrhunderte brachten den Kindern Israel nichts als Nöte ohne Zahl. Überall verhöhnt, verworfen, der Verfolgung preisgegeben, überall von allen Menschen in den Bann geschlagen: *Dazu wirst du unter diesen Völkern keine Ruhe haben, und keine Rast finden für deine Fußsohlen, denn der Herr wird dir daselbst ein friedloses Herz geben (5. Mose 28,65). Und du wirst wahnsinnig werden von dem, was deine Augen sehen müssen (5. Mose 28,34).*

Im Mittelalter vergriffen sich die Kreuzzügler, die sich nach Palästina aufgemacht hatten, an allen Juden, die sie unterwegs trafen: *Metzeln wir sie nieder,* riefen sie, *und der Name Israel werde auf ewig vertilgt!* Das Blut der Söhne Abrahams floß in Strömen auf der ganzen Welt. Nur eins sei erwähnt, um das Maß ihrer Leiden zu schildern:

In Mainz wurde der Palast des Erzbischofs Rothardus, wo 700 von ihnen Zuflucht gefunden zu haben glaubten, von den Feinden gestürmt: Männer, Frauen, Kinder wurden mit dem Schwert umgebracht. Daraufhin versteckten sich die Übriggebliebenen dieser Unglücklichen in ihren Häusern. Um dem Schwert der Kreuzzügler zu entkommen, töteten sie sich gegenseitig: Männer und Frauen, Väter und Söhne, Mütter und Töchter, Herren und Diener. Mütter töteten die Kinder an ihrer Brust.

Überall füllten sich die Gefängnisse mit Juden. Diese Elenden wurden verkauft, geplündert, entrechtet. Man bezichtigte sie der Magie, des Opferns von Kindern, der Vergiftung der Brunnen, und verbannte sie deshalb aus den Ländern. Ohne Urteil wurde ihnen die Kehle durchgeschnitten, oder man erhängte sie schändlich zwischen zwei Hunden. Im 14. Jahrhundert brach eine schreckliche Krankheit in Europa aus. Man hieß sie den schwarzen Tod oder die Pest. In kurzer Zeit wurde ein Drittel der Bevölkerung hinweggerafft. Da wurden überall Stimmen laut: *Die Juden haben die Brunnen vergiftet. Tötet, tötet die Söhne Israels!* Über eine Million von ihnen kam um. Seit achtzehnhundert Jahren hallt die ganze Welt von ihren Klagen wider. Ihre Geschichte ist tränen- und blutgetränkt.

Der furchtbare Fluch des Gerichts folgt ihnen überallhin. Bis zu diesem Tag ist das Blut Jesu Christi über ihnen als ein Fluch. Bitten wir doch Gott, das kostbare Blut Jesu möge bald als Segen über ihnen sein. Sind sie doch die Söhne Abrahams, Brüder Jesu, dem Fleische nach – vergessen wir es nicht. Allerdings sind sie auch die Nachkommen derer, die den Herrn Jesus getötet haben. Ist es aber an uns, das Unrecht zu rächen, das an Jesus Christus verübt wurde?

Laßt uns im Gegenteil den Mund schließen und uns demütigen wegen unserer eigenen Missetaten. Denken wir daran, daß trotz aller Züchtigungen die Juden das Volk Gottes sind und bleiben, geliebt um der Väter willen. Wenn uns ihr Schicksal beunruhigt, wenn wir segnen, wo unsere Vorfahren verflucht haben, wenn wir die aufnehmen, die verstoßen waren, entgehen wir dem Gericht, das über die Verfolger Israels sicher hereinbrechen wird (Zephania 3,19 und Sacharia 1,14–15).

So ging es auch Israel in der Vergangenheit. Sollte uns sein gegenwärtiges Schicksal nicht ebenso rühren? Wenn es auch Israel auf politischem Gebiet heute etwas besser geht, seine Lage auf geistigem und religiösem Gebiet ist doch noch immer die gleiche. Um uns davon zu überzeugen, treten wir in eine Synagoge ein. Was sehen wir da anstatt eines levitischen Kultes? Eine Versammlung von Maklern, die während der öffentlichen Gebete kommen und gehen, spielende Kinder, Leute, deren Haltung Gleichgültigkeit und Verachtung verrät, Rabbiner, die alte Gebetsformeln ohne innere Teilnahme hersagen, Bitten und Lobpreisungen, die ihrem Gewissen und ihrem Herzen fremd bleiben.

Was studieren, was lesen israelische Kinder heute? Die Überlieferungen der Vorfahren, armselige Legenden, eitle Gesetze ihrer Talmud-Lehrer oder geisttötende Schriften des modernen Unglaubens. Das Wort Gottes – sie besitzen es nicht einmal, höchstens Auszüge daraus gibt man ihnen in die Hand. Materielles Interesse nimmt sie ganz in Anspruch, wie geschrieben steht:

»Ihren Rücken beuge allezeit« (Römer 11,10).

Die beklagenswerteste Unwissenheit herrscht unter ihnen. Die Decke bleibt auf ihrem Gesicht, wenn Mose gelesen wird; davon ist das Taled, die Decke, womit sie sich während der Lesung des Gesetzes das Haupt bedecken, das unbewußte, aber sprechende Zeichen.

Ohne seine heiligen Vorrechte hat Israel alles verloren: Die Königsherrschaft ist den Heiden gegeben (Daniel 2 + 7); das Priestertum, die Prophetie, sogar die Kenntnis der heiligen Schriften, das Zepter der wahren heiligen Schrift ist den Heiden (Gojim) gegeben. Es gibt kaum ein Volk, das so völlig seines Erbes beraubt dasteht.

Das ist der heutige Zustand Israels. Die falsche Weltweisheit verführt die einen, der Aberglaube entwürdigt die anderen, während knechtische Furcht ihrer aller Herzen erfüllt. Immer noch ist der Name der Nachkommen Abrahams Lo-Hammi (nicht mein Volk), Lo Ruhamah (nicht begnadigt).

Ohne Jesus Christus, ohne Gott, ohne Hoffnung ist der Jude nach Jesaja unstet und flüchtig auf Erden. Schaut er aufwärts: Dunkelheit! – unter ihm und um ihn her: tiefes Dunkel!

Sie fallen am Mittag wie in der Dämmerung; ... sie fluchen dem König und Gott (Jesaja 8,20–22).

Einerseits wissen die Juden aus dem Gesetz, daß es zur Sündenvergebung der Opfer bedarf; andererseits sehen sie die völlige Unmöglichkeit, Opfer darzubringen, da das Gesetz außerhalb des Tempels zu Jerusalem keine Opfer erlaubt!

In welch einer schwierigen Lage wird sich ihr Gewissen befinden, wenn es erwacht!

Wir wollen Mitleid haben mit dem armen Volk Israel, das fern vom Erlöser lebt, wollen es in der Fürbitte immer wieder dem *Lamm* bringen, *das hinwegnimmt die Sünden der Welt* (Johannes 1,29).

Die Zeit ist noch nicht gekommen, in der das gesamte Israel durch die Predigt des Evangeliums erreicht werden kann. Unsere Bemühungen reichen nicht aus; die Bekehrung der jüdischen Nation ist ein Wunder, das sich Jesus selbst vorbehält. Doch wird mit Gottes Hilfe die Arbeit der Christen dazu beitragen, daß Gott eine Erstlingsfrucht aus diesem Volk erhält.

Noch aus einem anderen, nicht minder triftigen Grund verdient Israel unser christliches Interesse: es sind die herrlichen Verheißungen, die Gott gegeben hat, nämlich seine Wiederannahme und der damit verbundene geistliche Einfluß Israels auf die ganze Welt.

Eigentlich hätten die Juden durch die furchtbaren Verfolgungen in den vergangenen Jahrhunderten und Jahrzehnten aufgeben müssen. Aber seinen Verheißungen getreu hat Gott sie bis zu dieser Stunde wunderbar erhalten.

Ähnlich dem feurigen Busch, der auf dem Horeb brannte, ohne verzehrt zu werden, ist auch Israel in der Trübsal. Wie kein anderes Volk zerstreut, von allen Seiten bedrängt, ist Israel seinen Glaubenssätzen mit solcher Ausdauer treu geblieben, daß man vergeblich ein gleiches Beispiel in der Weltgeschichte findet. Es hat eigensinnig bis heute eine Religionsform fast ohne eigentliches Religionsgefühl beibehalten. Die Juden haben in ihren Gottesdiensten dieselbe Sprache, dieselben Schriften, die gleichen Riten, die gleichen Sitten wie vor Jahrtausenden.

Da sie sich nach dem Gesetz nur untereinander heiraten dürfen, haben sie die gleichen typischen Gesichtszüge behalten; auf ihren Stirnen bleibt das israelische Siegel.

Viele frühere, blühende Nationen sind verschwunden. Ein Schriftsteller sagt:

Ihre Namen leben nur noch in der Geschichte, sie sind verlorengegangen wie Wassertropfen in einem weiten Ozean. Dagegen haben sich die Juden, als sie in die Wogen dieses gewittrigen Ozeans eintauchten, doch nicht mit seinen Wellen vermischt, sie fielen aber nach und nach bis auf den Grund des Meeres und haben sich da erhalten, ähnlich den kostbaren Steinen, die in Meerestiefen verborgen liegen.

Dieses Volk, das sich stets von anderen Völkern unterschieden hat, das immer im Besitz seiner Nationalität inmitten aller Menschheitstypen geblieben ist, muß als lebendiger, aktueller, unumstößlicher Beweis der göttlichen Prophetie anerkannt werden (Amos 9,8 ff).

Es beweist auch, daß Gott es solange auf wunderbare Weise nur deswegen inmitten aller Zerstörungselemente erhalten hat, um es wegen seines großen und ewigen Erbarmens wieder zu sammeln. Sollte der Gott Abrahams, der sich als treu und wahrhaftig erweist in seinen Züchtigungen, es nicht auch sein, wenn es zu segnen gilt! Die Stunde naht, wo der Hirte Israels die zerstreuten Schafe seiner Weide sammeln wird, die jetzt auf dem ganzen Erdboden zerstreut sind. Das Einsammeln in ihre Hürde wird der Ausgangspunkt für die der neuen Menschheit zugesagten Ära sein. Die Wiederherstellung des auserwählten Volkes und die Bekehrung der Welt durch das wieder zurechtgebrachte Israel – das ist nach der Prophetie das große Ziel, das Gott beständig vor Augen hat.

Für uns heute sind die Russen, die Türken, die Franzosen, die Engländer, die Deutschen und die tiefgreifenden Interessen, über die diese Völker jetzt untereinander streiten, besorgniserregend. Was Gott aber sieht, sind vor allem die Juden, ihre Wiederherstellung und damit das Glück der ganzen Menschheit; dahin zielt alles, was sich augenblicklich auf der wechselvollen Bühne der Weltgeschichte zuträgt.

Wir können es nicht oft genug wiederholen: Solange Israel in der ganzen Welt zerstreut ist und keine nationale, unabhängige Existenz hat, unterbricht die Prophetie die kontinuierliche Geschichte Jerusalems. Aber sobald diese Nation – heute noch in alle vier Winde zerstreut – in ihr Land zurückgekehrt ist, sobald ihr Jerusalem zurückgegeben ist, sobald der Gott Abrahams in irgendeiner Weise seine Beziehungen zu seinem alten Volk wieder aufgenommen hat, wird Israel in der Prophetie der Gegenstand des ausdrücklichen göttlichen Zeugnisses. Die 70. und letzte Jahrwoche, die zurückgestellt worden war, beginnt: die lange Zwischenzeit der Heiden geht zu Ende, und Jerusalem ist befreit.
(E. Guers, Le destin d'Israël, Neuauflage 1964 bei Editions Roger Grandchamp, Nyon/Vd., Schweiz).

Vladimir Gelesnov, 1914

Israel bleibt Israel. Die Verbannten sollen wieder in ihr eigenes Land zurückkehren. Die Hauptstadt soll ihnen wiedergegeben werden. Eine neue, heilige, königliche und priesterliche Nation sollen sie sein. Scheint dies zu wundervoll?

Es ist der Ausspruch Gottes, und er wird diesen Plan ausführen.

Als die Zeit erfüllt war

Durch Ereignisse wie z. B. die Affäre Dreyfus – Theodor Herzel – das Dritte Reich – Plan der Endlösung u. a. – wurde die Vorbereitung des Staates Israel möglich. Es liegt im Herzen des vom *Tier* beanspruchten Gebietes im Nahen Osten und wird dadurch zum Weltproblem und Testfaktor für die ganze Welt.

Vor etwa 2000 Jahren griff Gott heilsgeschichtlich in die Weltgeschichte ein und bereitete in Israel das erste Kommen seines Sohnes Jesus Christus vor.

Das Heil kommt von den Juden (Johannes 4,22).
Durch Israel greift Gott etwa 2000 Jahre nach Christus eschatologisch noch einmal in den Ablauf der Weltgeschichte ein, um die Wiederkunft seines Sohnes als Messias und Herrscher vorzubereiten.

Es ist darum wichtig, daß wir uns mit der prophetischen Bedeutung der heutigen Zeit beschäftigen, um prüfen zu können, ob uns die heutige weltgeschichtliche Entwicklung etwas zu sagen hat.

Wenn wir genau hinsehen, erkennen wir, wie sich alles auf die Endzeit zuspitzt, und wie die Linien sich überschneiden und zusammenlaufen. Es fehlt nichts, weder auf prophetischem, politischem, militärischem, wirtschaftlichem noch religiösem Gebiet. Alles ist bereit.

Seht und staunt!

Die Bäume wachsen – das Angesicht des Landes Israel verändert sich seit Beginn unseres Jahrhunderts, und ganz besonders in der zweiten Hälfte unseres zwanzigsten Jahrhunderts. Wie ist das zu erklären?

Es ist ein Zeichen der bevorstehenden Rückkehr des Messias. Das Volk wird weiterhin herzuströmen. Die Alyah (Rückwanderung) ist nicht beendet:

> *Ich will sie aus den Völkern herausführen und aus allen Ländern zusammenbringen und will sie in ihr Land führen*

und sie weiden auf den Bergen Israels und in den Tälern und an allen Wohnorten des Landes (Hesekiel 34,13).

Erhebe deine Augen ringsumher und sieh, alle diese werden versammelt kommen zu dir (Jesaja 49,18).

Das Volk wird aus vielen Völkern wieder versammelt worden sein auf die Berge Israels, die beständig verödet waren (Hesekiel 38,8).

Und es soll geschehen an jenem Tage, daß ich Jerusalem für alle Völker zum Laststein machen werde (Sacharja 12,3).

Die Nationen um Israel und die Großmächte werden unaufhaltsam aufrüsten zum Endkampf.

Es sind nämlich Geister von Dämonen, die Zeichen tun und zu den Königen des ganzen Erdkreises ausziehen, um sie zum Kampf an jenem großen Tage Gottes, des Allmächtigen, zu versammeln (Offenbarung 16,14).

Beachtenswert ist, daß gleich nach dieser Aussage die Wiederkunft des Messias angekündigt wird:

Siehe, ich komme wie ein Dieb. Selig ist, wer wacht (Offenbarung 16,15).

Wir wollen deshalb genau beobachten, was im Nahen Osten vor sich geht, denn es werden unerwartete Ereignisse eintreten, ganz anderer Art, als wir es uns vielleicht vorstellen.

Eins aber ist gewiß, nämlich, daß die Zeichen, die wir heute in Israel sehen, Ereignisse ankündigen, die sich überstürzen werden. Die ganze Welt ist ein Pulverfaß, das eines Tages explodieren wird, und Israel wird der Funke sein.

Israel, der Prüfstein Gottes für die Welt

Wir dürfen eins nicht vergessen: Gott hat Israel nicht erwählt um Israels willen, sondern um seines Namens willen. Es geht also letztlich nicht um Israel, sondern um Gott. Wir dürfen darum Israel als Volk und Land nicht zuviel, aber auch nicht zu wenig Bedeutung beimessen.

Israel ist der Prüfstein Gottes für die Welt. Und wir sehen heute, daß das Examen für die Nationen negativ ausfallen wird. Israel wird nach und nach um des Erdöls willen von den Nationen aufgegeben werden. Aber irren wir uns nicht, denn wenn die Prophezeiungen auf die Wiederbringung Israels in Erfüllung gegangen sind, werden sich auch alle, die den Nationen gegeben werden, erfüllen, und zwar im Zusammenhang mit der Wiederbringung Israels in sein Land.

Aber alle diese Flüche wird der Herr, dein Gott, auf deine Feinde legen und auf die, die dich hassen und verfolgen (5. Mose 30,7).
Und die Widersacher Judas sollen ausgerottet werden (Jesaja 11,13).
Denn also spricht der Herr der Heerscharen: Um Ehre zu erlangen, hat er mich gesandt zu den Nationen, die euch geplündert haben; denn wer euch antastet, der tastet seinen Augapfel an (Sacharja 2,12).

Noch einmal: Es geht nicht um Israel, sondern über Israel um Gott. Darum können wir auch begreifen, wie ernst die heutige Weltlage ist. Es ist ein Kampf zwischen Gott und dem

Fürsten dieser Welt, der in der Luft herrscht, nämlich nach dem Geist, der zu dieser Zeit sein Werk hat in den Kindern des Unglaubens (Epheser 2,2).

So werden wir nun durch den Glauben an das inspirierte und menschgewordene Wort ein Werkzeug zur Vollendung der Ekklesia in Herrlichkeit – oder durch Unglauben Wegbereiter für das kommende Chaos.

Die ganze Welt wird in den Konflikt des Nahen Ostens hineingezogen. Dort wird Gott seine Feinde zerschlagen und die Gott-ist-tot-These der Philosophie, der Politik und der Theologie aus der Welt schaffen.

Und meinen heiligen Namen will ich hinfort nicht mehr entweihen lassen; sondern die Heiden sollen erfahren, daß ich der Herr (und nicht Allah), *der Heilige in Israel bin. Siehe es*

kommt und wird geschehen, spricht Gott, der Herr! Das ist der Tag, von dem ich geredet habe (Hesekiel 39, 7–8).

Diese Schlacht, die die Vernichtung Israels zum Ziel hat, wird zur Vernichtung der Nationen führen, die gegen Israel kämpfen.

Während diese noch der Meinung sind, sie könnten überleben, wenn sie sich auf die Linie Ismaels stützen, gehen sie dem Verderben entgegen.

Wie erging es dem Volk Israel, als es aus Ägypten zog? Es wurde durch die Wassertaufe im Toten Meer von seinen Feinden errettet und erhielt dann von Gott die Thora auf dem Sinai. So wird die kommende Feuertaufe über die Nationen und Israel das Vorspiel des messianischen Reiches sein, wenn der kommen wird, der das Gesetz erfüllt hat. Was sich heute im Nahen Osten zusammenballt und vorbereitet, ist das letzte Aufraffen des Zerstörers, der kommt, um das Werk Gottes in der Welt zu vernichten, um das Anti-Reich aufzurichten, das horizontale Reich Gottes, das durch den islamischen Monotheismus im Anzug ist und das einen Allah anbetet, den die Glaubensväter nicht kannten.

Die Aussagen Jesu über die Wiederherstellung Israels

Wenn ihr nun den Greuel der Verwüstung, von dem durch den Propheten Daniel geredet worden ist, stehen sehet an heiliger Stätte, (wer es liest, der merke darauf!)...
(Matthäus 24, 15).

Und wenn jene Tage nicht verkürzt würden, so würde kein Mensch errettet werden, aber um der Auserwählten willen sollen jene Tage verkürzt werden (Matthäus 24, 22).

Wir können hier feststellen, daß Jesus Christus an die Inspiration der alttestamentlichen Schriften glaubte und diese prophetischen Schriften für ihn nicht tote Geschichtsbücher waren, die nur für ihre Zeit Gültigkeit gehabt hätten.

Jesus Christus wird im Blick auf die Prophetie Daniels zur Relais-Station, die in die ferne Zukunft weiterstrahlt. Jesus sieht, daß die Zeit der Nationen zu Ende geht, wenn Jerusalem wieder dem Volk Israel gehört.

Jerusalem wird zertreten werden von den Heiden, bis die Zeiten der Heiden abgelaufen sind (Lukas 21, 24).

Zu dieser Zeit wird Jerusalem von einem Heer belagert werden, dessen Ziel die Vernichtung und Verwüstung Jerusalems ist. Wenn wir bedenken, daß dieses Heer schon heute täglich von der Al-Aqsa-Moschee aus (das heißt von der heiligen Stätte), zum Heiligen Krieg gegen Israel aufgerufen wird, dann können wir sicher daraus schließen, daß es sich bei dieser Moschee um den *Greuel der Verwüstung* handelt.

Wenn ihr aber Jerusalem von Kriegsheeren belagert sehet, alsdann erkennet, daß ihre Verwüstung nahe ist (Lukas 21, 20).

Jerusalem wird zum Stein des Anstoßes für die ganze Welt. Die Nationen werden Israel allein lassen in diesem Konflikt, ja sogar das Heer unterstützen, das die Verwüstung Jerusalems im Sinn hat.

Obwohl Jerusalem in den Händen Israels sein wird, muß sich an heiliger Stätte etwas Besonderes abspielen.

Auf dem Platz in Jerusalem, auf dem der Tempel stand, wird eine anti-christliche, deswegen auch anti-messianische, anti-israelische, religiöse Macht ihr Wesen treiben. Jesus redet im Blick auf die Zeit nie vom Tempel, sondern vom *Greuel der Verwüstung*, der an der Stelle stehen wird, wo der Tempel stand. »Wer das liest, der merke darauf...«

Wenn Gott nicht durch die Wiederkunft Jesu Christi eingreifen würde, müßte der Konflikt um Jerusalem, der sich zum Weltbrand ausweitet, zur Weltvernichtung führen. Kein Mensch könnte überleben.

Und dann wird das Zeichen des Menschensohnes am Himmel erscheinen, und dann werden sich alle Geschlechter der Erde an die Brust schlagen und werden des Menschen Sohn kommen sehen auf den Wolken des Himmels mit großer Kraft und Herrlichkeit (Matthäus 24, 30).

Dieses Ereignis wird die Lösung des Nahost- und Weltkonfliktes bringen. Dieser Menschensohn wird kein anderer sein als der, von dem die zwei Männer in weißen Kleidern zu den Jüngern gesagt haben:

> *Dieser Jesus, der von euch weg in den Himmel aufgenommen worden ist, wird in der gleichen Weise wiederkommen, wie ihr ihn habt gen Himmel fahren sehen (Apostelgeschichte 1, 11).*

Dann wird nach dem Propheten Sacharja

> *der Herr ausziehen und streiten wider diese Nationen. Und seine Füße werden an jenem Tage auf dem Ölberg stehen, der vor Jerusalem gegen Morgen liegt (Sacharja 14, 3+4).*

Die Stücke des Puzzles zwischen dem Alten und Neuen Testament und im Blick auf die Entwicklung der heutigen Weltlage fügen sich zusammen. Jesus rechnete mit der Wiederherstellung Israels und Jerusalems und seiner Wiederkunft zu diesem Zeitpunkt der Weltgeschichte.

Die Wahl

Israel hat eine eschatologische Aufgabe. Diese zu erkennen und anzuerkennen ist die Lösung des Problems: Israel – Araber (Ismael).

Es geht um Lüge oder Wahrheit. Die christliche Kultur ist auf dem Judentum aufgebaut und nicht auf dem Koran und dem Islam. Es gibt kein gemeinsames Geschick zwischen Judentum und Islam.

Warum wollen wir das nicht anerkennen? Wenn wir anerkennen, daß die Bibel wahr und für uns Gottes Wort ist, dann sollten wir Israel den ihm von der Bibel eingeräumten Platz zugestehen, und zwar ohne Einschränkung. Ist aber der Koran wahr, fällt alles zusammen – Judentum und Christentum. Es geht hier nicht um zwei Religionen, sonderm um Wahrheit oder Lüge, um Licht oder Finsternis, Gott oder Satan. Es geht darum: Wer ist der wahre Sohn, und wer ist der wahre Gott?

Wenn wir Israel ablehnen, lehnen wir unsere eigene Vergangenheit, Gegenwart und Zukunft ab. Wir sterben ab, weil wir den Baum, in den wir eingepfropft wurden (Römer 11), verwerfen, und uns auf den faulen Ast stützen, auf die Linie Ismaels, die Araber und ihr Öl. Das aber tun wir nur,

um nach dem Fleisch und dessen Lüsten leben zu können (Galater 6, 7–8).

Ich empfinde immer wieder schmerzlich die Tatsache, daß wir uns in Europa dieser Gefahr nicht bewußt sind, weil wir den Islam, den Koran und die Bibel nicht kennen. Die Menschen des Abendlandes sind weithin zu toten Namenschristen geworden, die keine Richtschnur mehr haben. Deshalb sind sie viele Irrwege gegangen und gehen sie immer noch. Sie streiten, bekriegen, neiden, hassen und »fressen« sich gegenseitig und erkennen den wirklichen Feind nicht.

Der Tragödie letzter Teil

Das Land, das der Schauplatz des *kleinen Horns* (Daniel 7) am Ende der Zeit sein wird, ist Juda (Judäa). Denn dort ist das Heiligtum, das das *Tier* entheiligt, nachdem das tägliche Opfer abgetan (70 n. Chr.), der Tempel zerstört und ein Greuel der Verwüstung aufgerichtet wurde (685–706 Errichtung des Felsendoms). Diese Ereignisse leiten die Zeit der Nationen ein, die unmittelbar nach der Zeit Jesu ihren Anfang nimmt. Ihren Höhepunkt wird sie erreichen, wenn Israel wieder auf die Weltbühne tritt. Dieses kleine Fleckchen Judäa, das in den Augen der Menschen so wenig Bedeutung hat, nennt Gott durch den Propheten Daniel das *werte Land.* Das ist und bleibt es in Gottes Augen.

Der Engel, der zu Daniel redet, lenkt die Aufmerksamkeit auf die Zeit, da dies alles geschehen wird. Vergleiche Daniel 12. Daniel wird über Jahrtausende hinweg in die Krise der Endzeit versetzt, und Gott offenbart ihm die großen Ereignisse, die kurz vor der letzten Befreiung Israels und der messianischen Zeit liegen. Israel als Land und Volk muß also wieder vorhanden sein, damit sich die Ereignisse so abspielen können, wie sie vorhergesagt sind.

Der Staat Israel ist nicht ein unglücklicher Unfall oder Zufall, wie es einmal jemand ausdrückte, sondern ein von Gott vorausgesagtes Ereignis, das in dem Augenblick *geschah,* wo die Zeit dafür reif war. Heute wäre dieser *Unfall* schon nicht mehr möglich.

Als Christen müssen wir erkennen, daß das Volk Israel der Gegenstand der unvergänglichen Liebe Gottes ist. Bis in das Gericht hinein, das über Israel verhängt wird, nennt Gott es sein »Lieblingskind« (Jeremia 31, 20). Und Paulus bestätigt:

> *Nach der Erwählung sind sie Geliebte um der Väter willen. Denn Gottes Gnadengabe und Berufung sind unwiderruflich (Römer 11, 28–29).*

Wenn nun Gott dieses Volk liebt, warum sollten wir uns dazu verführen lassen, es zu hassen?

Israel wurden die Wege Gottes offenbart und anvertraut, und Israel hat sie an uns weitergegeben. Aus Israel kamen die Propheten und Apostel, aus ihm kam der Messias, der durch seinen Opfertod am Kreuz von Golgatha zum Heiland der Welt wurde. Zu Israel gehören Paulus, Silas und Petrus und all die mutigen Boten Gottes, die so viele Gefahren, Entbehrungen und Opfer auf sich nahmen, um die Botschaft der Liebe Gottes an unsere Vorfahren weiterzugeben, die in Finsternis, ohne Gott und ohne Hoffnung, in der Welt lebten.

Sie alle waren Söhne Jakobs und die Brüder des armen Juden, dem wir vielleicht begegnen und den wir vielleicht verachten. Wieder einmal kehrt – diesmal die ganze Welt – ihr Angesicht von dem allerverachtetsten und unwertesten Sohn dieses Volkes ab (Jesaja 53). Das Heil kommt aus den Juden.

> *So wisse, daß nicht du die Wurzel trägst, sondern die Wurzel trägt dich (Römer 11, 18).*

Wir stolzen Menschen vergessen das so leicht. Wenn wir von dem Gebet Abrahams für die Heiden gehört haben, wenn je die sanften Akkorde der Harfe Davids unserer ruhelosen Seele Frieden geschenkt, wenn je die Anstrengungen und Leiden der Apostel Petrus, Paulus und Johannes, und besonders die Leiden unseres Herrn Jesus unser Herz berührt haben, sollten wir doch Erbarmen mit ihren Brüdern haben (Dr. Griffin in: »Le destin d'Israël).

4

ISRAEL UND DIE KIRCHE

Irrweg im geistlichen Labyrinth

Es ist eine Irreführung und eine Nichtanerkennung der biblischen Wahrheit, wenn wir die Prophetie im Blick auf Israel vergeistigen. Sie betrifft das Volk und das Land.

Wenn Gott durch die Propheten Mose, Hesekiel, Daniel, Paulus und andere sagt, daß er das Volk Israel (nicht die Gemeinde) am Ende der Zeit wieder aus allen vier Windrichtungen in das Land bringen will, das er den Vätern gegeben hat, dann ist das nicht der Himmel oder die Herrlichkeit, sondern eben das Land Israel, das Land seiner Väter. Es ist nicht die Rede von einem *Science fiction*-Land!

Es ist ebenso falsch, Israel zu vergeistigen, wie es verkehrt ist, die Linie *Ismael–Araber* einzuschließen, weil sie auch an *einen* Gott glauben. Wenn Paulus vom Ölbaum spricht, dann meint er nicht ein geistliches Israel, denn das ist die Gemeinde, sondern das Volk Israel, aus dem das Heil (d. h. der Segen), Jesus Christus, kommt.

Israel war immer – durch die ganze Weltgeschichte hindurch – der Zeiger an der Weltenuhr Gottes. Das ist bis heute so geblieben.

Wäre die Rede vom geistlichen Israel, würde Paulus nicht von der teilweisen Blindheit reden; denn ich möchte unterstellen, daß das geistliche Israel nicht »teilweise« blind ist, sondern sehend. Auch wären dann keine zeitlichen Grenzen gesetzt.

Das geistliche Israel existiert nur solange, bis die Fülle der Heiden eingegangen ist. Wir sollten die Verheißungen, die Israel gegeben sind, buchstäblich nehmen. Alles Handeln Gottes an Israel spielt sich bis auf den heutigen Tag in drei Dimensionen ab: Volk – Land – Segen. Dieses Anschauungsmaterial wird besonders in der Endzeit dazu dienen, die Menschheit nach Geist, Seele und Leib vor die Wahl zu stellen. Deshalb kann eine Vergeistigung der Prophetie unmöglich richtig sein.

Der Irrtum der Kirche

Es ist ein Irrtum anzunehmen, die Kirche habe den Platz Israels eingenommen. Dadurch würde die Daseinsberechtigung Israels in Frage gestellt, und Israel hätte keine eschatologische Aufgabe mehr.

Weil man diesem Irrtum verfiel, wurden die Weichen für die heutigen Weltprobleme falsch gestellt.

Durch diese Verantwortungslosigkeit werden die Nationen die Hauptschuld an dem kommenden Konflikt tragen. Der aber wird nicht die Endlösung für Israel, sondern für die Nationen bringen. Gott ist nicht untreu, und sein Bund mit Israel gereut ihn nicht. Gott hat nur zwei Bündnisse geschlossen, eines mit Israel am Sinai und das andere mit der Ekklesia durch das Opfer seines Sohnes am Kreuz (Matthäus 26, 28). Aber er hat kein Bündnis mit den Nationen geschlossen.

Was auch die Folgen und Opfer sein mögen, Gott wird diese zwei Bündnisse in seiner Treue einhalten; sie können nicht aufgelöst werden, auch hebt der zweite den ersten nicht auf. Jeder hat seine eigene Aufgabe, und eines jeden Aufgabe ist verschieden. So wird die Alternative, vor die die Nationen weltweit gestellt werden, zu einer Wahl für oder gegen den, der den Bund geschlossen hat, für oder gegen Gott.

Die Situation spitzt sich jetzt zu einem geistlichen Kampf zwischen Licht und Finsternis, zwischen Wahrheit und Lüge zu.

Je mehr die Kirchen als Institutionen Stellung gegen Israel beziehen, desto fragwürdiger und unfruchtbarer wird ihr Zeugnis. Ob eine Stimme, wie die von Pfarrer Duvernoy, noch Gehör findet?

Christus, wie auch sein Diener Saulus von Tarsus – hervorragender Vertreter der Theologie der Gemeinde – binden das Schicksal der christlichen Gemeinschaft an das von Israel.

Deshalb kann die Geschichte des jüdischen Volkes nur im Zentrum der Gedanken der Gemeinde Jesu stehen und den Grundstein ihrer Theologie darstellen. Geboren im Land Israel, gestärkt im Bereich des Tempels und sich entwickelnd in den Synagogen des römischen Reiches, geht die Gemeinde Jesu Seite an Seite mit der Synagoge durch die Jahrhunderte. Am Ende dieser langen Wanderung findet sie auf demselben jüdischen Boden die Kinder Israel aus allen Nationen wieder und zwar vor dem Ölberg, dessen messianischen, eschatologischen Wert wir alle kennen.

Die Theologie der Gemeinde ist hauptsächlich eine Theologie der göttlichen Gnade. Wenn sie aufhört, im Felsen dieser Gnade verankert zu sein, verhärtet sich der Grundgedanke der Gemeinde zur Institution Kirche und damit zu einem dogmatischen System, das unfehlbar zu den Prozessen der Inquisition und zu den Religionskriegen führte. Seit der Zeit der apostolischen Ära hat diese Institution gegenüber ihrer jüdischen Mutter, statt eine Theologie der Gnade zu verkündigen, eine starre Dogmatik der Verachtung aufgerichtet, deren giftige Früchte Ketzerverbrennungen, gelbe Sterne, Ghetto und Pogrome heißen.

Statt zu lehren, daß der Tod Jesu Christi auch Israel rettet, lehrt die Kirche seit Jahrhunderten, *daß die Juden Jesus getötet haben.* Statt zu lehren, daß das Blut Jesu auch der Synagoge die Vergebung bringt, schließt die Kirche seit Jahrhunderten das jüdische Volk vom Heil in Jesus Christus aus, gerade im Namen dieses vergossenen Blutes. Statt mit Paulus zu lehren, daß Gott immer seinem Volke den Segen seiner Verheißungen gewährt, verkündigt die Kirche seit Jahrhunderten, daß Gott sein Volk verstoßen hat. Statt es zu lieben, hat sie es verachtet.

Durch die groben, gnadenlosen und endgültigen Urteile der Kirchenväter, Luthers und zahlreicher Theologen bis heute hat die Kirche freilich, ohne es zu wollen, den Weg für die nazistischen Verfolgungen vorbereitet.

Schließlich, zur Stunde der Wiederherstellung des Landes Israel und seiner Hauptstadt Jerusalem, weigert sich die christliche Welt und die Kirche, die Hand Gottes darin zu begrüßen und Jerusalem als Hauptstadt dieses Staates anzuerkennen, der einzigen, die den heiligen Namen des Ewigen Gottes trägt.

Das alles konnte nur geschehen, weil die Kirche vergessen hat, daß das jüdische Volk im Herzen der Gnade Gottes bleibt, daß Israels ganze erschütternde und blutige Geschichte eigentlich nur eine Theologie der Geschichte selbst ist. Der Zionismus ist seit Hesekiels Exil bis zu Herzl und Ben Gurion nichts anderes als die Passion Zions.

Viel zu lange war die Kirche gleichgültig gegen den Frieden und die Gerechtigkeit auf der Erde zugunsten des ewigen Aufenthalts im Himmel. Das bedeutet eine griechische Betrachtung des menschlichen Lebens, wird aber nicht der biblischen Theologie des Reiches gerecht.

Dieser Auftrag, für den Frieden zu kämpfen, ist nicht nur eine Losung Moses und der Propheten, sondern steht im Mittelpunkt des Gebetes Jesu Christi: *Dein Reich komme, dein Wille geschehe wie im Himmel, also auch auf Erden!*

Den Blick zum Himmel gewandt, dabei aber die Füße fest auf der Erde, hat die Kirche in ihrer weltlichen Macht diese Drehscheibe der göttlichen Politik im Blick auf Jerusalem aus den Augen verloren. Die Kirche hat Zion vergessen, und, wie der Psalmist prophezeit hat: *Ihre Rechte wurde verdorrt,* ihre Hoffnung versiegte. Sie erwartet nicht mehr ihren Herrn, aus ihr wurde diese verirrte, schläfrige Jungfrau ohne Licht. Sie heult mit den Wölfen dieses Jahrhunderts, sie schmeichelt Cäsar und segnet seine Kreuzzüge und seine Waffen.

Die Kirche versteht die Geschichte Israels nicht mehr; sie ist verwirrt von der Auferweckung Zions und ärgert sich, wenn man zu ihr von *zionistischer Theologie* spricht. In der Tat, eine Theologie, die eigentlich auch die ihre ist, die von Christus und Paulus. Sie ist nicht unsere These, unsere Erfindung.

Auf welchen Grundlagen beruht diese Theologie? Auf der unvergänglichen Treue Gottes und den Verheißungen, die den Erzvätern, den Propheten, dem König David und den Aposteln gegeben wurden.

(Cl. Duvernoy, Le Sionisme de Dieu, Serg).

Aus Sympathie wurde Haß

Wir sehen, wo die christliche Welt hinsteuert. Die Weichen dieses Fehldenkens wurden vor einigen Jahrhunderten gestellt.

Von Rom aus:

Der Christ muß fanatisch gegen die Juden kämpfen, da sie die Hauptfeinde der Christenheit und des menschlichen Geschlechts sind. Die Juden sind zu ewiger Sklaverei verurteilt, da sie den Herrn gekreuzigt haben.

Die acht Predigten des Johannes Chrysostomus (um 350–407) im Jahre 387 gegen die Juden in Antiochien haben epochale Bedeutung. Hier ist das Arsenal aller Waffen gegen die Juden bis heute zusammengetragen: Der Jude ist ein fleischlicher Jude, ein schlüpfriger, geiler Jude, ein dämonischer Jude, ein geldgieriger Jude, ein verfluchter Jude. Der Jude ist ein Mörder der Propheten, ein Mörder Jesu Christi, ein Gottesmörder. Der Jude verehrt den Teufel. Die Juden sind Trunkenbolde, Hurer, Verbrecher. Sie sind das gottesmörderische Volk.

Hieronymus schleudert seine vielberufene, vielzitierte Beschimpfung gegen die Synagoge: Sie ist ein Hurenhaus, eine Lasterstätte, ein Teufelsasyl, eine Satansburg, ein Seelenverderb, ein gähnender Abgrund für jedes Unheil. Wie man sie auch nennt, man wird immer noch weniger sagen, als sie verdient hat.

(Friedrich Heer, Gottes erste Liebe)

Bis zum heutigen Tag hat Rom den Staat Israel noch nicht anerkannt. Sollte Rom sich je einmal zu dieser Entscheidung durchkämpfen, müßte es zugeben, daß sich Heiliggesprochene, Bischöfe und Päpste geirrt haben. Würde das nicht den Zusammenbruch eines ganzen Systems bedeuten?

Von der Reformation her wurde auch für die protestantische Welt dieses Fehldenken programmiert.

Luther hat zuerst mit den Juden sympathisiert, in der Hoffnung, sie würden sich der Reformation anschließen. Als das nicht geschah, schlug seine Sympathie in Haß um. Die Folgen sind bis heute in der Kirche und in der ganzen Welt nicht überwunden.

Luthers Beziehung zu den Juden ist nur im Rahmen seines Lebens zu verstehen: Der junge Luther ist judenfreundlich. In der Stunde größter Not wurde er auf dem Reichstag in Worms von zwei Juden in seiner Herberge besucht.

1523 kämpft Luther mit seiner Schrift *Daß Jesus Christus ein geborener Jude sei* sogar gegen die Judenhasser:

> Die Narren, Päpste, Bischöfe, Sophisten und Mönche, die groben Eselsköpfe verfuhren mit den Juden also, daß, wer ein guter Christ gewesen, lieber ein Jude geworden wäre.
>
> Wie Hunde hat man die Juden behandelt, sie gescholten und um ihre Habe gebracht. Und doch sind sie Blutsfreunde, Vettern und Brüder des Heilands. Kein Volk hat Gott gleich ihnen ausgezeichnet, ihrer Hand die Heilige Schrift anvertraut.

Da Luther die Auffassung vertrat, er lebe in der Endzeit, kam er deshalb auch zu der Überzeugung, daß sich Israel bekehren müsse. Da das aber nicht eintraf (weil die Zeit nicht erfüllt war), hat sich die Einstellung Luthers grundlegend geändert. Darum können wir von dem alten Luther eine völlig andere Sprache hören, wie zum Beispiel:

> Die Juden verdienen die härtesten Strafen. Ihre Synagogen sollten dem Erdboden gleichgemacht werden. Ihre Wohnungen sind zu zerstören, sie sollten gleich Zigeunern in Zelte verwiesen werden. *(In die »Endlösung« wurden 1941–1944 bekanntlich die Zigeuner mit einbezogen.)* Ihre religiösen Schriften sind ihnen zu nehmen. Ihre Rabbiner

dürfen nicht länger das Gesetz lehren. Alle Berufe sollen für die Juden gesperrt sein. Nur schwerste und gröbste Arbeit soll ihnen erlaubt werden *(die deutsche Rüstungsindustrie »verwendet« in diesem Sinne die ihr von der SS verkauften oder geliehenen Juden)*. Den reichen Juden muß ihr Vermögen genommen werden; es soll zum Unterhalt taufwilliger Juden herangezogen werden.

Wenn alle diese Maßnahmen erfolglos bleiben, haben die christlichen Fürsten die Pflicht, die Juden wie tollwütige Hunde aus ihren Ländern zu verjagen.

Luther lobt König Ferdinand, den Katholiken, der mit seiner Frau Isabella die Juden aus Spanien vertrieb. Er schreibt:

Die Juden haben Gott in den Teufel verwandelt.
Die Juden sind selbst Teufel.

Seine letzte Predigt am 18. Februar 1546 in Eisleben, in seiner Geburtsstadt, vier Tage vor seinem Tode, ist ganz den Juden gewidmet. Luther verlangt ihre Vertreibung aus allen deutschen Landen.

In seinem Pamphlet *Schem Hamphoras* will er seine lieben Deutschen darüber aufklären, was ein Jude ist:

Es ist ebenso leicht, einen Juden zu bekehren, wie den Teufel zu bekehren. Der Jude hat ein Herz aus Eisen wie der Teufel. *(Luther versteht sich auf gebrochene Herzen, auf zerstoßene Herzen, wie er es in seiner herrlichen Psalmübertragung ausdrückt)*. Die Juden sind Teufelskinder, verurteilt zu den Flammen der Hölle.

(F. Heer, Gottes erste Liebe)

Sollten die Kirchen hier einen gemeinsamen Nenner gefunden haben, der sie verbindet, um mit dem Sohn nach dem Fleisch gegen den Sohn nach der Verheißung zu kämpfen, um mit den Nationen in den Kampf gegen das biblische Volk, das Land und den Segen, d. h. gegen den biblischen Gott und seinen Sohn Jesus Christus, einzustimmen?

Die Alternative

Das christliche Abendland wird vor die Alternative gestellt, eine Wahl zu treffen zwischen dem Sohn *nach dem Fleisch* und dem Sohn *nach der Verheißung*. Für wen wird es sich entscheiden? Wird es den Mut haben, umzukehren und Buße zu tun, oder wird es mit vollem Bewußtsein ins offene Messer rennen?

Unseren Vorfahren können wir keine Vorwürfe machen; sie konnten es noch nicht sehen. Doch wir werden keine Entschuldigung haben; denn wir sind in die Zeit hineingestellt, in der wir von Tag zu Tag deutlicher erkennen, daß das prophetische Wort im Blick auf Israel in Erfüllung geht.

Sollte wirklich schon die Zeit gekommen sein, wo der Geist Gottes durch das inspirierte Wort nicht mehr strafen und reden kann? Dann sind Ende und Gericht nicht mehr fern.

Die Schlußfolgerung wäre, daß die Christenheit durch ihr fehlendes Verantwortungsbewußtsein an dem heutigen Dilemma der Weltpolitik schuld ist.

Die Nationen versuchen, Israel einen Fehler unterzuschieben, an dem sie selbst schuld sind. Sie werfen den Juden vor, sich nicht in den Gastvölkern assimiliert zu haben, bedenken dabei aber nicht, daß die Gastvölker ihnen dazu keine Gelegenheit gegeben haben, daß sie vielmehr von den christlichen Nationen verworfen und verfolgt wurden. Das alles geschah unter dem Vorwand, sie seien die Mörder Jesu Christi.

So haben die Nationen aus den Juden den »Ewigen Juden« gemacht, der bis vor kurzem auf der Suche nach seiner Heimat war. Heute, nachdem er sie gefunden hat, wird sie ihm streitig gemacht.

Solange die Nationen den Faktor Gott und das inspirierte Wort nicht in ihre Kalkulationen, Konferenzen und Verhandlungen einbeziehen und den Kurs im Blick auf Israel ändern, werden sie an dem kommenden Weltkonflikt mitverantwortlich sein.

Juden – Christen – Moslems

Abraham wird von den Juden als Vater beansprucht (Johannes 8, 33), aber auch von den Arabern.

> *Abraham war weder Jude noch Christ; vielmehr war er lauteren Glaubens, ein Moslem, und keiner von denen, die Gott einen Gefährten geben (Sure 3, 60).* Also auch der Bastard beansprucht Abraham als Vater.
>
> *Damit der Segen Abrahams zu den Heiden käme in Christus Jesus, auf daß wir durch den Glauben den Geist empfingen, der verheißen worden war (Galater 3, 14).*

Daraus wird der Schluß gezogen, daß der gleiche Gott der Gott der Juden – der Christen – und der Moslems sei. Ist er es wirklich?

Bei einer Auseinandersetzung mit den Juden hat Jesus Christus in dieser Frage klar Stellung bezogen. Er sagte:

> *Wenn ihr in meinem Worte bleibt, so seid ihr wahrhaftig meine Jünger, und ihr werdet die Wahrheit erkennen, und die Wahrheit wird euch frei machen (Johannes 8, 31, 32).*

Es ist völlig unwichtig, was die Menschen denken oder behaupten. Wichtig ist allein, was das menschgewordene Wort sagt. Nur wenn die Menschen dieses Wort als Autorität anerkennen und sich darunter stellen, werden sie erkennen, wer der wahre Gott ist. In der Auseinandersetzung von Johannes 8 geht es darum, ob die Juden Jesus Christus als Gottes Sohn anerkennen. Alle Juden und Heiden – Moslems eingeschlossen – leben in der Sünde und sind Knechte der Sünde. Nur der Sohn kann uns von dieser Knechtschaft befreien (Johannes 8, 36). Darum geht es um die Anerkennung des Sohnes und seines Weges des Gehorsams bis zum Tode, ja zum Tode am Kreuz.

Er ist der, der vom Vater (aus der Ewigkeit – Herrlichkeit) gekommen ist: Johannes 8, 38, und von dem zeugt, was er *gesehen* hat.

Die Juden und die Moslems aber behaupten, der Same Abrahams zu sein. Sie suchten Jesus Christus zu töten, weil er ihnen die Wahrheit sagte, die er von Gott selbst *gehört* hatte. Das hat Abraham nicht getan. Jesus sprach zu ihnen:

Ihr tut die Werke eures Vaters. Da sprachen sie zu ihm: Wir sind nicht unehelich geboren; wir haben einen Vater: Gott! Da sprach Jesus zu ihnen: Wäre Gott euer Vater, so würdet ihr mich lieben, denn ich bin von Gott ausgegangen und gekommen, denn nicht von mir selbst bin ich gekommen, sondern er hat mich gesandt. Warum versteht ihr meine Rede nicht? Denn ihr könnt ja mein Wort nicht hören. Ihr seid von dem Vater, dem Teufel, und was euer Vater begehrt, wollt ihr tun; der war ein Menschenmörder von Anfang an und ist nicht bestanden in der Wahrheit, denn Wahrheit ist nicht in ihm. Wenn er die Lüge redet, so redet er aus seinem Eigenen, denn er ist ein Lügner und der Vater derselben (Johannes 8, 40–44).

In diesem Abschnitt geht es um die Anerkennung Jesu als Gesalbten Gottes und Gottes Sohn, den ewig Seienden, der da ist, der da war und der da kommt.

Wer nun behauptet, Abraham – und damit den wahren Gott – zum Vater zu haben, der sollte wissen, daß Jesus Christus, und er allein, der Weg zu diesem Vater – dem Gott Abrahams – ist. Wer das nicht anerkennt, steht auf seiten des Vaters der Lüge.

Wahrlich, wahrlich ich sage euch: Wer nicht durch die Tür in den Schafstall hineingeht, sondern anderswo hineinsteigt, der ist ein Dieb und ein Räuber (Johannes 10, 1).

Nur in und durch Christus werden wir Kinder Abrahams und haben einen Vater-Gott. Nun aber sind die Verheißungen dem Abraham und seinem Samen zugesprochen worden. Es heißt nicht: *»und den Samen«, als von vielen, sondern als von einem »und deinem Samen«, welcher ist Christus (Galater 3, 16).* So wird der Bastard (die Heiden) zum legitimen Sohn, und die Legitimen (Isaak und Ismael) zu Bastarden! Wenn wir das verstehen, verstehen wir etwas vom Geheimnis des Jesus Christus und seiner Gemeinde.

Alle, Juden und Heiden, einschließlich der Moslems, sind unter die Sünde verkauft, damit alle, die den Sohn haben, zum Leben kommen.

Wer den Sohn hat, der hat das Leben, wer den Sohn Gottes nicht hat, der hat das Leben nicht (1. Johannes 5, 12).

Die Zeit der Nationen geht zu Ende

Die Zukunft der christlichen Kirchen ist Verwüstung und Tod; das ist der Preis für das Abweichen von der Wahrheit. Die Weisheit dieser Welt hat gerade die Welt in die materielle und geistige Abhängigkeit des *falschen Propheten* gebracht.

Gott wird die Weisheit dieser Welt zunichte machen. Was wird uns die ganze Entwicklung und Weisheit nützen, wenn wir dadurch zu Sklaven des *falschen Propheten* werden? In diesem Kampf im Nahen Osten wird die Welt, auch die christliche Welt, ihr wahres Gesicht zeigen, und sie muß und wird Stellung nehmen für Wahrheit oder Lüge, für *Gott oder Satan,* für *Jesus Christus* oder den *falschen Propheten.*

Wenn wir über den Aufstieg des Islam Klarheit bekommen wollen, müssen wir offene Augen haben, und wenn das noch nicht genügt, sollten wir eine Reise in den Nahen Osten, in die Länder am Persisch-Arabischen Golf, unternehmen.

Und ich sah einen seiner Köpfe, wie zu Tode verwundet, und seine Todeswunde wurde geheilt. Und die ganze Erde sah verwundert dem Tiere nach (Offenbarung 13, 3).

Es handelt sich bei dem Tier keineswegs um einen Menschen, der von den Toten auferstehen soll, sondern um ein Tier, d. h. ein System, oder eine Macht.

Der erwachende Riese reibt sich die Augen und stellt mit Erstaunen fest, daß ihm plötzlich alles in den Schoß fällt und er alles besitzt, womit er eine ganze Welt in seine Gewalt bekommen kann. Der erwachende Koloß erinnert sich daran, daß ihm seine Tafeln (Schriften) die Zeit der Weltherrschaft vorausgesagt haben. Heute ist dieser Augenblick der Erfüllung dieser Verheißung Allahs durch den Propheten Mohammed gekommen, und es gilt jetzt, weder Zeit noch Energie zu versäumen, um dieses gewaltige Programm zu erfüllen.

Weil der erwachende Riese eine religiöse Macht ist, wird dieser Kampf ein geistiger und geistlicher sein.

Der Märchenglaube

Der Sprecher der *National Association of Arab Americans* (NAAA), zu der etwa eineinhalb Millionen amerikanischer Bürger arabischer Abstammung zählen, sagte unter anderem:

> Wir wollen, daß die Kongreßmitglieder nicht länger an die Märchen über den Nahen Osten glauben, wie zum Beispiel an das biblische Recht des jüdischen Volkes auf Palästina.

Wir sehen, wie ernst das Problem wird, denn es geht letztlich um die Anerkennung des Wortes Gottes.

Für den Moslem ist eben nicht die Bibel maßgebend, da sie nach seiner Lehre gefälscht ist, sondern der Koran und die Sunna. Alles andere sind Märchen. Nach ihrer Meinung ist also die Bibel ein Märchenbuch und die Christen, die die Bibel noch ernstnehmen, Utopisten. Das Überleben der christlichen Welt ist aber abhängig von ihrer Stellung zur Bibel. Doch was hat das Abendland noch zu verlieren? Die Bibel? Wieviele sogenannte Christen haben die Bibel überhaupt gelesen, und wieviele glauben noch, daß dieses Buch in allen seinen Aussagen vom heiligen Geist inspiriert ist? (2. Timotheus 3, 16).

Irren wir uns nicht, der Islam macht nicht halt bei der Zerstörung Israels und der Endlösung im Blick auf die Juden. Alles, was sich nicht zum Islam bekennt und Allah unterwirft, muß bekämpft und vernichtet werden. Hin und wieder schimmert diese Gesinnung der Moslems durch, und das um so öfter und um so mehr, je mehr sich die arabisch-islamische

Welt ihrer Kraft bewußt wird, und das heißt: von Tag zu Tag mehr.

Sechsundvierzig Jahre sind seit der Machtübernahme Hitlers vergangen. Und wieder ziehen schwere Gewitterwolken auf. Wieder wird die Vernichtung der Juden und Israels angestrebt. Die gleichen Parolen und Methoden werden angewandt, und die Welt schweigt, ja noch mehr, sie unterstützt diesen Geist durch ihre Haltung. Regierungen und Bewegungen werden anerkannt, die, wie vor 46 Jahren in Deutschland, das gleiche Ziel anstreben: den Holocaust über Israel.

Die *Volksfront junger Moslems* stellt sich die Endlösung für die persischen Juden so vor:

> Jede Generation braucht ihren Hitler, der das jüdische Kraut ausrupft. Verlaßt unser Land. Sonst werden wir euch abschlachten, ganz gleich ob ihr jung oder alt seid (Weltwoche 7. 2. 1979).

Dieser Haß und seine Auswirkung wird nicht vor Israel halt machen, er wird die ganze Welt in den Konflikt hineinziehen. Dieser Haß und diese Wut sind letztlich ein Haß gegen alles, was auf biblischem Boden steht, er ist gegen Juden und Christen gerichtet. Ein Ayatollah Khomeini predigt in seinem Buch *Die Islamische Republik* von entschlossenem Widerstand gegen die *Antiislamische Verschwörung* von Juden und Christen.

Da die Moslems das auserwählte Volk (Koran, Sure 3.106) sind, hat kein anderes Volk Anspruch auf diesen Titel. Alles, was sich nicht zum Islam bekennt, wird als Fremdkörper empfunden und bekämpft.

Dieser Kampf ist ein Kampf zwischen Jahwe und Allah. Alle, die die Rückkehr des jüdischen Volkes in sein Land als Märchen und nicht als prophetische Erfüllung betrachten, unterstützen die Pläne des Antichristen, selbst wenn sie es nicht wollen.

Es gibt keine andere Alternative, *wer nicht mit mir ist,* sagt Jesus, *der ist gegen mich; und wer nicht mit mir sammelt, der zerstreut* (Lukas 11, 23).

Die Kulissen des letzten Aktes

Um die Prophetie zu verstehen, muß man einen Schlüssel haben. Wer den nicht besitzt, für den bleibt die Prophetie eine Geheimsprache (M. B.).

> *Selbst der Storch am Himmel weiß seine bestimmten Zeiten. Turteltaube, Schwalbe und Kranich halten die Zeit ihrer Wiederkehr ein; aber mein Volk kennt die Rechtsordnung des Herrn nicht! (Jeremia 8, 7).*

Bevor Israel wieder auf der Weltbühne erschien, konnte man sich nicht über den weiteren Verlauf der Prophetie im Blick auf Israel und das antichristliche Reich äußern.

Erst die Ausrufung des Staates Israel brachte die Prophetie wieder auf den Plan. Alles, was vorher über die Zukunft gesagt und geschrieben wurde, war sehr oft Spekulation, die sich nicht mit der Wirklichkeit deckte. Es ist ein Fehler, wenn wir an diesen Spekulationen festhalten, denn sie führen uns in die Irre.

Mit und um Israel beginnt die Endphase der Weltgeschichte. Nun heißt es, Augen und Ohren offen zu halten, um zu sehen, was im Nahen Osten vor sich geht; denn nur dort wird das Schicksal der Menschheit entschieden. Mit der Wiederherstellung Israels tritt die Weltgeschichte in eine neue Phase: Die Geburtswehen des angekündigten antichristlichen Weltreiches haben eingesetzt.

Trotz aller Widersprüche vereinigt die Araber nur der Groll gegen Israel. Das erweckt den Eindruck der Einheit (Lexikon der islamischen Welt).

Der Antichrist kann nicht vor der Wiederherstellung Israels auftreten. Erst Israel macht sein Erscheinen möglich.

Israel ist der auslösende Faktor für die Einigung der arabischen Welt. Der Friede zwischen Arabern und Israel würde diese Einigung in Frage stellen. Wenn ein Friede zustande kommt, kann er nur von kurzer Dauer sein. Der Fürst dieser Welt wird alles daransetzen, die Augen der Nationen zu verblenden, damit sie die Zeichen der Zeit nicht erkennen. Mit allen Mitteln versuchen die Nationen, das Problem unserer Zeit zu umgehen und es aus der Welt zu schaffen. Aber wenn wir das Problem *Israel* aus der Welt schaffen wollen, beweisen wir damit, daß wir das Problem *Gott* schon aus der Welt, d. h. aus unserem Gesichtskreis, geschafft haben.

Irret euch nicht, Gott läßt seiner nicht spotten! Denn was der Mensch sät, das wird er ernten: Denn wer auf sein Fleisch sät, wird vom Fleisch Verderben ernten, wer aber auf den Geist sät, wird vom Geist ewiges Leben ernten (Galater 6, 7–8).

Vor rund 3500 Jahren sagte Gott durch Mose im Blick auf unsere Zeit:

Wenn das alles über dich kommt, der Segen und der Fluch, die ich dir vorgelegt habe, und du es zu Herzen nimmst, unter all den Völkern, dahin dich der Herr, dein Gott, verstoßen hat, und wenn du umkehrst zu dem Herrn, deinem Gott, und seiner Stimme gehorchst, du und deine Kinder, von ganzem Herzen und von ganzer Seele, in allem, was ich dir heute gebiete, so wird der Herr, dein Gott, dein Gefängnis wenden und sich deiner erbarmen und wird dich wieder sammeln aus allen Völkern, dahin dich der Herr, dein Gott, zerstreut hat. Und wenn du auch bis an das Ende des Himmels verstoßen wärest, so wird dich doch der Herr, dein Gott, sammeln und dich von dort holen. Und der Herr, dein Gott, wird dich in das Land zurückbringen, das deine Väter besessen haben, und du wirst es einnehmen, und er wird dir wohl tun und dich mehren, mehr als deine Väter (5. Mose 30, 1–5).

Vor etwa 2700 Jahren sagte Gott durch den Mund des Propheten Jesaja:

Zu jener Zeit wird der Herr zum zweitenmal seine Hand ausstrecken, um den Rest seines Volkes loszukaufen, das übriggeblieben ist in Assyrien, Ägypten, Patros, Äthiopien, Elam, Sinear in Amat und den Inseln des Meeres. Und er wird den Nationen ein Zeichen aufrichten und die Verjagten Israels sammeln und die Zerstreuten Judas von den vier Enden der

Erde zusammenbringen – also nicht nur aus der Gefangenschaft Babylons *(Jesaja 11, 11–12).*

Vor etwa 2600 Jahren redete Gott durch den Propheten Jeremia:

> *So wahr der Herr lebt, der die Kinder Israel herausgeführt hat aus dem Lande der Mitternacht und aus allen Ländern, wohin er sie verstoßen hat! Denn ich will sie wieder in ihr Land bringen, das ich ihren Vätern gegeben habe (Jeremia 16, 15).*

Vor etwa 2600 Jahren ließ Gott durch den Propheten Zephania sagen:

> *Zu jener Zeit will ich euch hereinbringen, zur Zeit, da ich euch sammeln werde; denn ich will euch zu Lob und Ehre machen unter allen Völkern der Erde, wenn ich euer Gefängnis öffnen werde vor euren Augen, spricht der Herr (Zephania 3, 20).*

Und durch den Propheten Sacharja:

> *Ich will sie locken und sie sammeln; denn ich habe sie erlöst; und sie sollen so zahlreich werden, wie sie einstmals waren. Ich werde sie zwar unter die Völker säen; aber in der Ferne werden sie meiner gedenken; und sie sollen mit ihren Kindern leben und wiederkommen (Sacharja 10, 8–9).*

Der Kreis schließt sich

Der Schwerpunkt hat sich verschoben, und der Kreis beginnt sich zu schließen: Das Ende wird wieder in den Anfang einfließen. Die Zeit der Nationen ist bald *erfüllt* und Israel tritt wieder in den Mittelpunkt.

Mit der Ablehnung Jesu Christi wurde Israel verstockt, bis die Zeit der Nationen vorbei sein wird. Mit der Ablehnung Israels von seiten der Vereinten Nationen, der UNO, werden die Nationen Gott und seinen Heilsplan verwerfen, und dadurch ihr Urteil selbst fällen.

Wer Israel verwirft, verwirft Gott, den Vater, und den Sohn und bezieht Stellung für den antichristlichen Geist. Darum hat das, was sich heute in Europa und Amerika abspielt, nicht vorrangige Bedeutung, sondern das, was Israel und den Islam betrifft. Es ist kein Zufall, daß mit der Geburt des Staates Israel auch der Islam wieder aufgewacht ist.

Ich möchte besonders betonen, daß ein Merkmal des prophetischen Bildes Daniels (Daniel, Kap. 2) Zerfall und Degeneration ist: *Gold-Silber-Erz-Eisen-Ton.* Man müßte ein Utopist sein, um nicht zu erkennen, daß wir in einer »Anti«-Zeit leben, einer Zeit der Antiautorität und des Zerfalls, der Inflation auf jedem Gebiet. Das letzte Gebiet, auf dem der Zerfall sein zerstörendes Werk treibt, ist die christliche Gesellschaft:

> In der Tat, restloser konnte der Mensch seinen Absturz nicht offenbaren, wie er es getan hat und noch tun wird.
>
> Gibt Gott ihm Selbstbestimmung, gerät er in Zügellosigkeit: im Zeitabschnitt der Freiheitsprobe (vor Noah). Gibt Gott ihm die Obrigkeit, betreibt er Unterdrückung: im Zeitabschnitt nach Noah.
>
> Gibt Gott ihm die Verheißung, versinkt er im Unglauben: im Zeitabschnitt der Patriarchen und der Folgezeit.
>
> Zeigt Gott ihm seine Ungerechtigkeit, versteigt er sich in Selbstgerechtigkeit: im Zeitabschnitt des Gesetzes.
>
> Gibt Gott ihm den Christus, den Heiland, erwählt er sich den Antichrist: im Zeitabschnitt des Evangeliums.
>
> Gibt Gott ihm den König, folgt er dem Rebellen: im Zeitabschnitt des Tausendjährigen Reiches.
>
> So ist der Mensch dauernd in Auflehnung gegen Gott und – wie Israel im Kleinen – so ist die Menschheit im Großen ein Volk, *dessen Herz immer den Irrweg will* (Psalm 95, 10).
>
> Kein Wunder, daß deshalb alle Zeitabschnitte mit göttlichem Gericht enden:
>
> der Zeitabschnitt des Paradieses mit der Austreibung aus dem Garten;

der Zeitabschnitt der Freiheitsprobe – mit dem Flutgericht (Sintflut);

der Zeitabschnitt nach Noah – mit Babel und der Beiseitesetzung der Völkerwelt;

der Zeitabschnitt des Gesetzes – mit der Zerstörung des Volkes Israel;

der Zeitabschnitt der Gemeinde – mit der antichristlichen Trübsal;

der Zeitabschnitt des Herrlichkeitsreiches – mit Vernichtung und flammendem Untergang (Offenbarung 20, 9).

Aber dann, wenn alle nur erdenklichen Möglichkeiten erschöpft sind und das Weltreich alle seine Kräfte aufgezehrt hat, wird das Gottesreich triumphierend erscheinen (Offenbarung 11, 15), *und im neuen Himmel und auf der neuen Erde wird Gerechtigkeit ewiglich wohnen (2. Petrus 3, 13).* (Erich Sauer: Das Morgenrot der Welterlösung, R. Brockhaus-Verlag, Wuppertal.)

5

JERUSALEM

Jerusalem, der Zankapfel

Der von Jimmy Carter diktierte Friede zwischen Israel und Ägypten hatte die ablehnende Stellungnahme der arabisch-islamischen Welt zur Folge. Es wäre absurd zu glauben, die gegenwärtige Ölkrise sei reiner Zufall. Sie wurde nach der arabisch-islamischen Konferenz eingeleitet, die im Mai 1979 in Marokko stattfand.

Das Hauptthema dieser Konferenz war die Befreiung Jerusalems. Es wurde ein Geheimplan aufgestellt, wonach das Öl als Waffe und Druckmittel zur *Befreiung* Jerusalems eingesetzt werden soll. Diese *Befreiung* soll, den Aussagen der Führer Saudi-Arabiens zufolge, im Jahr 1980 stattfinden.

Jerusalem, al Quds (die Heilige), darf nicht länger im Besitz der *Ungläubigen* bleiben, diese Stadt muß um jeden Preis erobert werden. Kein Opfer is zu hoch! forderten die Teilnehmer dieser Konferenz in Marokko, und als sie sich verabschiedeten, riefen sie sich zu: *Nächstes Jahr in Jerusalem!* Um zu zeigen, wie ernst es ihnen war, drohten sie unter anderem damit, ihre wirtschaftlichen Beziehungen zu Kanada abzubrechen und Wirtschaftssanktionen zu verhängen, falls die Regierung in Ottawa ihre Botschaft von Tel Aviv nach Jerusalem verlegen sollte. Dies würde natürlich für alle Länder gelten, die es wagten, durch solche Maßnahmen Jerusalem als die Hauptstadt Israels anzuerkennen.

Also war der Prophet Sacharja kein Schwarzmaler, als er vor etwa 2500 Jahren voraussagte, Jerusalem würde für alle Völker zum Taumelbecher werden. Die Völker um Jerusalem herum, also die arabische Welt, sind besonders betroffen (Sacharia 12, 2).

Alle Völker werden versuchen, das Problem *Jerusalem* zu lösen; wer sich aber heranwagt, dem wird es zum eigenen Verderben werden (Sacharia 12, 3). Der *Sohn nach dem Fleisch,* Ismael, beansprucht also das Land und insbesondere Jerusalem...

Dazu einige Auszüge aus dem Heft »*Muslime, unsere Nachbarn*«, herausgegeben im Auftrag der Kommission Gemeindedienst für Weltmission und Ökumene des Deutschen Evangelischen Missionsrates.

Diese Zeilen zeigen uns den Anspruch der Mohammedaner auf Jerusalem. Da sie den Islam als die höchste und letzte Offenbarung Allahs ansehen, beanspruchen sie diese Stadt mit geistlicher Autorität.

> Die meisten Christen sind überrascht, daß Jerusalem und Palästina den Mohammedanern ähnlich viel wie den Juden bedeutet (vgl. Sure 21, 71 und 17.1). Wenn Mohammedaner während der vorgeschriebenen Gebetszeit viele Male täglich die erste Sure beten, denken sie bewußt oder unbewußt an Jerusalem. Sie wissen zum Beipsiel aus dem Koran, daß die Gebetsrichtung ursprünglich nach Jerusalem und nicht nach Mekka wies.
>
> Im Mittelpunkt der ersten Sure steht die Erinnerung an den Tag des Gerichts. Er verbindet sich für manche Mohammedaner mit Jerusalem, denn nach einer alten Überlieferung wird Gott hier sein Endgericht halten. Manche frommen Moslems sehen die Kämpfe in Palästina heute als die Vorbereitung des Weltendes an. Überhaupt hat der Palästina-Konflikt das Interesse aller, vor allem der arabischen Moslems, verstärkt auf Jerusalem gerichtet. Millionen von Arabern singen heute mit der libanesischen Sängerin Fairus ihr Jerusalem-Lied:
>
> Für dich, du Stadt des Gebetes – bete ich.
> Für dich, du Glanz der Wohnungen, du Blume der Städte.
> O Jerusalem, du Stadt des Gebets...

Im letzten Vers des Liedes kommt dann aber auch die Mahnung an das Ende:

Der glühende Zorn kommt.
Mit schrecklichen Rennrossen kommt er,
und geschlagen wird werden das Antlitz der Gewalt.
Der Tempel gehört uns – Jerusalem gehört uns.
Mit unseren Händen werden wir den Glanz Jerusalems zurückbringen. Mit unseren Händen nach Jerusalem Frieden – Frieden...

Was ist der Grund für diese starken Gefühle? Der Tempelplatz, von dem das Jerusalem-Lied spricht, ist der Ort um den Felsen Morija, seit altersher eine Gedenkstätte, die an den Stammvater Abraham erinnert. An dieser Stelle wurde nach der Tradition der Sohn Abrahams vor der Opferung bewahrt. Für Moslems ist die Abraham-Geschichte genauso wichtig wie für Juden; denn sie verstehen sich gleichfalls als Söhne Abrahams. Der Islam knüpft an die alttestamentliche Offenbarung an und sieht sich als Erbe der biblischen Verheißungen.

Diese enge Verbindung zur Bibel und damit zu Jerusalem kommt in einem zentralen Ereignis im Leben des Propheten Mohammed zum Ausdruck, das die Moslems nach Jerusalem verlegen. Sure 17 berichtet von der nächtlichen Entrückung und Himmelfahrt des Propheten. Mohammed wurde von Jerusalem aus entrückt, eben vom Felsen Morija.

Später entstanden an dieser Stelle zwei der ältesten und ehrwürdigsten Bauwerke des Islam: die Al-Aqsa-Moschee und der sogenannte Felsendom. Beide beherrschen bis heute die Silhouette Jerusalems. In allen Jahrhunderten kamen mohammedanische Pilger hierher. Der Tempelplatz ist der drittheiligste Ort des Islam neben Mekka und Medina. Jerusalem heißt auf arabisch »die Heilige«.

Schon früh wurde die Stadt dem »Haus des Islam« einverleibt: 638 besetzte sie der Kalif Omar ohne Blutvergießen oder Zerstörung. Seitdem gehört Jerusalem – mit Ausnahme der Zeit der Kreuzzüge – zur arabisch-islamischen Welt. Charakteristisch verschmelzen islamisch-religiöse und arabisch-weltliche Einflüsse: Islamische Mystiker und Theologen haben hier gewirkt: Handel und Wandel in der Altstadt sind bis heute typisch arabisch. Die große Mehrheit der Bewohner des ursprünglichen Jerusalem besteht aus Moslems. So setzen sich arabische Moslems aus nationalen Gründen, aber auch aus religiöser Überzeugung zusammen mit Mohammedanern in der ganzen Welt energisch für die Erhaltung des islamisch-arabischen Jerusalem ein. Sie bestreiten nicht, daß Christen, vor allem auch arabische Christen, wie Juden eine intensive Beziehung zu dieser einmaligen Stadt besitzen. Die Moslems wehren sich jedoch dagegen, daß Jerusalem heute einseitig unter jüdischer Oberhoheit steht und zielstrebig israelisiert wird. Sie wollen, daß die Mehrheit der mohammedanischen Bewohner politische Selbstbestimmung erhält und Jerusalem für alle Moslems, auch für die, die heute nicht hinreisen können, zu einer offenen Stadt wird. Jerusalem soll zum Ort der Begegnung werden, wo Anhänger der drei Religionen zusammenleben...

Mit Jerusalem verknüpft sich für manche Mohammedaner auch die Erwartung des Weltendes. Nach einer Tradition wird am Weltende der große Irreführer auftreten, dessen Figur an den biblischen Antichristen erinnert. Aber Jesus wird vom Himmel herabkommen, um ihn zu töten. Nach der Eingliederung der Menschen in die mohammedanische Gemeinde erschallen zwei Trompetenstöße: der erste verkündet allen noch lebenden Wesen das Ende, der zweite weckt alle Toten auf. Dann kommt das große Endgericht, in dem Gott selbst jeden Menschen zur Rechenschaft ziehen wird. Alle Worte und Taten werden gewogen. Nur der kann vor Gott bestehen, der das Glaubensbekenntnis des Islam spricht. Die Glaubenden ziehen dann über das Höllenfeuer hinweg in das Paradies. Das Leben dort wird in prachtvollen Bildern geschildert: ein paradiesischer Zustand bis in alle Ewigkeit für die Gerechten, das ewige Höllenfeuer für die Ungerechten.

Es ist interessant, daß diese Broschüre nicht erwähnt, was in der Bibel über Jerusalem und Israel gesagt wird. Israel wurde aus der Geschichte ausgeklammert, sowohl das Volk wie das Land und auch der Segen.

Das christliche Abendland und deren geistliche Führer begehen eine zweifache Sünde:

1. Sie haben das inspirierte Wort der Wahrheit verlassen.
2. Sie haben sich dadurch dem zugewandt, der in seinem eigenen Namen kommt. Sie werden verlorengehen, weil sie die Liebe zur Wahrheit nicht angenommen haben, durch die sie hätten gerettet werden können. Darum sendet ihnen Gott kräftigen Irrtum, daß sie der Lüge glauben (2. Thessalonicher 2, 10–11).

Deshalb wird die Welt den, der in seinem eigenen Namen kommen wird, annehmen; denn er bringt ihnen das, was Jesus, der vom Vater kam, zu bringen sich weigerte, nämlich: Reichtum, Wohlstand, Überleben, Brot.

Jerusalem – Taumelbecher und Laststein der Nationen

Siehe, ich mache Jerusalem zum Taumelbecher für alle Völker ringsum, und auch gegen Juda wird es gehen bei der Belagerung Jerusalems. Und es soll geschehen an jenem Tage, daß ich Jerusalem zum Laststein für alle Völker machen werde; alle, die ihn heben wollen, werden sich daran wundreiben. Und alle Nationen der Erde werden sich gegen sie versammeln (Sacharia 12, 2.3).

Man darf nie vergessen: Jerusalem wird die letzte Hochburg sein, die dem Satan durch Vermittlung des Antichristen zufallen wird, darum sollten wir auf all das achten, was sich in dieser Stadt, und insbesondere an heiliger Stätte abspielt.

König Faisal fühlte sich bis zu seinem Tode im Jahre 1975 als Verteidiger aller heiligen Stätten der Moslems. Er wies immer wieder darauf hin, daß auch Jerusalem eine heilige

Stadt des Islam ist und historisch mindestens so sehr Stadt der Araber wie der Juden sei. Sein Wunsch war, in der Al-Aqsa-Moschee beten zu können, die der Kalif Abdul Melik (685–706) erbaute. Dieser schuf auch die *Kubbet es Sachra,* den Felsendom mit seiner Kuppel von 20 Metern Durchmesser und 30 Meter Höhe auf dem Tempelplatz in Jerusalem. Religonen werden heute leicht unterschätzt. Aber längst sind religiöse Bindungen von sozialen nicht mehr zu trennen, und längst sind auch Religion und Politik unentwirrbar miteinander verstrickt. Die Moslems sind über die ganze Welt verstreut. Bekanntlich ist es mit den Juden genauso.

Auf dem Zionistenkongreß in Karlsbad sagte Nahun Sokolow 1922: *Eines Tages werden wir Jerusalem zur Friedenshauptstadt der Welt machen!* Und dem *Jewisch Chronicle* vom 16. Dezember 1949 zufolge, sagte der spätere Premierminister Israels, Ben Gurion: »Jerusalem ist nicht nur die Hauptstadt Israels und damit des Welt-Judentums, es wird ein geistliches Zentrum für die ganze Welt werden«.
– Macht der Religion.«
(Anton Zischka, Europas bedrohte Hauptschlagader, Kümmerly + Frey, Bern)

Im Juni 1979 veröffentlichte »Die Welt« einen Artikel unter der Überschrift: »3000 Prinzen träumen vom Einzug in Jerusalem«. Peter M. Ranke, Dschidda, schrieb u. a.:

... Nach dem stürmischen Frühjahr haben sich König Khaled und die Prinzen, einschließlich des Kronprinzen und seiner einflußreichen Brüder, nun in den letzten Wochen auf politische Grundsätze geeinigt, die dem Haus der Sauds und ihrem Reich eine nationale und religiöse Aufgabe zuweisen und als *Kitt* dem gesamten Prinzen-Clan neuen Zusammenhalt verleihen sollen: Jerusalem als Schicksalsfrage der Araber. *Wir werden keine Anstrengung scheuen, um die heiligen Ansprüche der arabisch-islamischen Nation auf Jerusalem zu verwirklichen,* erklärte Innenminister Prinz Naif in Tunis. Und vor ihm hatten König Khaled und der Kronprinz geschworen: *Wenn Jerusalem Märtyrer fordert – wir sind bereit.*

Eine begrenzte Abkehr von Amerika wird einkalkuliert, die Bedrohung durch die Sowjets gilt nicht mehr als so aktuell, alles wird dem neuerwachten Glaubenseifer unterstellt: Nur islamische Araber sollen über Jerusalem und Palästina herrschen. Nichts anderes heißt es, wenn die Saudis von *umfassender und gerechter Friedenslösung einschließlich Jerusalems und der Rechte der Palästinenser* sprechen.

Im Westen hat man diese Wendung, ja die Verschärfung der Entwicklung in Nahost durch das verstärkte Engagement der Saudis für den kämpferischen Islam noch gar nicht recht begriffen. Aus den alten Propheten-Städten Mekka und Medina ziehen die Saudis wieder mit dem grünen Banner des Islams gegen Jerusalem – zunächst nur mit Worten. Aber sollten wir nicht verstehen, daß sie es wirklich ernst meinen, dann sagen sie leise lächelnd, so wie zu mir ein Scheich in Dschidda: *Wir haben das Öl, ihr dürft bei uns arbeiten.* (SAD)

Morija – Tempelplatz

Und Salomo fing an, das Haus des Herrn zu bauen zu Jerusalem, auf dem Berge Morija, wo er seinem Vater David erschienen war, an dem Orte, welchen David bestimmt hatte, auf der Tenne Ornans, des Jebusiters (2. Chronika 3, 1).

An dieser Stelle wurden nach dem Gesetz Moses einige Jahrhunderte lang Opfer dargebracht, bis die Zeit erfüllt war und bis der Sohn Gottes sagte:

Opfer und Gaben hast du nicht gewollt; einen Leib aber hast du mir zubereitet. Brandopfer und Sündopfer gefallen dir nicht.

Siehe, ich komme, in der Buchrolle steht von mir geschrieben – daß ich tue, o Gott, deinen Willen (Hebräer 10, 5–7).

Da durch das einmalige Opfer Jesu der Glaubende in alle Ewigkeit geheiligt ist, hat der Tempel mit seinen Opfern seine Daseinsberechtigung verloren.

Und nach den zweiundsechzig Wochen wird der Gesalbte ausgerottet werden, so daß keiner mehr sein wird; die Stadt aber samt dem Heiligtum wird das Volk eines zukünftigen Fürsten verderben, und sie geht unter in der Überschwemmung, und der Krieg, der bestimmt ist zu ihrer Zerstörung, dauert bis ans Ende (Daniel 9, 26).

Doch am Ende der Zeit wird diese Stätte wieder Bedeutung erhalten, denn dort wird die Macht residieren, die in der letzten Jahrwoche herrschen wird (Daniel 8, 9). Der Felsen Morija war Zeuge vieler Opfer, die nach dem Gesetz dargebracht wurden, und die als Vorschatten auf das Kommen des Lammes Gottes, das der Welt Sünde trägt, hindeuteten. Hier erhebt sich jetzt eines der Weltwunder – der Felsendom – bewundert von Christen, (die ihre Schuhe ausziehen, bevor sie eintreten), Moslems und Juden. Auf dem Fries, der von der Kuppel überragt wird, kann man Koranverse in einer sehr schönen arabischen Schrift neben dem Glaubensbekenntnis des Islam lesen:

La illah illa Allah (Es ist kein Gott außer Allah)

Auch folgende Koranverse stehen auf dem Fries:

Gelobt sei Allah, der weder einen Sohn gezeugt, noch einen Gefährten im Regiment hat, noch einen Beschützer aus Schwäche. Rühme seine Größe! O Volk der Schrift, überschreitet nicht euren Glauben und sprechet von Allah nur die Wahrheit. Der Messias Jesus, der Sohn der Maria, ist der Gesandte Allahs, und sein Wort, das er in Maria legte, Geist von ihm. So glaubet an Allah und an seinen Gesandten und sprechet nicht: Drei! Stehet ab davon, gut ist es für euch. Allah ist nur ein einiger Gott; Preis ihm! Er hat keinen Sohn! Sein ist, was in den Himmeln und was auf Erden ist, und Allah genügt als Beschützer… (Koran 4, 169)

Der Felsendom in Jerusalem. – Jeder, der den Felsendom betreten will, muß seine Schuhe ausziehen. Aber nicht etwa, um die Teppiche zu schonen, sondern um Allah seine Reverenz zu erweisen. Mancher christliche Tourist würde diesen Akt der Ehrerbietung wohl nur mit schlechtem Gewissen vollziehen, wenn er wüßte, was auf dem Fries rund um den Felsendom in arabischer Sprache geschrieben steht: »Es ist kein Gott außer Allah! Gelobt sei Allah, der weder einen Sohn gezeugt noch einen Gefährten im Regiment hat noch einen Beschützer aus Schwäche. Rühme seine Größe …«

> *Und Friede auf den Tag meiner Geburt und den Tag, da ich sterbe, und den Tag, da ich erweckt werde zum Leben! Dies ist Jesus, der Sohn der Maria – das Wort der Wahrheit, das sie bezweifeln. Nicht steht es Allah an, einen Sohn zu zeugen. Preis Ihm! Wenn er ein Ding beschließt, so spricht er nur zu ihm »Sei!« und es ist. Und siehe, Allah ist mein Herr und euer Herr; so dient ihm; dies ist ein rechter Weg (Koran 19,34–37).*

Sollte uns diese Inschrift nicht zu denken geben? Ist das nicht das greuliche Reden dessen, der sich auflehnt gegen alles, was Gott gehört, und gegen den Gott aller Götter? (Daniel 11, 37 und 2. Thessalonicher 2, 4). Ist es nicht ein greuliches Reden, eine Lästerung Gottes? (Daniel 11, 36).

Machen diese Verse über dem Felsen Morija nicht Gott zum Lügner? Widersprechen sie nicht seinem inspirierten Wort und auch dem menschgewordenen Wort?

Dieses Gebäude ist eines der wichtigsten der islamischen Welt und ein ausdrückliches Zeugnis gegen die Dreieinheit Gottes.

Tempel Gottes oder Greuel der Verwüstung

Die satanischen Unternehmungen des kleinen Horns (Daniel 8, 9) werden sich in der Endzeit in Juda (Judäa) abspielen, denn dort befindet sich die heilige Stätte. Das Tier wird sie entweihen, nachdem (im Jahre 70 nach Christus) der Opferaltar und das Heiligtum zerstört wurden (Daniel 8, 11). Ein *Greuel der Verwüstung* wird ihre Stelle einnehmen. So lautete die Prophezeiung Daniels vor nahezu 2500 Jahren, die auch Jesus bestätigte (Matthäus 24, 15; Markus 13, 15).

Als Paulus um das Jahr 50 seinen Brief an die Thessalonicher schrieb, stand der Tempel noch, und Paulus hat gewiß nicht mit seiner Zerstörung gerechnet. Paulus sah den Menschen der Sünde im Tempel, (2. Thessalonicher 2, 4). Der Apostel konnte aber nichts von einer Moschee wissen, da der Islam noch nicht existierte und der Felsendom erst 540 Jahre nach der Prophezeiung des Paulus gebaut wurde. Paulus hat nur mit anderen Worten gesagt, was Daniel und Jesus Christus schon prophezeit hatten. Wichtig ist nicht der Bau an sich, sondern der Geist, der in dieser Zeit an der heiligen Stätte herrschen wird.

Wir haben also keinen Grund zu der Annahme, daß Paulus anderer Ansicht ist als Daniel und Jesus Christus, die ja im Blick auf die Endzeit nicht vom Tempel, sondern vom *Greuel der Verwüstung* an heiliger Stätte reden.

Die Zerstörung des Felsendoms und der Al-Aqsa-Moschee zu erwarten und zu hoffen, der Tempel würde dann aufgebaut werden, ist utopisch. Solange der Islam besteht, werden seine

Anhänger den Tempelbau an dem für sie heiligen Platz nicht erlauben. Rechnen wir mit dem Wiederaufbau des Tempels, dann müssen wir mit der Vernichtung der heutigen Weltstruktur, einschließlich des Islam und der Ölmächte, und mit einer neu aufsteigenden Macht rechnen. Das aber würde die Endzeit in eine ziemlich weit entfernte Zukunft rücken.

Solange aber der Islam besteht, und besonders in seiner heutigen Kraft, wird keine Macht der Welt, auch nicht Israel, Ansprüche auf Jerusalem und den Tempelplatz verwirklichen können.

Der Tempel Israels

Der Tempel Israels, Jesus Christus, der in drei Tagen wiederaufgebaut wurde, ist durch ein Gebäude ersetzt, das vom Geist des Antichristen, von einer Macht beherrscht wird, die für eine Zeit die Welt und, wenn möglich, auch die Auserwählten verführt.

> *Wenn ihr sehen werdet... Wer das liest, der merke darauf! (Matthäus 24, 15)*

Sehen wir es? Schon seit 400 Jahren hätte sich das christliche Abendland darauf einstellen können. Wenn es darauf gemerkt hätte, wäre es nicht in die Falle gelaufen.

Fünfmal am Tage erschallt über dem Felsen Morija der Ruf der Muezzin:

> *Allah hu akbar, Allah hu akbar,* das heißt: *Allah ist der höchste Gott.*

Dieser Kampf, der in der Endzeit um Jerusalem, und insbesondere um den Tempelplatz, ausgefochten wird, ist der Kampf gegen den Tempel, der zerstört und in drei Tagen wiederaufgebaut wurde, das heißt gegen den Sohn Gottes (Matthäus 26, 61 und 27, 40; Markus 4, 58 und 15, 29; Johannes 2, 19–21). Dieses Gebäude, an das man geschrieben hat, daß Allah der höchste Gott und über alle Götter erhaben ist, steht als Symbol gegen Jesus Christus und die Gemeinde, die sein Leib ist.

Hier liegen tiefe Wahrheiten verborgen, die wir um so besser verstehen werden, je mehr wir am Wort Gottes festhalten. Alles wird sich materiell, geistig und geistlich um den Tempel des Herrn handeln. Das Sichtbare soll uns auf das Geistliche aufmerksam machen.

Er wird sich über alles erheben, was Gott oder Gegenstand der Verehrung heißt, so daß er sich in den Tempel Gottes setzt und sich selbst als Gott erklärt (2. Thessalonicher 2, 4).

Es ist wichtig, daß wir den Sinn des Ausrufes der Moslems *Allah hu akbar* genau erkennen; ebenso aber auch den Inhalt des Glaubensbekenntnisses: *Allah il Allah Mohammed rasul Allahi* (Allah ist Gott und kein anderer, und Mohammed ist sein Gesandter).

Christus, der nach der Schrift der wahre Mittler zwischen Gott und den Menschen geworden ist und durch den wir den freien Zugang zu Gott haben, wird ausgeschaltet, und das an heiliger Stätte durch die Lehre des Koran.

Daniel schreibt über den Führer dieses Systems:

Und der König wird tun, was ihm beliebt, und wird sich erheben und großtun wider jeglichen Gott, und er wird gegen den Gott aller Götter unerhörte Worte ausstoßen, und es wird ihm gelingen, bis der Zorn vorüber ist; denn was beschlossen ist, wird ausgeführt werden (Daniel 11, 36).

Der messianische Tempel aber wird vom Messias selbst erbaut:

Siehe, es ist ein Mann, dessen Name Sproß ist, denn er wird aus seinem Orte hervorsprossen und den Tempel des Herrn bauen. Ja, er wird den Tempel des Herrn bauen und königlichen Schmuck tragen und wird auf seinem Thron sitzen und herrschen (Sacharja 12–13).

6

JESUS CHRISTUS UND DER ANTICHRIST

Jesus und Mohammed

> Mohammed ging den Weg des menschlichen Erfolges; Jesus Christus ging den Weg der menschlichen Zerstörung (Pascal, 1623–1662).

Die Welt steht unter der Führung Satans. Ihm ist sie für eine gewisse Zeit übergeben worden.

> *Der Teufel führte Jesus auf einen hohen Berg und zeigte ihm alle Reiche der Welt in einem Augenblick. Und der Teufel sprach zu ihm: Dir will ich alle diese Herrschaft und ihre Herrlichkeit geben; denn sie ist mir übergeben, und ich gebe sie, wem ich will. Wenn nun du vor mir anbetest, so soll alles dein sein (Lukas 4, 5–7).*

Jesus verzichtete auf dieses verlockende Angebot, denn dadurch hätte er die Ewigkeit mit der Zeit vertauscht. Er wäre ein Gebundener Satans geworden, und die Ekklesia wäre nie geboren worden. Jesus Christus konnte das Angebot ablehnen, weil er vom Vater aus der Herrlichkeit kam und um die Ewigkeit wußte. Mohammed hingegen, der aus der Zeit und in seinem eigenen Namen kam, wußte nichts von der Ewigkeit und nahm darum das verlockende Angebot Satans an, der als *Engel des Lichts* verkleidet erschien. Seiner *Gemeinde* wird nun die Macht zufallen; denn Satan hält sein Versprechen.

Aus dieser Wahl wird sich das größte Weltproblem entwikkeln, nämlich der Endkampf zwischen Satan und Gott. Es wird der Endkampf sein, in den die ganze Welt hineingezogen wird; denn bei der Versuchung Jesu ging es um das Angebot:

> *... alle Reiche der Welt und ihre Herrlichkeit (Matthäus 4,8).*

Der Schlüssel des Geheimnisses

Johannes zitiert als einziger fünfmal den Antichristen, und zwar immer im Zusammenhang mit dem Sohn Gottes:

> *Und ihr habt die Salbung von dem Heiligen und wisset alles. Ich habe euch nicht geschrieben, als kenntet ihr die Wahrheit nicht, sondern weil ihr sie kennt, und weil keine Lüge aus der Wahrheit kommt. Wer ist der Lügner, wenn nicht der, welcher leugnet, daß Jesus der Christus sei? Das ist der Antichrist, der den Vater und den Sohn leugnet! Wer den Sohn leugnet, der hat auch den Vater nicht; wer den Sohn bekennt, der hat auch den Vater (1. Johannes 2, 20–23).*

Wer die Gottessohnschaft Jesu Christi leugnet, der ist ein *Lügner,* und das ist der Antichrist.

Wer nicht die Autorität des Wortes Gottes anerkennt, der weiß nicht, wo die Wahrheit aufhört, und wo die Lüge anfängt. Nur wer Gottes Geist hat (Epheser 1,13), kann anhand des Wortes Gottes die Geister prüfen. Einen anderen Anhaltspunkt gibt es nicht.

> *Geliebte, glaubet nicht jedem Geist, sondern prüfet die Geister, ob sie von Gott sind! Denn es sind viele falsche Propheten hinausgegangen in die Welt.*
>
> *Daran erkennt ihr den Geist Gottes: Jeder Geist, der bekennt: Jesus ist der in das Fleisch gekommene Christus, der ist von Gott; und jeder Geist, der Jesus nicht bekennt, der ist nicht von Gott. Und das ist der Geist des Antichrists, von welchem ihr gehört habt, daß er kommt; und jetzt schon ist er in der Welt.*
>
> *Kindlein, ihr seid aus Gott und habt jene überwunden, weil der in euch größer ist als der in der Welt. Sie sind von der Welt; darum reden sie von der Welt, und die Welt hört auf sie. Wir sind aus Gott. Wer Gott kennt, hört auf uns; wer nicht aus Gott ist, der hört nicht auf uns. Daran erkennen wir den Geist der Wahrheit und den Geist des Irrtums (1. Johannes 4, 1–6).*

Wer diese höchste Autorität nicht akzeptiert, der macht Gott zum Lügner und ist offen für jeden Geist des Irrtums.

Wenn wir das Zeugnis der Menschen annehmen, so ist das Zeugnis Gottes größer; denn das ist das Zeugnis Gottes, daß er von seinem Sohne Zeugnis abgelegt hat. Wer an den Sohn Gottes glaubt, der hat das Zeugnis in sich; wer Gott nicht glaubt, hat ihn zum Lügner gemacht, weil er nicht an das Zeugnis geglaubt hat, das Gott von seinem Sohn abgelegt hat. Und darin besteht das Zeugnis, daß uns Gott ewiges Leben gegeben hat; und dieses Leben ist in seinem Sohn. Wer den Sohn hat, der hat das Leben; wer den Sohn Gottes nicht hat, der hat das Leben nicht (1. Johannes 5, 9–12).

Wer dieses Zeugnis ablehnt, der hat auch das Leben nicht, denn nur in Jesus Christus ist das Leben und die Hoffnung der Herrlichkeit.

Und wir haben gesehen und bezeugen, daß der Vater den Sohn gesandt hat als Retter der Welt. Wer nun bekennt, daß Jesus der Sohn Gottes ist, in dem bleibt Gott und er in Gott (1. Johannes 4, 14–15).

Wer bekennt, daß Jesus Christus Gottes Sohn ist, der hat Gott und bleibt in Gott, wer das nicht tut, der hat keinen Gott, sagt Johannes (2. Johannes 9–11).

Es sind dem Menschen Grenzen gesetzt, die er nicht ungestraft überschreiten kann, auch nicht auf geistlichem Gebiet. Das gilt für alle Völker dieser Welt im allgemeinen und für jeden Menschen persönlich. Wer diese Grenzen überschreitet, der steht unter dem Zorn Gottes (Johannes 3,36).

Das Zeugnis Gottes bei der Taufe Jesu

Und siehe, eine Stimme vom Himmel herab sprach: Dies ist mein lieber Sohn, an dem ich Wohlgefallen habe (Matthäus 3,17).

Das Zeugnis Gottes bei der Verklärung des Sohnes:

Als er noch redete, siehe, da überschattete sie eine lichte Wolke, und siehe, eine Stimme aus der Wolke sprach: Dies ist mein lieber Sohn, an welchem ich Wohlgefallen habe; auf den sollt ihr hören (Matthäus 17,5).

Das Zeugnis eines Augenzeugen bei der Verklärung des Sohnes:

Denn wir sind nicht klug ersonnenen Fabeln gefolgt, als wir euch die Kraft und Wiederkunft unseres Herrn Jesus Christus kundtaten, sondern wir sind Augenzeugen seiner Herrlichkeit gewesen. Denn er empfing von Gott dem Vater Ehre und Herrlichkeit, als eine Stimme von der hocherhabenen Herrlichkeit daherkam, des Inhalts: Dies ist mein lieber Sohn, an dem ich Wohlgefallen habe. Und die Stimme hörten wir vom Himmel her kommen, als wir mit Jesus auf dem heiligen Berg waren (2. Petrus 1, 16–18).

Wegbereiter: Liberale Theologie

Es ist interessant festzustellen, wie alle Ereignisse nach einem bestimmten Plan ablaufen. Alles scheint synchronisiert zu sein, alles auf einen Höhepunkt hin zu steuern, sei es in der Wissenschaft, in der Wirtschaft, in der Aufrüstung, oder auch der Theologie. Jedes Gebiet führt in die Abhängigkeit der neuen aufsteigenden Macht.

Gerhard Bergmann schreibt in *Alarm um die Bibel (Aussaat- und Schriftenmissions-Verlag):*

> Die eigentliche Ursache für die um sich greifende Fehlentwicklung in Kirche und Theologie besteht in dem gebrochenen Verhältnis zur Heiligen Schrift. Wenn wir auf die Frage nach der Ursache nicht mit einem Satz, sondern mit nur einem einzigen Wort antworten wollen, dann können und müssen wir sagen: Die Ursache für die Fehlentwicklung liegt in der Bibelkritik.

Wir wissen, daß nach der Schrift die Charakteristik des Antichristen die Ablehnung und Verneinung der Gottessohnschaft ist. Durch das Verlassen des biblischen Fundaments wird der Weg des Abendlandes für diese neue Macht, »das Tier« und den »falschen Propheten«, geebnet.

Dr. theol. Heinz Zahrnt schreibt im *Allgemeinen Deutschen Sonntagsblatt (1960):*

> Der Sohn und die Söhne
> Die neutestamentlichen Zeugnisse lassen keinen Zweifel darüber, daß Jesus ein wirklicher Mensch war und nicht ein Himmelswesen. Nichts Übergeschichtliches, Übernatürliches oder gar Unnatürliches spielt hier hinein.

Eine solche Lehre führt schnurgerade in die Arme der aufsteigenden politischen, wirtschaftlichen und religiösen Macht, die der Islam darstellt.

Unsere liberalen Theologen haben also nichts Neues erfunden, im Gegenteil, sie haben einen Rückstand von 1350 Jahren aufzuholen und sind auf der gleichen Ebene wie der Koran, der sagt:

> *Wahrlich, ungläubig sind, die da sprechen: Siehe Allah ist der Messias, der Sohn der Maria. Sprich: Und wer könnte Allah hindern, so er den Messias, den Sohn der Maria, und seine Mutter und wer immer auf der Erde lebt, vernichten wollte? (Koran 5,19).*

So war also Mohammed schon ein moderner Theologe, denn auch er hat Christus auf die Stufe einer Kreatur herabgewürdigt.

Nach dem Koran ist Jesus nicht mehr und nicht weniger als ein Gesandter, der nicht *Das Wort* (Kalimat Allah) ist, sondern der ein Wort von Gott (Kalam min Allah) bringt, wie jeder andere Prophet und Mohammed selbst auch.

> *Allah ist der eine und allein ewige Gott. Er zeugt nicht und ist nicht gezeugt, und keiner ist ihm gleich.*

Mit diesem Bekenntnis zieht Mohammed eine klare Linie zwischen dem Koran und der Bibel.

Die islamischen Theologen verbinden sich mit den christlichen Theologen, die bei der Zerstörung des inspirierten und menschgewordenen Wortes Gottes schon eine gute Vorarbeit geleistet haben.

Wie ernst diese Abweichungen und Zweifel der Theologie für unsere Zeit sind, wird deutlich, wenn wir folgende Zitate (S. 173–177) aus einer Islam-Broschüre lesen, die von einer Islam-Mission für Europa herausgegeben wird:

> Grundlage der christlichen Kirchen sind die Evangelien des *Neuen Testaments*. Bevor wir uns diesen Büchern zuwenden, möchte ich zwei prominente protestantische Jesusforscher zitieren. Professor Albert Schweitzer hat einmal gesagt: »*Die Evangelien des Neuen Testaments, in denen über das Leben Jesu berichtet wird, eignen sich nicht als Material für die historische Forschung*. Hinzu kommt noch die Feststellung von Professor Bernkamm, daß die gesamte neutestamentliche Abstammungslehre, bei der sich die Evangelien sowieso untereinander widersprechen, nicht haltbar ist, weil sie *zu sehr von Legenden und Gedanken jüdischer und christlicher Messiasdogmatik überwachsen sei.*

Theologen liberaler Prägung kann der Autor ohne großes Risiko zitieren. Sie erkennen ja nicht an, daß die Bibel vom Heiligen Geist inspiriert ist. (Red.)

> Aus dem, was wir bereits gesehen haben, scheint sich zu ergeben, daß ein erheblicher Teil des Neuen Testaments aus Schriften besteht, die nicht direkt apostolischen Ursprungs sind.
>
> Ähnlich ist die Meinung der modernen Theologie. Im Jahre 1906 erklärte Albert Schweitzer: *Der Jesus von Nazareth, der als Messias auftrat, die Sittlichkeit des Gottesreiches verkündete, das Himmelreich auf Erden gründete und starb, um seinem Werk die Weihe zu geben, hat nie existiert. Es ist eine Gestalt, die vom Rationalismus entworfen, vom Liberalismus belebt und von der modernen Theologie in ein*

*geschichtliches Gewand gekleidet wurde. Im letzten Grunde ist unser Verhältnis zu Jesus mystischer Art.**

Dieser Ausspruch des großen Menschenfreundes, Urwaldarztes und Theologen ist eine klare und unmißverständliche Bankrotterklärung der christlichen Forschung. Schweitzer hat nach jahrelanger intensiver Arbeit erkannt, daß alle aufgewendete Mühe, die Echtheit des *Neuen Testaments* nachzuweisen, vergeblich war. Gleichwohl glaubt er dennoch, daß der Nazarener gelebt hat *und eine in die historische Situation der Juden passende Interimsethik mit Weltuntergangsvoraussagen gepredigt hat.*

Es fragt sich, ob sich Albert Schweitzer so verstanden wissen wollte. (Red.)

Damit schließt sich Schweitzer der Meinung des Theologen David Friedrich Strauß an, der bereits 1840 erklärt hatte, daß sich *in der Figur, in der Geschichte und in den Symbolen Jesu* alte Mythen konzentrieren. Seit 1947 wissen wir überdies, daß auch die kirchlichen Sakramente nicht von Jesus eingesetzt wurden, sondern daß diese bereits 250 Jahre vorher von der Sekte der Essener praktiziert worden sind. Überhaupt ist eine verblüffende Ähnlichkeit zwischen den Lehren dieser eigentümlichen Sekte und den theologischen Auffassungen der christlichen Konfessionen festzustellen. Allein schon deshalb ist ein Großteil der Jesusforscher zu der resignierenden Ansicht gekommen, *Jesus von Nazareth sei niemals auf der Welt gewesen.* Wir können uns dem nicht anschließen! Jesus von Nazareth hat gelebt, der Jesus der Bibel aber ist der Abt von Qumran (Kloster der Essener), der sich *Lehrer der Rechtschaffenheit* nannte.

Es ist seltsam, daß weder Jesus selbst noch einer seiner Jünger noch ein Pharisäer oder Sadduzäer Jesus als »Abt von Qum-

[1] Geschichte der Leben-Jesu-Forschung

ran« erwähnten – selbst der Geschichtsschreiber Josephus Flavius nicht. (Red.)

Jesus ist zwar von dem Essener Jochanan (Johannes) getauft worden, selbst hat er aber nie getauft. Auch hat er weder die Fußwaschung noch das Abendmahl eingesetzt. Er hat sich nie zum Weltenrichter aufgeworfen und nie von sich behauptet, er sei der Sohn des allmächtigen Gottes, dem er diente.

Im Gegenteil, wie namhafte theologische Kapazitäten einmütig feststellen, hat sich Jesus nicht einmal als Messias bezeichnet. Wohl aber fällt im *Neuen Testament* 69mal die Selbstbezeichnung *Menschensohn,* das ist aramäisch *Mensch.*

Der Hohepriester Kaiphas zerriß sein Gewand, als Jesus ihm bestätigte, er sei Gottes Sohn. Wieviel mehr wird ein Mohammedaner, ein Anhänger Allahs, bemüht sein, Jesus auf sein Menschsein zu reduzieren! (Red.)

Jesus von Nazareth war ein Mensch, wenngleich ein edler – ein Prophet. Er selbst bestätigt das bei einem Besuch in seiner Vaterstadt Nazareth, wo er vor allem Volk sagt: *Ein Prophet gilt nichts in seinem Vaterlande.*

Der bekannteste Jesusforscher des 20. Jahrhunderts, Professor Ethelbert Stauffer, kommt der Wahrheit um Jesus sehr nahe, wenn er meint, daß es im Sinne historischer Forschung sehr wahrscheinlich sei, daß Jesus als ein gegen die Theokratie der Priester rebellierender Prediger der Menschenliebe existiert hat. In der Tat waren alle Propheten Wanderprediger. Ausgenommen sind nur Mose und der heilige Prophet Mohammed, die als Träger des Gesetzes gesandt wurden. Alle Propheten aber wandten sich gegen das rechthaberische Gebaren der herrschenden Klasse ihrer Zeit, verkündeten den Zorn Gottes und riefen auf zur Einkehr und Reue, zu Demut und Gebet.

So wird die Vermenschlichung Jesu vollständig! Jesus selbst

hat schon gesagt: »Ich bin im Namen meines Vaters gekommen und ihr nehmt mich nicht an. Wenn ein anderer in seinem eigenen Namen kommt, den werdet ihr annehmen.« (Red.)

> Es muß hier allerdings ausdrücklich betont werden, daß nun nicht jedes Wort des *Neuen Testaments* als Fälschung im Sinne einer Unterschiebung angesehen werden darf.
>
> Vielmehr beweisen die Schriftfunde vom Toten Meer zunächst einmal, daß die kultischen Handlungen und liturgischen Feiern der Kirche nicht von Christus stammen, sondern von den Essenern kopiert sind. Sie sind, um es mit einfachen Worten zu sagen, nicht göttlichen, sondern rein menschlichen Ursprungs.
>
> Mit Ethelbert Stauffer sind wir der Meinung, wenn er feststellt:
>
> *Viele Jesusworte der Evangelien, die man bisher für gut jesuanisch hielt, weil sie palästina-jüdisch klangen, stammen vielmehr aus der jesuanischen (täufer-theologischen) oder nachjesuanischen (palästina-christlichen) Lehrüberlieferung und sind im Zuge eines großen Re-Judaisierungsprozesses schon in die älteste Jesustradition eingedrungen!*

Der Autor stützt sich mit dieser Feststellung auf Hypothesen des Theologen Stauffer, die durch nichts zu beweisen sind und auch durch nichts bewiesen werden können. Er fährt fort:

> Was aber ist vom Christentum und von dem, was die Kirche Jesus zuschreibt, geblieben?
>
> Jesus allein ist es, der geblieben ist – seine Gestalt ist wahrhaftig (Gottes Segen auf ihn).
>
> Wer beantwortet uns aber in diesem geschichtlichen Chaos die Frage nach dem Leben, dem Werk und Auftrag des Gottesgesandten aus Nazareth? – Es ist der Heilige, der von Paran kommt und über den Jesus selbst gesagt hat: *Noch vieles habe ich euch zu sagen, aber ihr könnt es jetzt nicht ertragen. Wenn aber jener, der Geist der Wahrheit gekommen ist, wird er euch in die ganze Wahrheit leiten; denn*

er wird nicht aus sich selbst reden, und das Kommende wird er euch verkünden!

Es ist Mohammed, der der Welt das letzte Gesetz brachte, die Frohe Botschaft für alle Menschen, die gläubig sind, und von dem Jesus im Hl. Qur-an (Koran) zeugt:

O ihr Kinder Israel, ich bin Allahs Gesandter an euch, Erfüller dessen, was von der Thora vor mir ist, und Bringer der frohen Botschaft von einem Gesandten, der nach mir kommen wird. Sein Name wird AHMAD sein! Und als er zu ihnen kam, mit deutlichen Zeichen, sprachen sie: Das ist offenkundiger Betrug.

Wenn sich die Aussagen Jesu auf Mohammed bezögen, hätte er das klar zum Ausdruck gebracht. Der Autor versucht, diesen Text aus dem Johannes-Evangelium gemäß der Lehre des Koran zu interpretieren (siehe auch den folgenden Artikel »Periklytos oder Parakletos«). (Red.)

Zeitgenossen und »Neues Testament« können in keiner Weise ein glaubwürdiges Jesusbild vermitteln. Selbst der vielzitierte Ethelbert Stauffer vermerkt aufrichtig: *Es hat in der Geschichte der Kirche nie eine tendenzfreie Berichterstattung über Jesus von Nazareth gegeben; nicht einen Tag.*

Machen wir also, zu dieser Erkenntnis gekommen, den unvoreingenommenen Versuch, das Zeugnis des Qur-an zu untersuchen. Es muß vorausgeschickt werden, daß das Heilige Buch zu einer Zeit offenbart wurde, in der der Streit um den christlichen (nazarenisch-jüdischen) Kanon seinen Höhepunkt erreichte, im 7. Jahrhundert.

Ist es ein Wunder, wenn wir Muslime glauben, daß die Offenbarung des Qur-an ein direkter Eingriff Gottes ist? (JESUS-Leben, Auftrag und Tod; von Mohammed S. Abdullah, Journ. J. A. R.; herausgegeben von der Ahmadiyya Mission des Islam).

Nach diesen Ausführungen wäre es interessant zu erfahren, von welchem *Neuen Testament* im obigen Text die Rede ist? Wenn Jesus sich auch als Menschensohn ausgibt, steht im

Neuen Testament doch mindestens 47mal, daß Jesus Christus Gottes Sohn ist. Nach all dem Gesagten muß es sich um ein anderes *Neues Testament* handeln (Galater 1,8). Oder man nimmt aus dem Neuen Testament nur das, was einem paßt, wie wir das im Artikel *Periklytos oder Parakletos* sehen werden. Eine solche Botschaft ist unglaubwürdig.

Die Moslems werfen uns ständig vor, wir hätten ein gefälschtes Neues Testament, doch wo ist das richtige? Als Antwort hören wir natürlich, daß im Koran die volle Wahrheit stehe, er sei das Licht, das die Menschen aus der Finsternis führt. Ob sich die Christenheit damit abfinden kann? David sagt:

> *In deinem Licht schauen wir Licht (Psalm 36,10). Weh' denen, die Finsternis für Licht und Licht für Finsternis erklären! (Jesaja 5,20).*

Sollte dieses Wort heute nicht mehr gelten, weil es nicht mehr in die heutige Weltanschauung paßt?

Periklytos oder Parakletos

Nach der Lehre des Islam wird Ahmed oder Mohammed mit dem heiligen Geist in Verbindung gebracht. Jesus sagte:

> *Und ich will den Vater bitten, und er wird euch einen anderen Beistand – Parakletos – geben, daß er bei euch bleibe in Ewigkeit (Johannes 14,16).*

Das Wort »Parakletos«, Beistand oder Tröster, wurde nach der Lehre des Islam gefälscht. Nach seiner Lehre heißt es ursprünglich: »Periklytos«, was dem arabischen Namen Ahmed gleichkommt.

Die Aussage würde dann so lauten:

> *O Kinder Israel! Ich bin der Apostel Allahs (gesandt) zu euch, das Gesetz (die Thorah) bestätigend, das vor mir war, und euch die frohe Botschaft verkündigend, daß ein Apostel nach mir kommt mit dem Namen Ahmed! (Koran 61,6) Ahmed* = Periklytos.

Der Geist Gottes wird ausgeschaltet, und Mohammed nimmt seinen Platz ein.

Ob wir hier die Sünde wider den heiligen Geist finden – gegen die Heilige Schrift als inspiriertes Wort Gottes – gegen Jesus als den *Logos*? Aber noch mehr als das: Er ist der Schöpfer, das Wort, durch das alles gemacht ist, und erst als der menschgewordene Logos ist er der Träger und Erfüller des Evangeliums.

In Büchern, die sich mit der Bibel und dem Koran auseinandersetzen, kann man in Europa heute schon erkennen, wie die Gesinnung der christlichen Welt manipuliert und eingespielt werden soll, um sie in die gewünschte Richtung zu drehen:

> Dieser Parakletos (Beistand oder Tröster), von Jesus angekündigt und versprochen, wird ein Führer sein, dem die Menschen folgen sollen, wenn Jesus die sichtbare Welt verlassen hat (Johannes 14, 15–16, 26; 15, 26; 16, 13–14).
>
> Der Verfasser hebt hervor, daß allein der Evangelist Johannes von dem *Parakletos,* dem heiligen Geist als dem kommenden Tröster, spricht. Er sucht aber zu beweisen, daß Jesus nicht von einem *Geist* reden will, denn ein Geist kann weder hören noch sprechen. Weiter sucht er zu beweisen, daß Johannes Jesus falsch verstanden und interpretiert hat. Mit *Parakletos* oder Tröster konnte Jesus nur ein menschliches Wesen bezeichnen, das Gott nach Jesu Himmelfahrt senden würde. Dieser Mensch, ein Prophet, sollte Gottes Stimme hören und seine Botschaft den Menschen mitteilen!
>
> (Maurice Bucaille, La Bible, le Coran et la Science, Seghers-Verlag)

Der Autor dieses Buches geht sogar so weit, daß er behauptet, die Worte *Heiliger Geist* seien dem Johannes-Evangelium später beigefügt worden und wären somit eine Fälschung der Botschaft Jesu Christi.

Es zeugt nicht gerade von klarem, logischen Denken, wenn man einen Teil einer Aussage Jesu als *falsch* und *hinzugefügt* bezeichnet, den anderen Teil aber, weil er die eigene Theorie unterstreicht, als wahr und authentisch hinstellt.

Aber worauf könnte sich der Islam im Blick auf die Verheißung Jesu über Mohammed sonst stützen, wenn er diese Verse in dem Evangelium des Johannes nicht hätte? Doch es ist nicht ehrlich, wenn man aus einem Vers eine Wahrheit herausnimmt und den Rest als Lüge abstempelt.

Wer sagt, daß der Geist weder hören noch reden kann, der stellt damit auch Gott in Frage, denn:

> *Gott ist Geist, und die ihn anbeten, müssen ihn im Geist und in der Wahrheit anbeten (Johannes 4,24).*

Wenn Gott weder hören noch reden noch handeln könnte, wären wir wirklich die Frucht des Zufalls und des Schicksals.

Weil die Aussage aus Johannes 4,24 nicht in die Konzeption des Islam hineinpaßt, muß er die Schriften von Paulus, die Apostelgeschichte und alle Abschnitte aus dem Alten Testament, die vom Geist Gottes reden, ausmerzen. Von diesen Abschnitten ist auch in den Schriften des Islam nie die Rede. Diese Stellen decken sich nicht mit der Lehre des Islam und werden deshalb als gefälscht und hinzugefügt betrachtet. Das wurde mir sehr deutlich bei einem Gespräch, das ich bei meinem letzten Aufenthalt in Afrika mit einem Faki, Koran-Lehrer, hatte, der Paulus als einen Juden bezeichnete, der die Schrift fälschte.

Doch das können wir verstehen, denn für diese Menschen ist und bleibt die Gemeinde, die das Werk des heiligen Geistes in dieser Welt ist, ein Geheimnis und ein Stein des Anstoßes.

Wenn sich nun der Islam das Recht nimmt, den Koran, den er als eine Bestätigung des Alten und Neuen Testaments ansieht und der Mohammed nach der Tradition des Islam vom Engel Gabriel geoffenbart wurde, als echt zu betrachten, wieviel mehr hat dann der Christ das Recht, daran festzuhalten, daß die Bibel ein von Gottes Geist inspiriertes Buch ist.

Hier wird wieder einmal die Gefahr der modernen Theologie offenkundig, die eigentlich nichts anderes als ein Wegbereiter für den Antichristen ist. Sie macht den Weg frei für die

Lehre des falschen Propheten.

Der Widersacher arbeitet mit List auf sein Ziel hin, immer radikaler und immer schneller will er alles zerstören, was in seinem System noch an Gott erinnert.

Anti-Sohn

Mohammed ist der Überzeugung, und mit ihm die islamische Welt, daß er der verheißene Periklytos = der Ruhmvolle, Herrliche sei. Er will der *Geist der Wahrheit* sein, der die Menschheit alles lehrt und sie in alle Wahrheit leitet. Wie sieht nun diese Wahrheit aus?

Für den Moslem ist es ein Greuel, zu bekennen und zu glauben, daß Jesus Christus Gottes Sohn ist. Ich habe erlebt, daß Moslems auf den Boden spuckten und sagten: *Allah vergib mir, daß ich so etwas hörte.* Zu sagen, Gott habe einen Sohn, ist für den Moslem eine Lästerung Allahs.

> *Wahrlich ungläubig sind, die da sprechen: Siehe, Allah, das ist der Messias, der Sohn der Maria. Sprich: Und wer könnte Allah hindern, so er den Messias, den Sohn der Maria, mit seiner Mutter und wer immer auf der Erde ist, vernichten wollte? (Koran 5,19 Übers. M. Henning).*

Wer nun glaubt, daß Jesus Christus Gott ebenbürtig ist (Johannes 10, 30, 38; 14, 9), der wird als *ungläubig* angesehen. Jesus ist nach diesem Koranvers nur ein Geschöpf. Da der Moslem *Gottes Geist* durch Mohammed ersetzt, kann er die Gedanken Gottes nicht verstehen, (1. Korinther 2,14). Für ihn ist alles sinnlich, auch das Paradies und die Ewigkeit. Obwohl der Moslem Allah als den Allmächtigen rühmt, traut er ihm nicht zu, daß er in den Ablauf der Natur eingreifen konnte, um Jesus, den ewig Seienden, in die *Zeit* zu schicken.

> *Sie sprechen: Allah hat einen Sohn gezeugt.*
> *Preis Ihm! Nein! (Koran 2,110)*
> *Gelobt sei Allah, der weder einen Sohn gezeugt noch einen Gefährten im Regiment hat noch einen Beschützer aus Schwäche (Koran 17, 111).*

Die Bibel sagt, daß Gott im letzten Abschnitt der Heilsgeschichte durch den Sohn geredet hat, den er zum Erben über alles gesetzt hat, durch welchen er auch die Welt gemacht hat (Hebräer 1, 1–2).

Daß Christus schon war, bevor er Mensch wurde, und bei der Schöpfung mitwirkte (Kolosser 1, 15–16), ist für den Islam unannehmbar.

Der Antichrist wird durch Johannes in seinen Briefen entlarvt. Er ist der einzige, der ihn mehrmals zitiert (z. B. 1. Joh. 4,3; 2. Joh. 8).

Anti-Erlösung

> *Das Blut Jesu Christi, des Sohnes Gottes, reinigt uns von aller Sünde (1. Johannes 1,7).*
> *In ihm haben wir die Erlösung durch sein Blut, die Vergebung der Sünden, nach dem Reichtum seiner Gnade (Epheser 1,7).*
> Seid gewiß, daß euer Vertrauen in das Blut Jesu vergebens ist. Wäre er nicht einmal, sondern eintausendmal gekreuzigt worden, hätte er euch auch nicht retten können. Die Erlösung liegt im Glauben, in der Liebe und in der Gewißheit, und nicht im Blute eines Menschen! (Abdulf Hatif, Leiter der Ahmadiyya-Mission des Islams in Deutschland).

Um seinen antichristlichen Gedanken zu krönen und um das Fundament der christlichen Verkündigung zu vernichten, geht der Koran noch einen Schritt weiter und sagt:

> *Sie sagen, wahrlich, wir haben den Messias, Jesus, den Sohn Marias, den Apostel Allahs getötet. Aber sie haben ihn nicht gekreuzigt, es war einer, der ihm ähnlich sah. (Darum verfluchen wir sie). Wahrlich, die, welche so über ihn denken, sind im Zweifel über ihn, sie haben nicht über ihn wahres Wissen, sie folgen einer Fabel (Koran 4, 156).*

Hier sehen wir das Gift der Schlange! Der Koran betrachtet die biblische Botschaft von der Erlösung als eine Lüge und Fabel: »Sollte Gott gesagt haben?«

Paulus antwortet:

Wir aber predigen den gekreuzigten Christus, den Juden ein Ärgernis und den Griechen eine Torheit (1. Korinther 1,23).

Denn ich habe mir vorgenommen, unter euch nichts anderes zu wissen als nur Jesus Christus, und zwar als Gekreuzigten (1. Korinther 2,2).

Aber wenn auch wir oder ein Engel (wie zu Mohammed) *vom Himmel euch etwas anderes als Evangelium würde predigen, außer dem, was wir euch verkündigt haben, der sei anathema (verflucht) (Galater 1,8).*

Es gibt in der Welt keine antichristliche Macht, die so klar und konsequent die Sohnschaft Christi und seinen Kreuzestod ablehnt und leugnet wie der Islam.

Es gibt auch keine fanatischere Religion als den Islam. Wir im (christlichen) Abendland sind nicht für den vor uns liegenden Kampf gerüstet; wir werden überrannt. Denn der Kampf, der sich heute vor unseren Augen anbahnt, ist kein wirtschaftlicher, sondern ein geistlicher Kampf. Die Christenheit war noch nie so lau und so schwach wie heute, sowohl auf nationalem wie auf religiösem Gebiet und kann darum den Kampf gar nicht aufnehmen.

Ziehet die ganze Waffenrüstung Gottes an, damit ihr den Kunstgriffen des Teufels gegenüber standzuhalten vermöget; denn unser Kampf richtet sich nicht wider Fleisch und Blut, sondern wider die Herrschaften, wider die Gewalten, wider die Weltbeherrscher dieser Finsternis, wider die geistlichen Mächte der Bosheit in den himmlischen Regionen (Epheser 6,11–12)

Jesus im Koran

Nachdem Gott vor Zeiten manchmal und auf mancherlei Weise zu den Vätern geredet hat durch die Propheten, hat er zuletzt in diesen Tagen zu uns geredet durch den Sohn, welchen er zum Erben von allem eingesetzt, durch welchen er auch die Weltzeiten gemacht hat; welcher, da er die Ausstrahlung seiner Herrlichkeit und der Ausdruck seines Wesens ist und alle Dinge trägt mit dem Wort seiner Kraft, und nachdem er die Reinigung unserer Sünden durch sich selbst vollbracht, sich zur Rechten der Majestät in der Höhe gesetzt hat und um so viel mächtiger geworden ist als die Engel, als der Name, den er ererbt hat, ihn vor ihnen auszeichnet.

Denn zu welchem von den Engeln hat er jemals gesagt: ›Du bist mein Sohn; heute habe ich dich gezeugt?‹ Und wiederum: ›Ich werde sein Vater sein, und er wird mein Sohn sein‹? (Hebräer 1, 1–5).

Wenn wir uns die Frage stellen, ob Allah der Gott der Bibel ist, dann können wir uns auch fragen, was Jesus mit dem Koran gemeinsam hat?

Der Koran stellt auch hier, wie auf anderen Gebieten, eine Mischung von Wahrheit und Lüge dar. Bei dem Gedanken, daß heute etwa 650 Millionen Moslems den Bericht des Koran für Wahrheit und die Aussagen der Bibel für Lügen halten, könnte einem bange werden. Doch das ist noch nicht der Höhepunkt, der in dem antichristlichen Gedanken und der Lehre des Koran liegt.

Über Jesus erzählt der Koran folgendes:

Seine Mutter war die Tochter von Imran (Sure 3.31, 66.12). Der Name der Mutter bleibt hier ungenannt.

Imran verwechselt Mohammed gewiß mit dem alttestamentlichen Amran, dem Vater des Mose; denn von Maria berichtet er, sie sei die Schwester Aarons (Sure 19,29), und der ist ja der Bruder des Mose. Das läßt darauf schließen, daß Mohammed Maria mit der alttestamentlichen Mirjam verwechselt.

Der Koran berichtet dann über die Geburt und die Jugend der Maria. Sie wird schon vor der Geburt dem Allah geweiht und wird nicht zu Hause bei den Eltern aufgezogen, sondern im Tempel, wo sie von Allah auf wunderbare Weise ernährt wird. Das läßt vorausahnen, daß Allah mit Jesus große Dinge vorhat (Koran 3.31 ff.).

An einem *Ort gen Aufgang,* an den sich Maria zurückgezogen hat, verkündet ihr ein Engel (Koran 3.40) die Absicht Allahs, ihr einen *reinen Knaben* (Koran 19.19) zu schenken. Maria wendet ein, sie sei eine unverheiratete reine Jungfrau, doch kann sie sich dieser *festgelegten Sache* nicht entziehen (Koran 19.20). So empfängt sie Jesus durch einen göttlichen Schöpfungsakt. Das wird in Sure 3.52 mit der Erschaffung Adams durch das schöpferische *Es sei* Allahs gleichgestellt. Um sich einem verleumderischen Verdacht zu entziehen, begibt sich Maria an einen *fernen Ort* (Koran 19,22). Dort gebiert sie am Fuß einer Palme (Koran 19,23) und wird in ihren Wehen durch eine Stimme von unten getröstet: Unter ihr wird ein Bächlein fließen, und die Palmen werden, wenn Maria den Stamm schüttelt, frische Datteln auf sie fallen lassen, um sie zu erquicken (Koran 19.24). Als sie nach Hause kommt, wird sie von ihren Sippengenossen mit Vorwürfen empfangen. Doch sie deutet, ohne sich zu verteidigen, auf das Jesuskind, das plötzlich zu reden anfängt und sich als Sklave und Prophet Allahs zu erkennen gibt (Koran 19,30). So ist dieses Wunder die erste Botschaft an die Menschen und eine Rechtfertigung für seine Mutter.

Über Leben und Wirken Jesu scheint Mohammed keine besonderen Kenntnisse zu haben. Jesus wird als Prophet zu den Juden gesandt, zuerst, um die Thora zu bestätigen (Koran 3.44, 61.5, 5.50) und sie teilweise abzuändern (Speisegesetze 3.43), zum andern, um ihnen das Evangelium zu bringen (Koran 3.43, 57.27, 5.50, 110).

Unter Evangelium versteht Mohammed nicht eine oder alle Schriften des Neuen Testaments oder die Heilsbotschaft, sondern eine göttliche Offenbarung, die Jesus empfangen habe, so wie er selbst den Koran. Wenn auch nichts über den Inhalt des Evangeliums verlautet, so wird unterstellt, daß dieser grundsätzlich mit dem Koran übereinstimmt!

Unser Evangelium ist in den Augen der Moslems ein gefälschtes Dokument. Mohammed wendet sich gegen jeden

Versuch, aus Jesus den Sohn Gottes zu machen (Koran 5.116).

Sprich: Er ist der eine Allah, der ewige Allah, er zeugt nicht und wird nicht gezeugt, und keiner ist ihm gleich (Koran 112. 1–4).

Der Antichrist

> *Kinder, es ist die letzte Stunde! Und wie ihr gehört habt, daß der Antichrist kommt, so sind nun viele Antichristen geworden; daran erkennen wir, daß es die letzte Stunde ist (1. Johannes 2,18).*

> *Jeder Geist, der Jesus nicht bekennt, der ist nicht von Gott. Und das ist der Geist des Antichrists, von welchem ihr gehört habt, daß er kommt; und jetzt schon ist er in der Welt (1. Johannes 4,3).*

Um den Antichristen zu erkennen, hat man oft gewaltige Kunststücke versucht; Spekulationen wurden aufgestellt, Voraussagen gemacht, die sich aber alle mit dem wahren Bild des Antichristen nicht deckten. Wir haben vorgeprägte Matrizen, in die wir die Endgeschichte hineinzwängen möchten. Unsere Bemühungen sind vergeblich. Das Bild wird immer undeutlicher und komplizierter und deshalb unverständlich und unglaubwürdig.

Am Ende der Zeit wird der antichristliche Geist in einem politischen und religiösen System Gestalt annehmen, das durch *einen* Mann regiert wird. Noch nie zuvor waren dafür die Bedingungen, d. h. die Konjunktur der politischen Macht für das *Tier* und den *falschen Propheten* so günstig wie heute. Es sind viele Tatsachen, die darauf hinweisen. Die Ereignisse im Nahen Osten und in der Welt können nicht Zufall sein.

Woher kommt der Antichrist?

Es wurde immer wieder die Vermutung geäußert, der Antichrist käme aus Rom. Manche sind auch der Ansicht, der Antichrist würde ein Jude sein. Keine dieser Vermutungen stimmt jedoch – nach meiner Meinung – mit dem prophetischen Wort überein. Sicher ist, daß der Antichrist der Vertreter einer geistlichen Macht sein wird, die die Welt, besonders die an Israel grenzende Welt, verführen und beherrschen wird. Nach der heutigen Weltlage könnte auch die europäische Gemeinschaft unter die Herrschaft des Antichristen kommen, nicht aber umgekehrt.

J. A. Bengel schrieb:

Man hat von Urzeiten her auf einen Feind gewartet, der unter einem geistlichen Schein ein ungeheures Unheil stiften würde. Diesen Feind pflegt man *den großen Antichristen* zu nennen.

Soll nun das Tier nicht das römische Papsttum sein, so muß man eine Macht zeigen, die größer ist als der Papst (Albrecht Bengel, Gnomon, II,2).

A. Bengel vermutet, das *Tier* sei Rom. Doch hat er eine stärkere Macht als die des Papsttums nicht ausgeschlossen. Es bleibt jedem frei, zu prüfen, ob Rom oder die Ölstaaten mächtiger sind.

Einer beleuchtet uns den Antichristen mit aller Klarheit: Johannes. Er schreibt:

Wer darüber hinausgeht und nicht in der Lehre Christi bleibt, der hat Gott nicht; wer in der Lehre bleibt, der hat den Vater und den Sohn (2. Johannes 9).

Also: wer nicht glaubt, daß Christus der Sohn Gottes ist, der hat Gott nicht. Suchen wir nun den Antichristen in Rom, gehen wir fehl, denn Rom und das Papsttum haben nie die Sohnschaft Jesu geleugnet. Dagegen sind wir auf dem rechten Weg, wenn wir aufgrund des Johanneswortes den Antichristen im Islam suchen.

Nur der ist verständig, und nur der erkennt die Zeichen der Zeit, der durch den Glauben an Jesus Christus Gottes Geist empfangen hat (Epheser 1,13).

Der natürliche Mensch aber nimmt nichts an, was vom Geiste Gottes ist; denn es ist ihm eine Torheit und er kann es nicht verstehen, weil es geistlich beurteilt werden muß (1. Korinther 2,14).

In Christus liegen verborgen alle Schätze der Weisheit und der Erkenntnis (Kolosser 2,3).

Das Tier aus dem Abgrund

Das Tier, welches du gesehen hast, war und ist nicht mehr, und es wird aus dem Abgrund heraufkommen und ins Verderben laufen; und die auf Erden wohnen, deren Namen nicht geschrieben sind im Buche des Lebens von Grundlegung der Welt an, werden sich verwundern, wenn sie das Tier sehen, daß es war und nicht ist und da sein wird (Offenbarung 17,8).

Das antichristliche Zeitalter hat schon begonnen. Es erweist sich, daß es kein christliches Abendland gibt, wie das jahrhundertelang geglaubt wurde. Die Menschen sind zu Materialisten geworden, die das goldene Kalb anbeten. Sie sind nicht bereit, Opfer auf sich zu nehmen, um auf die Herausforderungen der Weltlage im biblischen Sinn zu reagieren, vielmehr werden sie vor dem *falschen Propheten* und bald vor dem *Tier* in die Knie gezwungen.

Das Abendland nimmt Stellung gegen das Volk, aus dem das Heil kommt, und verwirft damit das Fundament, den Felsen, auf dem das christliche Abendland aufgebaut ist, das heißt: 2000 Jahre unserer Geschichte.

So wählen die Menschen, wie Sara und Abraham, den zweitbesten Weg, den Gott nicht anerkennt, den Weg des Fleisches, des menschlichen Wollens. Ihr Denken wurde durch Jahrtausende geformt, aber auch degeneriert. Es wird ihnen schwerfallen, sich von falschem Denken zu befreien.

Um die endgeschichtliche Lage beurteilen zu können, müssen wir uns einen Überblick über die Vergangenheit verschaffen. Dabei ist es entscheidend, die endgeschichtliche Entwicklung nicht vom europäischen Standpunkt aus zu sehen. Wir müssen umdenken lernen: Die Endzeit spielt sich nicht in Europa, sondern im Nahen Osten ab.

Die echten Christen in Europa sind sowieso eine Minorität. Sie werden nicht ins Gewicht fallen, wenn es darum geht, gegen das Aufkommen des falschen Propheten anzukämpfen. Der falsche Prophet wird nicht aus einem europäischen Land, sondern aus dem Orient kommen. Er wird ein Sohn Abrahams sein, ein Semit, denn von dorther haben sich geschichtlich zwei Machtbereiche entwickelt.

Der eine wird durch Satan angeführt und bereitet das Chaos vor. Der andere wird durch den Geist Christi geführt und bereitet die Entrückung der Gemeinde und die Herrlichkeit vor. Sie leitet die Vernichtung des antichristlichen Reiches mit der Bindung des Drachen, dem Tier und falschen Propheten ein, zur Aufrichtung des tausendjährigen Friedensreiches Jesu Christi.

Wie Jesus Christus, so auch der Antichrist

Wie Jesus Christus zu der von Gott bestimmten Zeit offenbart wird:

Bei der Offenbarung unseres Herrn Jesus Christus vom Himmel her samt den Engeln seiner Kraft (2. Thessalonicher 1,7),

so wird auch der Antichrist seine sichtbare Offenbarung haben in der von Satan erwählten Zeit.

Und dann wird der Gesetzlose geoffenbart werden (2. Thessalonicher 2,8)

dessen Auftreten nach der Wirkung des Satans erfolgt (2. Thessalonicher 2,9).

Und der Drache (Satan) gab dem Tier seine Kraft und seinen Thron und große Macht (Offenbarung 13,2).

Wie der Vater durch den auferstandenen Sohn alle Herrlichkeit erhielt:

Vater verherrliche deinen Namen! Da kam eine Stimme vom Himmel: Ich habe ihn verherrlicht und will ihn wiederum verherrlichen (Johannes 12,28);

Und alle Zungen sollen bekennen, daß Jesus Christus der Herr sei, zur Ehre Gottes, des Vaters (Philipper 2,11);

Wenn ihm aber alles unterworfen sein wird, dann wird auch der Sohn selbst sich dem unterwerfen, der ihm alles unterworfen hat, auf daß Gott sei alles in allen (1. Korinther 15,28);

so wird auch der Drache durch das Tier die Ehre der Menschheit erhalten, nachdem es wieder lebendig wurde.

Und sie beteten den Drachen an, weil er dem Tier die Macht gegeben und beteten das Tier an und sprachen: Wer ist dem Tier gleich, und wer vermag mit ihm zu streiten? (Offenbarung 13,4).

Der antichristliche Friedefürst

Es ist der Wunsch eines jeden Moslems, einmal in seinem Leben in der Al-Aqsa-Moschee zu beten. Sadat ist es gelungen, sich diesen Wunsch zu erfüllen. Vielleicht war der ganze Aufwand der Friedensverhandlungen und der Reise nach Jerusalem nur der Preis für ein Gelübde. Die ganze Welt sah im Fernsehen den großen Augenblick, als der *Friedefürst* in Jerusalem einzog. Ein Reporter sagte: *Es ist, als käme der Messias.*

Dann erlebte die ganze Welt mit, wie Sadat, der Friedefürst, sich in der Al-Aqsa-Moschee, die auf dem einstigen jüdischen Tempelplatz steht, vor Allah, dem Gott, der sich über alle anderen erhebt, ausrief: *Allah il Allah* und *Allah hu akbar.*

Die Welt war in einem Taumel, Menschen weinten vor Freude vor dem Fernsehschirm. In Jerusalem tanzten Israelis auf den Straßen. Sollte der Augenblick der Versöhnung der zwei Brüder gekommen sein, der Augenblick, auf den die ganze Welt wartet, um wieder von der Nahostkrise zu gesunden?

Doch es scheint, als sei diese Szene nur die Generalprobe für den starken Mann gewesen, den der Nahe Osten erwartet. Wie wird es sein, wenn er einmal in Jerusalem einzieht, um sich am *Greuel der Verwüstung* niederzulassen! Er will dort seinen Gott, der der höchste Gott ist, und neben dem es keinen anderen Gott gibt, anbeten. Aber dieser Gott ist nicht der Vater unseres Herrn Jesus Christus, denn der starke Mann wird leugnen, daß Jesus Christus der Sohn Gottes ist (1. Johannes 2, 18–28).

Im Jahre 70 wurde der *Greuel der Verwüstung* an heiliger Stätte aus dem einfachen Grund nicht errichtet, weil der Tempel sofort verbrannt und zerstört wurde. Die geweihten Geräte und Gegenstände und der große goldene Leuchter, Symbol der Gegenwart Gottes, wurden durch die Straßen Roms geschleift. Doch das alles ist nicht zu vergleichen mit der Opferung eines Schweines im Tempel, das Antiochus-Epiphanes († 164 v. Chr.) anordnete und damit die Revolte der Makkabäischen Familie hervorrief.

Wovon aber redet Jesus in Matthäus 24, 21–22? Ohne Zweifel spricht er von dem kurzen Reich, das Paulus das *antichristliche* nennt. Er beschreibt es im 2. Brief an die Gläubigen zu Thessalonich:

> *Denn zuerst muß der Abfall kommen und der Mensch der Sünde, der Sohn des Verderbens geoffenbart werden, der Widersacher, der sich über alles überhebt, was Gott oder Gegenstand der Verehrung heißt, so daß er sich in den Tempel Gottes setzt und sich selbst als Gott erklärt. Aber der Herr Jesus wird ihn durch den Geist seines Mundes aufreiben und durch die Erscheinung seiner Wiederkunft vernichten (2. Thessalonicher 2, 3–5* + 8).

Mit anderen Worten: An der Stelle des Tempels und an heiliger Stätte wird eines Tages ein Mann auftreten und sich als Herr über alles ausgeben. Er wird ein Feind all derer sein, *die den Namen Gottes tragen.*

Es ist eine ungeheuerliche Tatsache, daß von dem Ort, wo die Wohnung des Gottes Israel stand, Prediger des *falschen*

Propheten zur Zerstörung Israels aufrufen. Anti-Christ bedeutet: *Anti-Messias,* oder auch *Anti-Jesus.* Wenn dieser Mann der christlichen Welt gegenüber feindlich gesinnt ist, so ist er es auch Israel gegenüber, das ja durch die Gnade Gottes im Zentrum des messianischen Dramas steht. Diese einmalige Stellung Israels ist sicher der Grund für die wiederholten Bedrohungen durch *Endlösungen.*

Dieses Volk, das die messianische Zeit *gebären* soll, versucht Satan mit allen Mitteln von der Erde zu vertilgen. Darum hat er alle früheren Reiche gegen Israel aufgehetzt. Alles wurde in Bewegung gesetzt, damit das Volk Israel Jesus nicht hervorbringen könnte. Auch der Befehl des Herodes, die jüdischen Kinder im Bereich von Bethlehem zu ermorden, diente diesem Ziel. *Wer Ohren hat zu hören, der höre, wer Augen hat zu sehen, der sehe!*

Scheinfriede und Friede

Der Friedensbund, der gemäß der Voraussage des Propheten Daniel angestrebt wird (Daniel 9,27) und mitten in der Jahrwoche gebrochen wird (Daniel 7, 25), kann nur ein Scheinfriede sein (Daniel 8,25). Seine Grundlage ist Kompromiß und Lüge, und er wird mit einer dämonischen Macht unter dem Deckmantel der Berufung auf den Vater Abraham und des Monotheismus geschlossen.

Denn vom Kleinsten bis zum Größten trachten sie alle nach Gewinn, und vom Propheten bis zum Priester gehen sie alle mit Lüge um. Und sie heilen den Schaden der Tochter meines Volkes leichthin, indem sie sprechen: Friede! Friede! wo doch kein Friede ist (Jeremia 6, 13–14).

Sie verführen mein Volk, indem sie sagen: Friede! und ist doch kein Friede. Das Volk baut eine Wand und diese übertünchen sie mit losem Kalk (Hesekiel 13,10).

Die Friedensverhandlungen der Gegenwart sind nur ein Tünchen mit losem Kalk, der bei der kommenden Trübsal abgewaschen wird. Die Fassade wird zerfallen. Die Anstreicher werden mit ihren Lügen zuschanden und mit ihnen das Volk und alle Völker, die sich verführen ließen. Denn Friede kann nicht auf der Grundlage von Lüge aufgebaut werden.

Dieser heute abgeschlossene Friede kann nur eine Vermählung zwischen der Tochter Israel und einem Bräutigam sein, der sie heiratet, um sie umso besser vernichten zu können.

Ein dauerhafter Friede kann nur auf der Grundlage der Wahrheit (Johannes 14,6) und mit dem Friedefürsten selbst geschlossen werden. Denn:

> *Uns ist ein Kind geboren, ein Sohn ist uns gegeben; und die Herrschaft kommt auf seine Schultern; und man nennt ihn Wunderbar, Rat, starker Gott, Ewigvater, Friedefürst. Der Mehrung der Herrschaft und des Friedens wird kein Ende sein auf dem Thron Davids und in seinem Königreich, daß er es gründe und mit Recht und Gerechtigkeit befestige, von nun an bis in Ewigkeit. Der Eifer des Herrn der Heerscharen wird solches tun! (Jesaja 9, 5–6).*

Israel wird nicht zur Ruhe kommen, bis es den Friedefürsten Jesus Christus anerkennt.

> *Wenn doch auch du, Jerusalem, erkannt hättest an diesem deinem Tage, was zu deinem Frieden dient! (Lukas 19, 42).*

Aber noch immer ist es vor seinen Augen verborgen. Wie lange noch?

> *Es wird in späteren Zeiten geschehen, daß der Berg des Hauses des Herrn* (der messianische Tempel) *festgegründet an der Spitze der Berge stehen und über alle Höhen erhaben sein wird, und es werden ihm alle Heiden zuströmen; und viele Völker werden hingehen und sagen: Kommt, laßt uns wallen zum Berge des Herrn, zum Hause des Gottes Jakobs, daß er uns belehre über seine Wege und wir wandeln auf seinen Pfaden! Denn von Zion wird die Lehre ausgehen, und des Herrn Wort von Jerusalem. Und er wird Schiedsrichter sein zwischen den Nationen und zurechtweisen große Völker, also daß sie ihre Schwerter zu Pflugscharen und ihre*

Spieße zu Rebmessern verschmieden werden; kein Volk wird wider das andere ein Schwert erheben, und sie werden den Krieg nicht mehr erlernen (Jesaja 2, 2–4).

Der Traum der Menschheit wird dann in Erfüllung gehen, doch nicht so, wie die Völker und Nationen es sich gedacht haben, ohne den ersten Teil dieser Verse.

Die UNO hat sich den letzten Teil dieses Jesaja-Textes angeeignet, er steht am Fuß des mächtigen Glaspalastes in New York, dem Sitz der Vereinten Nationen. Ist das nicht eine Herausforderung an den, der Richter und Herr über die Nationen sein wird?

Er, der König aller Könige, wurde aus der Weltgeschichte ausgeklammert. Nur darum haben wir heute das Nahost-Problem.

Und deshalb ist das Endziel der antichristlichen Macht die Vernichtung Israels. Darum wird der Friede, der mit Israel geschlossen wird, nur eine Zeit, zwei Zeiten und eine halbe Zeit dauern (Daniel 7, 25).

Die Nationen müssen genauso wie Israel durch die *große Trübsal* gehen, wie es keine gab, seit die Welt besteht (Matthäus 24, 21), um gedemütigt und dahin geführt zu werden, den Herrn aller Herren, und König aller Könige anzuerkennen (Matthäus 24, 30).

Um Mitternacht aber entstand ein Geschrei: Siehe der Bräutigam kommt! Gehet aus, ihm entgegen! (Matthäus 25,6).

Es muß noch dunkler werden, – Mitternacht heißt diese Stunde. Dann, wenn die Nacht am dunkelsten ist, wenn die Nationen und Israel sehen, in welch tiefen Abgrund sie der Fürst dieser Welt gestürzt hat, aus dem es keinen Ausweg mehr gibt, dann greift Jesus Christus selbst ein.

Und dann wird das Zeichen des Menschensohnes am Himmel erscheinen, und dann werden alle Geschlechter der Erde sich an die Brust schlagen und werden des Menschen Sohn kommen sehen auf den Wolken des Himmels mit großer Kraft und Herrlichkeit (Matthäus 24,30).

Dann wird der König aller Könige und Herr aller Herren, der Friedefürst, von Jerusalem aus herrschen und seine Ekklesia mit ihm (Offenbarung 19,11 und 20,6).

Dieses Friedensreich wird durch die Geburtswehen der großen Trübsal geboren werden.

Jedes Bündnis, das Israel schließt, außer mit Gott selbst – das heißt: gestützt auf sein Wort – kann nur eine Ersatzlösung sein, die Israel immer mehr in den Sumpf der Verzweiflung treiben wird.

Ob Israel den Ruf seines Messias bald hören wird?

Jerusalem, Jerusalem, die du tötest die Propheten und steinigst, die zu dir gesandt sind! Wie oft habe ich deine Kinder sammeln wollen, wie eine Henne ihre Küchlein unter die Flügel sammelt, aber ihr habt nicht gewollt! Siehe, euer Haus wird euch öde gelassen werden; denn ich sage euch: Ihr werdet mich von jetzt an nicht mehr sehen, bis ihr sprechen werdet: Gelobt sei, der da kommt im Namen des Herrn! (Matthäus 23, 37–39).

Der augenblickliche Friede mit Ägypten ist nicht der Friede oder das Bündnis mit dem letzten (vierten) Tier (Daniel 7), sondern vielmehr eine Zuflucht und ein Bündnis Israels gegen das Tier aus dem Norden.

Dieses Bündnis geschieht nicht nach dem Willen des Herrn.

Weh denen, die nach Ägypten hinabziehen um Hilfe und sich auf Pferde verlassen, aber auf den Heiligen Israels nicht sehen und den Herrn nicht suchen (Jesaja 31,1).

Das wahre Bündnis wird erst dann zustande kommen, wenn die Verheißung des Propheten Sacharja in Erfüllung geht und der Herr über die ganze Erde König werden wird:

An jenem Tage wird nur ein Herr sein und sein Name nur einer (Sacharja 14,9).

Dann erst wird der wahre Friede im Nahen Osten zwischen Ägypten, Syrien und Israel geschlossen, doch diesmal unter der Schirmherrschaft des Friedefürsten.

Alsdann wird von Ägypten eine gebahnte Straße nach Assyrien gehen; der Assyrer wird nach Ägypten und der Ägypter nach Assyrien kommen, und die Ägypter werden mit den Assyrern dienen.

Und der Herr der Heerscharen wird sagen: Gesegnet bist du, Ägypten, mein Volk, und du, Assur, meiner Hände Werk, und du, Israel, mein Erbteil! (Jesaja 19, 23 + 25).

In jener Zeit des tausendjährigen Friedensreiches wird die Welt eine Umwälzung erleben. Dann wird auch Ismael zu Jahwe finden, und der Friedensbund der Brüder des Nahen Ostens wird ein Brüderbund erleuchteter Nationen sein. Dann wird die Halbmondsichel über dem Nahen Osten von der Sonne der Gerechtigkeit verdrängt werden. Die ganze Welt wird dann einstimmen in das Lied des Psalmisten:

Vom Aufgang der Sonne bis zu ihrem Niedergang sei gelobt der Name des Herrn! (Psalm 113, 3).

Unter diesem Namen Jahwe werden die Nationen eingehen in den Frieden und nicht unter dem Namen eines fremden Gottes (Jesaja 43, 11–13).

Denn vom Aufgang der Sonne bis zu ihrem Niedergang ist mein Name groß unter den Nationen (Maleachi 1,11).

7

DIE VIER APOKALYPTISCHEN TIERE

Israel war dem Herrn geheiligt, der Erstling seines Ertrages; alle die es fressen wollten, mußten es büßen; es kam Unglück über sie (Jeremia 2,3).

Gott hat ihn (Jakob) in der Wüste gefunden, im einsamen, öden Jammertal. Er beschützte ihn, gab acht auf ihn und behütete ihn wie seinen Augapfel (5. Mose 32,10).

Wer euch (Israel) antastet, der tastet seinen Augapfel an (Sacharja 2,12).

Die Aussagen dieses Kapitels mögen vielleicht nicht die endgültige Erfüllung der Prophetie Daniels schildern, sie sind aber auf jeden Fall symptomatisch für die Endereignisse, wie sie uns in der Offenbarung geschildert werden.

Aus dieser Perspektive können wir wohl die Entwicklung im Nahen Osten und der Weltgeschichte allgemein beurteilen, ohne als Spekulanten abgestempelt zu werden.

Durch die Ereignisse des Dritten Reiches trat der Staat Israel wieder in das Gesichtsfeld der Völker. Rückblickend kann man sicher sagen, daß in jenen Jahren die Endzeit ihren Anfang nahm.

Die nachfolgende Auslegung der Prophetie über die vier Tiere aus Daniel 7 wurde aus der

»Encyclopédie Prophétique«

von Jacques Levitan, La Pensée Universelle, übernommen.

Das erste Tier

Das erste Tier glich einem Löwen und hatte Adlerflügel. Ich betrachtete das Tier, bis ihm die Flügel ausgerauft wurden

und es von der Erde aufgerichtet und wie ein Mensch aufrecht auf seine Füße gestellt und ihm ein menschliches Herz gegeben wurde (Daniel 7,4).

Das erste Tier war wie ein Löwe (hebräisch Ari/Arieh = Arier?) und hatte Flügel wie ein Adler. Das Hitler-System (Tier) hat durch den Versuch der Endlösung für die Juden die Endzeit eingeleitet. Durch die in der Weltgeschichte in diesem Ausmaß einmalige Judenvernichtung wurde aber auch die Errichtung des Staates Israel in die Wege geleitet.

Nach dem Zusammenbruch und der Teilung Deutschlands wurde dieses Tier wieder *normal*, und es wurde ihm wieder ein menschliches Herz gegeben (Daniel 7,4).

Immer wieder taucht die Frage auf, wie konnte dies in Deutschland geschehen? Antwort: Es war möglich, weil *die Zeit erfüllt war* und die jahrtausendalte Prophetie in Erfüllung gehen mußte. Aber das kann natürlich für die Deutschen keine Entschuldigung für den Mord an 6 Millionen Juden sein.

Ist es nicht merkwürdig, daß wir schon zur Zeit der Herrschaft des *ersten Tieres* den Geist des *vierten Tieres* finden?

Bereits vor dem zweiten Weltkrieg arbeitete der Groß-Mufti von Jerusalem mit Hitler zusammen, und während des Krieges drängte er Hitler, sein Programm der *Endlösung* so schnell wie möglich zu verwirklichen. Das heißt: Er sollte das jüdische Volk in den Konzentrationslagern, Gaskammern und Krematorien vernichten.

Zu den Zielen Hitlers gehörte auch die Eroberung Palästinas, um die *Endlösung* bis in den Kern des verheissenen Landes – der Juden letzte Hoffnung – zu tragen. Aber im Norden Ägyptens ging den Deutschen das Benzin aus, ihre Panzer und Fahrzeuge blieben liegen. Zufall? Die deutsche Armee hatte den Befehl, von Ägypten aus nach Palästina vorzudringen, um das Land samt Jerusalem einzunehmen.

In der Kattarasenke hofften die deutschen Truppen, in einem englischen Militärlager Benzin zu finden. Als sie jedoch das Lager eingenommen hatten, mußten sie feststellen, daß die Vorräte erschöpft waren. Dann hofften sie auf ein italienisches Schiff, doch anstatt Benzin hatte es Wasser getankt.

Die feindliche Artillerie brachte den deutschen Vormarsch zum Stehen: Der Marsch auf Jerusalem war zu Ende, und der Rückzug begann, denn der Auftrag des *ersten Tieres* war erfüllt. Auch über ihm war bestimmt, wie lange es währen sollte (Daniel 7,12). Es waren kurze tausend Jahre!

Das zweite Tier

Das zweite Tier glich einem Bären und war nur auf einer Seite aufgerichtet und hatte drei Rippen in seinem Maul zwischen seinen Zähnen; und es ward zu ihm gesagt: Stehe auf, friß viel Fleisch! (Daniel 7,5).

Wird Rußland nicht oft sinnbildlich als Bär dargestellt, und hat es nicht nach dem Krieg die Oststaaten und Ostdeutschland *aufgefressen*? (Daniel 7,6).

Die Sowjetunion hat den Staat Israel sofort anerkannt, nachdem Ben Gurion die Proklamation der Staatsgründung verlesen hatte. Heute steht sie auf der Seite der Feinde Israels.

Doch auch die Zeit dieses Tieres ist begrenzt. Offensichtlich spielt die Sowjetunion die arabische Karte gegen Israel aus. Innerhalb ihrer Grenzen wohnen etwa 50 Millionen (!) Moslems.

Vor 250 Jahren *prophezeite* Zar Peter der Große, der noch nicht wissen konnte, wie nützlich, ja unentbehrlich das Öl ist, daß die Zukunft der Welt von dem Gebiet um den Persischen Golf abhängig sein werde. In seinem Testament steht: *Wer den Persischen Golf besitzt, wird die Welt beherrschen.*

Deshalb befürchtet Saudi-Arabien, der *sowjetische Bär* könnte seinen Hunger (Daniel 7,5) mit den Gebieten des Nahen Ostens stillen wollen, denn ab 1982 wird Rußland Öl importieren müssen, das seine Maschinen in Gang hält. Es ist deshalb nicht ausgeschlossen, daß Rußland sich dem Konflikt gegen Israel anschließen wird, insbesondere an der Seite Assyriens (Irak und Syrien), dem *vierten Tier* im Kampf gegen Israel.

Das dritte Tier

Danach schaute ich weiter und siehe, ein anderes Tier wie ein

Panther; das hatte vier Vogelflügel auf seinem Rücken, auch vier Köpfe hatte dieses Tier, und ihm ward Macht verliehen (Daniel 7,6).

Das *dritte Tier* wird von dem zweiten in den Sattel gehoben. Der Islam betritt die Weltbühne. Das *dritte Tier* war gleich einem Panther (Afrika).

Nasser brachte den Nahen Osten und dadurch die Weltpolitik in eine neue Bahn. Der Suez-Kanal wurde von ihm verstaatlicht, und zu gleicher Zeit wurde die Ohnmacht und Uneinigkeit des Abendlandes offenbar.

Die Zeit des Tieres, *das war, nicht ist, und wiederkommt*, wurde eingeleitet; das *Weib*, das *auf dem Tier ritt* (Offenbarung 17), versuchte mit letzter Kraft, das Tier in seiner Gewalt zu halten, aber es gelang ihr nicht. Eine Wende trat ein: der Untergang des Abendlandes.

Es hieß damals, daß Hitler in Nasser am Nil wieder auferstanden sei. Er war der Mann, der die arabische Welt unter dem Banner des arabischen Nationalismus zu einigen suchte (VAR = Vereinigte Arabische Republik), um den Fremdkörper Israel aus dem Dar al Arab [arabisches Territorium] auszurotten.

Pan-Arabismus und Haß gegen Israel ist der gemeinsame Nenner, der die arabische Welt einigen wird. Nasser war der Mann der Stunde. Ihm gelang das Bündnis mit Syrien, Jordanien, Sudan und Libyen (vier Köpfe: Daniel 7,6), um einen Krieg gegen Israel anzuzetteln, unterstützt von den Flügeln (Luftwaffe) Rußlands und seinen Militärberatern.

Nasser war der Bindestrich zwischen dem Pan-Arabismus und dem Pan-Islamismus. Doch auch Nasser war Zeit und Stunde gesetzt, und auch er war nur eine Verbindungslinie hin zu dem *vierten Tier.*

Bevor der Ayatollah Khomeini Paris verließ, sagte er: *Nichts ist legitim, weder die Herrschaft des Schahs noch die Herrschaft Bakhdiars, es kann nur die islamische Republik geben.*

Wir können diesen Gedanken weiterführen und sagen: keine Herrschaft oder Religion ist legitim außer der einen, die Allah über die Welt bestimmte: Herrschaft und Religion des Islam.

Vor unseren Augen verlagert sich heute der Schwerpunkt des Geschehens von den Ländern südlich von Israel zu den Ländern nördlich von Israel.

Babel war ein goldener Becher in der Hand des Herrn, der die ganze Welt trunken machte; die Völker haben von ihrem Wein getrunken, darum sind die Völker toll geworden (Jeremia 51,7).

Das vierte Tier – Rom oder Babylon?

Das Tier, welches du gesehen hast, war (aus dem Meer von 650 bis 1683?) und ist nicht mehr, und es wird aus dem Abgrund heraufkommen (Offenbarung 17,8).

Johannes sieht das Tier heraufsteigen, und von da an übt das Tier große Gewalt aus (Aufstieg des Islam von 630 bis 1683).

Danach aber schwang sich das *Weib* auf das *Tier* und wurde von ihm getragen und besaß die Macht. Das heißt: Das Tier war sehr mächtig, bis das Weib die Oberhand bekam. Dann heißt es: *das Tier ist nicht*, es hatte seine Macht verloren, es war dienstbar geworden und mußte das Weib auf sich sitzen lassen, das dann Königin war.

Das *Weib* war das christlich-römische Reich der Kolonialzeit der Nationen, das die Geschicke der Welt eine Zeitlang regierte.

Nach dem Zweiten Weltkrieg fing der Zerfallsprozeß des Weibes an, die kolonisierten Völker warfen – eines nach dem anderen – das *Weib* ab.

Von nun an bekommt für kurze Zeit das *Tier* wieder die Oberhand. Es wird nicht lange, aber um so schrecklicher regieren und toben und die Macht, die es von dem Drachen erhält, voll ausnützen.

Die christliche Autorität, die vom römischen Kaiser Konstantin auf den Thron gehoben wurde und die alle Könige der Erde segnete mit allem, was sie an Greueln und Ungerechtigkeiten, Kriegen, Christen- und Judenverfolgungen und Kreuzritterzügen vollbrachten, wird dem Gericht verfallen und den Lohn ihrer Hurerei erhalten.

Das Tier wird dem Weibe alles heimzahlen, es hat heute die Möglichkeit dazu.

> 842 starb Kalif Mutasim, und der Papst benützte die Todesnachricht zu einem anscheinend genialen Streich: Über Nacht verwandelte er die islamische Bankniederlassung in sein eigenes privates Geldinstitut und nannte es »*Bank des Heiligen Geistes*«, denn der hatte ihm angeblich die Idee zugeflüstert. (Söhne der Wüste. H. G. Behr, Econ)

Die Zukunft des Abendlandes liegt vollständig in den Händen des Tieres. Das *Tier* ist weiter nichts als die Urkraft und die Wiederherstellung des Heidentums – unter einem religiösen Mäntelchen. Das Tier ist heute wieder voller Leben, weil es das *Weib* abgeworfen hat. Die Gottlosigkeit macht sich immer stärker bemerkbar. Das *Weib* wird sich dem *Tier* unterwerfen, um überleben zu können.

Durch das Wiedererwachen des Islam wurde eine Trennungslinie zwischen dem Abendland (*dem Weib*) und dem Nahen Osten (*dem Tier*) gezogen.

Wir finden in der Bibel keinen Hinweis darauf, daß das frühere Römische Reich eine prophetische Aufgabe hätte. Es war und ist ein Fehler, Babylon nach Rom zu verlegen, denn dadurch wird die Erkenntnis getrübt, und wir können den Aufstieg und die wahre Aufgabe des *Tieres* nicht erkennen. Die Mittelmeerländer, und auch das vereinigte Europa, werden von den starken Kräften des Islam aufgesogen werden, aber ohne prophetische Bedeutung bleiben.

> Das Öl-Embargo, das von den arabischen Ländern ausgelöst wurde, hat allen Europäern deutlich gemacht (oder vielmehr denen, die noch nicht davon überzeugt waren), daß ein vereinigtes Europa nicht existiert. (José Fralon, L'Europe, c'est fini, Calmann Lévy)

Die Startlinie für die Prophetie der Endzeit liegt in Israel und bei den Völkern und Reichen um Israel herum, nicht in Europa. Ausgangspunkt ist der Nahe Osten. Dort, wo die Füße des Standbildes Nebukadnezars standen, wird auch der Koloß, der seit Nebukadnezar die Weltbühne beherrscht, den Todesstoß bekommen (Daniel, Kapitel 2).

Babylon, das heißt der Irak, befindet sich heute in starkem Aufbruch. Die Baath-Bewegung (Baath heißt auf deutsch *Auferstehung*: Auferstehung des Tieres ?), die sich als Ziel die Vereinigung der arabischen Völker gesetzt hat, ist dort geboren. Das Ziel dieses Landes ist die Ausrottung des israelischen Staates.

Der Irak ist eine Ölmacht, die vielleicht morgen in der arabischen Welt führend sein wird. Vielleicht bringt der Irak einen neuen Saladin (1138–1193) hervor, der den Traum von der Einheit des arabisch-islamischen Blocks verwirklichen wird.

> Die Baath-Partei, 1941 in Syrien gegründet, weiß, daß der Islam auch heute noch die stärkste Macht ist, die alle Araber miteinander verbindet. Die Wiedervereinigung aller arabischen Brüdervölker aber in einem großarabischen Reich ist das außenpolitische Traumziel der irakischen Funktionäre. Der Zusammenschluß des Irak mit Syrien zu einem Großstaat soll in Kürze den Anfang bilden. Die Irakis sind so erfolgreich, daß man sie schon die Preußen des Nahen Ostens nennt (aus »Stern« vom 10. 5. 79).

> Babylon, die alttestamentliche Stadt Babel am Euphrat, soll auf Beschluß der irakischen Regierung wieder aufgebaut werden. Wie am Sonntag aus Regierungskreisen in der Hauptstadt Bagdad verlautete, werden die Kosten für dieses Projekt auf 360 Millionen Dollar geschätzt. Sie sollen von der UN-Organisation für Erziehung, Wissenschaft und Kultur (UNESCO) getragen werden. Archäologen sowie Vertreter der UNESCO und andere internationale Organisationen seien eingeladen worden, sich an Ort und Stelle über den Wiederaufbau Babylons zu informieren. Babylon liegt etwa 95 Kilometer südlich von Bagdad. Die ältesten Anlagen der Stadt gehen bis ins dritte Jahrtausend vor Christus zurück. Nach der Eroberung durch die Perser 538 v. Chr. wurde Babylon die dritte Hauptstadt des Perserreiches (Neues Bülacher Tagblatt, 1. Juli 1974).

Der Same des Weibes, der die Gebote Gottes hält und das Zeugnis Christi hat, wird von dem Drachen verfolgt, der dem Tier die Macht gab. Das Tier ist Ausführungsorgan. Das christliche Abendland mit Rom ist die Hure auf dem Tier. Das Tier aber verachtet und haßt das Weib und wirft es ab.

Babylon

> *Und siehe, das vierte Tier war furchterregend, schrecklich und außerordentlich; es hatte große eiserne Zähne, fraß und zermalmte und zertrat das Übrige mit den Füßen; es war ganz anders als die vorigen Tiere und hatte zehn Hörner (Daniel 7,7).*

Ägypten hat sich durch den für die arabisch-islamische Welt begangenen Fehltritt – Friede mit Israel – den Zorn der Herrscher aus dem Norden zugezogen. In Damaskus wurde Sadat verurteilt und isoliert. Jetzt hat sich der Schwerpunkt der Politik in die Staaten nördlich von Israel verlagert. Der Weg für das vierte und letzte Tier wurde frei, zehn Könige wird es unter seiner Flagge vereinigen (Daniel 7,7 und Offenbarung 17,12). Aus diesem Bündnis wird der mächtigste Weltherrscher hervorgehen, »furchterregend und schrecklich«.

Er wird durch die ihm von dem Drachen gegebene Macht die Welt beherrschen, und die Welt wird sich durch den goldenen Becher trunken machen lassen. Es wird wie beim ersten Tier sein, niemand wird sich dem Tier widersetzen, wenn es gegen die Heiligen streiten und die Endlösung für Israel wieder zu verwirklichen suchen wird (Daniel 7,21 und Offenbarung 13,7).

Wie beim ersten Tier ein ganzes Volk irregeführt wurde, wird durch das vierte Tier die ganze Welt irregeführt werden. Wer sich dem Tier nicht unterstellt, wird zermalmt oder zertreten werden (Daniel 7,23).

Von dem Tier hängt Sein oder Nichtsein der Völker ab, niemand wird kaufen oder verkaufen können, wenn er sich nicht dem Tier unterwirft (Offenbarung 13,7).

Was könnte denn ein kleines Land von etwa 20 700 km^2 (Israel) mit kaum 3 Millionen Einwohnern gegenüber der ganzen Welt ausrichten? Menschlich gesehen nichts, doch Gott redet anders:

> *Darum, weil du teuer bist in meinen Augen, wertgeachtet, und ich dich lieb habe, so gebe ich Menschen für dich hin und Völker für deine Seele (Jesaja 43,4).*

Wie beim ersten Tier wird die Welt schweigen und den Tyrannen handeln lassen, denn die Welt kann schon heute nicht mehr schreien. Wenn dieses vierte Tier erscheint, ist es Nacht, und die Welt schläft und sieht nicht, was geschieht, oder will es nicht sehen.

Dieses *vierte Tier* wird von allen vieren das schlimmste sein (Daniel 7,20), es wird gegen das Heilige Land ziehen. Eine Zeitlang wird es Erfolg haben (Daniel 7,25), denn jedem Tier wurde seine Zeit gegeben, um seinen Auftrag auszuführen (Daniel 7,12).

Doch auch dem vierten und letzten Tier wird es nicht gelingen, die Endlösung für Israel bis zum Ende durchzuführen. Die Frage der Endlösung wird die Testfrage für die ganze Welt sein. Der Stein, der ohne Menschenhand vom Himmel fallen wird (Daniel 2,34–35 und 7,7), der Menschensohn, der in des Himmels Wolken erscheinen wird (Apostelgeschichte 1,11 und Offenbarung 1,7), wird die ganze Erde *erfüllen*. Ohne sein Eingreifen würde es dem letzten Tyrannen gelingen, Israel auszurotten (Matthäus 24,22). Doch die Erscheinung des Messias wird Israels Rettung sein (Sacharja 12,10; Offenbarung 1,7).

Das vierte und letzte Tier (Daniel 7,7) könnte eigentlich nur der Irak sein (Babylon – Assyrien – Groß-Syrien).

Dieses Reich ist heute im Entstehen. Der Zusammenschluß

Babylonisches Reich (2550–539 v. Chr.)
Assyrisches Reich (539–331 v. Chr.)

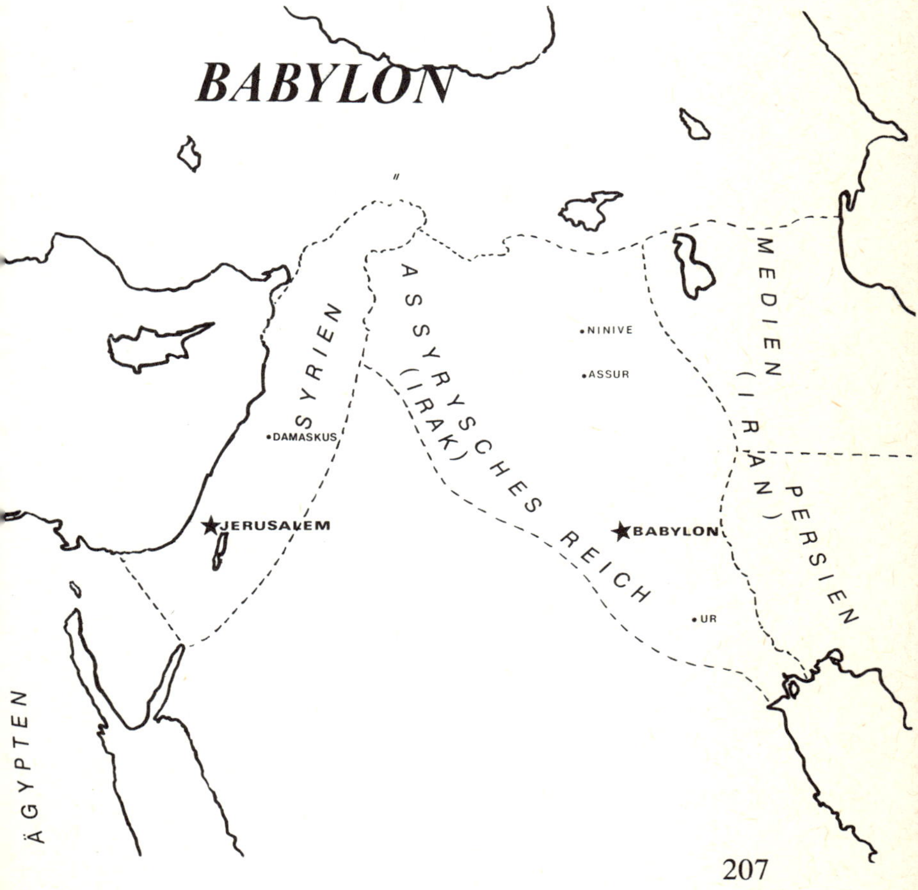

der Länder Irak, Syrien, Libanon und Iran ist durchaus denkbar! Dort war die Wiege der Menschheit, der Ort des Sündenfalls und der Machtbereich der ersten Tyrannen, die die Pläne Gottes zu vereiteln suchten. Allem Anschein nach ist die Geschichte Assyriens von Anfang bis zum Ende der Zeit vorprogrammiert.

> *Hast Du aber nicht gehört, daß ich solches längst vorbereitet und in den Tagen der Urzeit beschlossen habe (Jesaja 37,26)?*

Aus diesem Land kam schon Nimrod (1, Mose 10,8), der erste Tyrann, ein gewalttätiger Kriegsmann, der die ersten Waffen schmiedete und die ersten Städte baute, darunter Babel und Ninive (1. Mose 10, 10–11).

Aus Ninive kam ein Vorbote des Antichristen der Endzeit, Antiochus Epiphanes. Es zeigt sich immer wieder, daß die Geschichte nichts anderes ist als eine Wiederholung der Geschehnisse, die sich jedoch immer schneller entwickeln bis zur letzten Auseinandersetzung.

Es scheint also, daß der Irak ein besonderes Werkzeug für die Ausführung des Planes Gottes sein wird, den er im voraus aufgestellt hat: Von Assyrien – Groß-Syrien – wird der Zorn Gottes kommen.

> *Wehe Assur, der Rute meines Zorns, der in seiner Hand den Stecken meines Grimms trägt! (Jesaja 10,5).*

Babylon, das auf Erdöl schwimmt, wird die ganze Welt berauschen. In diesem neuerstehenden Babylon der Endzeit finden wir den Geist Nimrods wieder, der »ein gewaltiger Herr auf Erden war« (1. Mose 10,8).

Von Babylon – Ninive – wird auch der starke Mann der letzten Zeit kommen, der die zehn Könige versammeln wird (Vereinigung der Erdöl- und Finanzmächte unter dem Islam), um die Welt gegen Israel in den Endkampf hineinzuziehen.

> *Von dir (Ninive) ist ausgegangen, der wider den Herrn Arges ersann, der Heilloses plante (Nahum 1,11).*

Es wird ein unbekannter Mensch sein, der durch Intrigen die Herrschaft an sich reißen wird (Daniel 11,21), und zwar für eine vom Herrn festgelegte Zeit (Daniel 11,24). Er wird sich der Religion bedienen, um zu seinem Ziel zu kommen. Er wird sich überheblich und stolz gegen den Gott der Götter zeigen und wird sich über alle Götter erheben (Daniel 11,36; Jesaja 14,14; 2. Thessalonicher 2,4). Auch das Problem Libanon ist in den Plänen für Groß-Syrien enthalten.

Du hast durch deine Knechte den Herrn geschmäht und hast gesagt: Durch die Menge meiner Wagen (Panzer) bin ich auf die Berge gestiegen, die Enden des Libanon (Jesaja 37,24).

Wir können verstehen, wenn die Christen aus dem Libanon flüchten und sagen: Für uns gibt es keine Zukunft in diesem Land!

Vergessen wir nicht, daß durch den Aufruf eines Ayatollah Khomeini *Allah hu akbar* (Allah ist der größte) – ein Aufruf, den jedermann wochenlang im Fernsehen und Rundfunk hören konnte – sich Millionen von Moslems erhoben, um die mächtigste Dynastie der Welt zu stürzen. Können wir ermessen, welche Kraft sich heute im Islam zu regen beginnt?

Immer deutlicher scheint es sich herauszukristallisieren, daß sich die zehn Könige unter dieser Fahne zusammenschließen und die Welt in das Endchaos stürzen werden.

Auch Babel soll fallen, ihr Erschlagenen Israels, gleichwie um Babels willen Erschlagene auf der ganzen Erde gefallen sind (Jeremia 51,49).
Also soll Babel versinken und nicht wieder aufkommen infolge des Unglücks, das ich über sie bringen werde (Jeremia 51,64).
Richtet eine Schlachtbank her für seine Söhne um ihrer Väter Missetat willen, daß sie nicht wieder aufkommen und das Land (Israel) erobern und den Erdkreis voller Städte machen! Ich will wider sie aufstehen, spricht der Herr der Heerscharen, und von Babel ausrotten Namen und Nachkommen, Schoß und Sproß, spricht der Herr (Jesaja 14,21–22).

Und ich will ein Feuer anzünden in den Mauern von Damaskus (Jeremia 49,27).
Siehe, Damaskus wird keine Stadt mehr sein, sondern eine zerfallene Ruine werden. Aus ist es mit der Wehrhaftigkeit Ephraims; und die Damascenerherrschaft ist zu Ende (Jesaja 17,1 + 3).

Himmel und Erde samt allem, was darin ist, werden alsdann über Babel jubeln, denn vom Norden werden die Zerstörer über sie kommen, spricht der Herr (Jeremia 51,48).

Wenn Rußland Syrien und den Irak bewaffnet und unterstützt, können wir auch verstehen, warum diese Länder des Nordens mit in diesen Endkonflikt hineingezogen werden (Hesekiel 38,5 und 39,1–2).

Die Sowjetunion beschleunigt das Rennen im Nahen Osten zusammen mit Amerika. Nach der meist gut unterrichteten Zeitung in Ägypten *Ros el Jussuf* werden die palästinensischen Terroristen ihre Angriffe gegen Israel verstärken. Kubanische Verbände werden aus Angola, Äthiopien und Süd-Jemen abgezogen und nach Syrien (das sich mit Irak verbündet hat) überführt. Diese Einheiten sollen die Ankunft Tausender kubanischer Soldaten, Piloten und logistischer Experten vorbereiten. Die Sowjetunion soll die Verlegung von 15 000 militärischen Experten in die Länder des Nahen Ostens gefordert haben.

Das Hauptquartier Moskaus im Nahen Osten und Afrika wurde von Aden nach einem geheimen Ort südlich von Tripoli in Libyen verlagert. Ein sowjetischer Marschall steht an der Spitze eines Stabes von kubanischen, ostdeutschen und tschechischen Offizieren.

Da Israel der Stein des Anstoßes ist, wird die ganze Welt versuchen, diesen Stein aus der Welt zu schaffen. Eine friedliche Lösung erscheint immer unwahrscheinlicher. Israel wird einsamer und verlassener, so daß es sich im letzten Konflikt auf niemand wird stützen können, es sei denn auf Gott (Matthäus 24,22).

Die Welt wird beim Zusammenbruch des letzten Weltreiches, auf das sich alle gestützt haben, wehklagen, denn mit ihrem Fall ist der Fall der Nationen besiegelt.

Gefallen, gefallen ist Babylon, die Große, die mit dem Glutwein ihrer Unzucht alle Völker getränkt hat! (Offenbarung 14,8).

Und es werden sie beweinen und sich ihretwegen an die Brust schlagen die Könige der Erde, die mit ihr Unzucht und Wollust getrieben haben, wenn sie den Rauch ihres Brandes sehen, und werden von ferne stehen aus Furcht vor ihrer Qual und sagen: Wehe, wehe, du große Stadt Babylon, du gewaltige Stadt; denn in einer Stunde ist dein Gericht gekommen! Und die Kaufleute der Erde weinen und trauern über sie, weil niemand mehr ihre Ware kauft (Offenbarung 18,9–11). Und alle Schiffsherren und die Schiffsmannschaften standen von ferne und riefen, als sie den Rauch ihres Brandes sahen: Wer war dieser großen Stadt gleich (Offenbarung 18,18)?

In einer Stunde ist sie verwüstet worden (Offenbarung 18,19)!

Wir sehen, in einer einzigen Stunde wird alle Herrlichkeit und all der Luxus zusammenbrechen, in den sich die Welt hat hineinziehen lassen. Sie hurte mit dem Islam, indem sie sich durch das Erdöl an die Länder des Nahen Ostens binden ließ, ohne es gewahr zu werden.

Das ganze Wirtschaftswunder wird wie ein Kartenhaus zusammenfallen und nichts wird übrigbleiben!

Wehe, denn groß ist dieser Tag, keiner ist ihm gleich, und eine Zeit der Angst ist es für Jakob! (Jeremia 30,7).

Gar groß ist der Tag und sehr schrecklich, wer kann ihn ertragen? (Joel 2,11).

Denn siehe, ich erwarte im nördlichen Lande ein Heer großer Völker und lasse sie gen Babel hinaufziehen, um sie zu belagern (Jeremia 50,9).

Pflanzt das Panier auf (gegen Babylon) im Lande, blaset die

Posaune unter den Heiden, heiliget die Völker wider sie, berufet die Königreiche Ararat (Rußland + Türkei), *Minni* (arabische Nationen jenseits des Jordan) *und Askenas* (germanische Länder) *gegen sie; bestellt einen Heerführer wider sie, lasset Rosse anrücken, borstigen Heuschrecken* (Hubschrauber) *gleich! (Jeremia 51,27).*

Die Heiden – Nationen – sollen sich aufmachen und in das Tal Josaphat hinaufziehen! Daselbst will ich zu Gericht sitzen über alle Nationen ringsum (besonders die arabischen Völker um Israel) *(Joel 4,12).*

Denn der Herr ist seines Volkes Schutz und die Zuflucht der Kinder Israel (Joel 4,16).

Und es soll geschehen an jenem Tage, daß ich trachten werde, alle Nationen zu vertilgen, die gegen Jerusalem kommen (Sacharja 12,9).

So wird das letzte Weltreich und mit ihm die Nationen, die sich darauf gestützt haben, und der Koloß, der auf dem Boden von Babylon (nicht in Italien) stand, vernichtet werden von einem Stein, der ohne Menschenhand vom Himmel fällt (Daniel 2,35).

Aber über das Haus David und über die Einwohner von Jerusalem will ich ausgießen den Geist der Gnade und des Gebets, und sie werden auf mich sehen, den sie durchstochen haben, und werden um ihn klagen (Sacharja 12,10).

8

DAS ENDE

Vorbereitung

Die ganze Welt schaut voll Angst nach dem Nahen Osten, denn von ihm hängt für uns Sein oder Nichtsein ab. Wir haben keine Überlebenschance mehr, wenn die Araber uns den Ölhahn zudrehen.

Und genau das haben sie uns für den nächsten Konflikt angedroht, damit wir darüber nachdenken. Aber wir dürfen nicht vergessen, daß die größte Gefahr, die uns droht, nicht die Sperrung des Erdöls, sondern der Islam ist.

Die Araber nehmen das Erdöl aus der Hand Allahs und werden damit ihr Ziel zu erreichen suchen. Sicher werden sie alles daransetzen, um den Islam über seine frühere Expansion hinaus zu verbreiten.

Die kommenden Wochen und Monate, vielleicht auch Jahre, werden für das Abendland sehr schwer werden. Wer keinen Halt hat, wird verzweifeln. Gottes Wort hat schon vor Tausenden von Jahren vorausgesagt, daß diese Weltzeit begrenzt ist. Der Mensch aber hat oft darüber gelacht, gespottet und die Geduld Gottes verachtet.

In der vor uns liegenden Zeit werden wir immer mehr in die Abhängigkeit der Araber kommen, und damit in die Abhängigkeit einer antichristlichen Macht, die von einer anderen Macht *aus dem Norden* unterstützt wird. Ohne die Macht aus dem Norden hätte sich das Problem des Öls und des Islam überhaupt nicht ergeben. Nach der Ermordung Faisals und dem Versagen der Politik Kissingers hat sich alles innerhalb einer Woche zu Gunsten der Sowjetunion verändert. Die Alternative ist klar: Entweder Krieg oder Verhandlungen. In beiden Fällen muß mit der Sowjetunion gerechnet werden.

Sie wird Mittler oder Waffenlieferant sein, oder beides. Ein Russe sagte einige Tage vor der Ermordung Faisals:

> Das Risiko eines Krieges im Vorderen Orient ist größer denn je. Wir wissen, daß weder die USA noch wir selbst unsere kriegführenden Partner völlig unter Kontrolle haben.

Damit hat dieser Mann eine biblische Wahrheit ausgesprochen (Hesekiel 38, 4).

Der Block aus dem Norden wird gegen seinen Willen in diesen Konflikt hineingezogen (Hesekiel 39,2), und mit ihm vielleicht alle Völker der Erde.

Der PLO-Führer Arafat glaubt an einen unmittelbar bevorstehenden Krieg. Ein fünfter Nahost-Krieg steht auch nach Ansicht des früheren Leiters der militärischen Abteilung der palästinensischen Befreiungsaktion, Zouheir Mohsen, unmittelbar bevor. In einem von der libanesischen Zeitschrift *As Sayyad* veröffentlichten Interview betonte Mohsen, der Ausbruch dieses Krieges werde allein von dem Verhalten Israels abhängen und fährt fort, die USA hätten Israel mit genügend Waffen ausgerüstet, um bei gleichen Verlustzahlen wie in den ersten Tagen des Sechstage-Krieges noch 25 Tage ununterbrochen kämpfen zu können. Solange Israel weiter aufrüste und sich über die arabische Welt erhebe, werde es keinen Frieden im Nahen Osten geben. Mohsen, der inzwischen einem Attentat zum Opfer gefallen ist, hielt es für nicht ausgeschlossen, daß die Sowjetunion angesichts ihrer verbesserten Beziehungen zur PLO die Anerkennung Israels rückgängig machen könnte. Möglicherweise werde Moskau den Ausschluß Israels aus der UNO fordern. Im Mai 1974 sagte Gromyko bei seinem Besuch in Damaskus:

> Ich brauche nicht noch zu versichern, daß die Sowjetunion für die Beendigung der israelischen Besatzung in allen annektierten Gebieten eintritt. Alle anderen Fragen sind im Vergleich zu dieser von sekundärer Bedeutung.

Ein direktes, aktives militärisches Eingreifen russischer Streitkräfte in den Kampf gegen Israel ist also angekündigt.

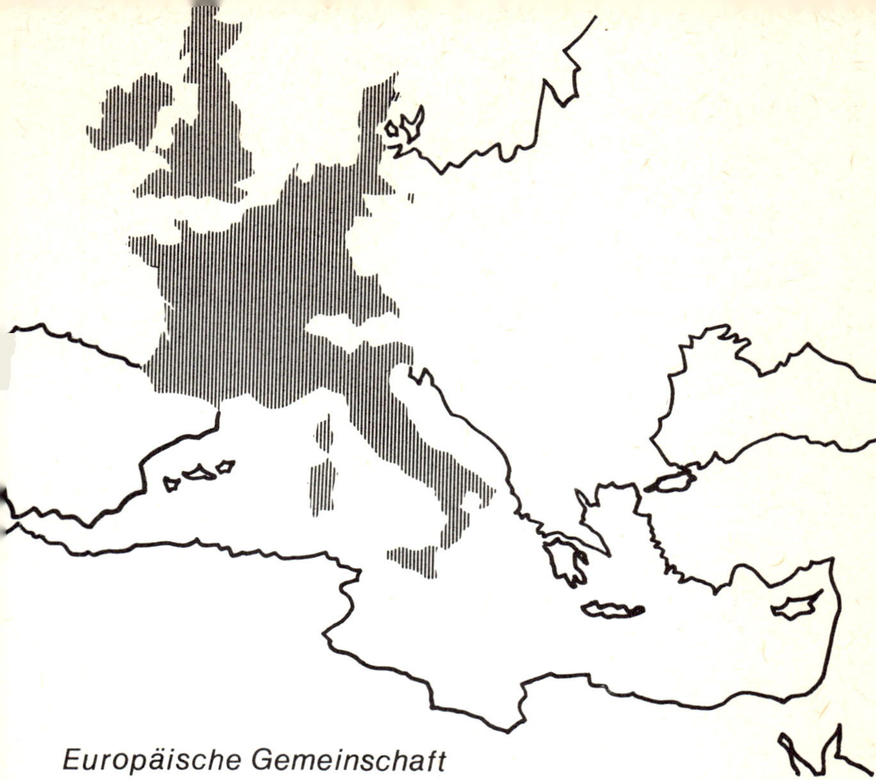

Europäische Gemeinschaft

Breschnew sagte 1974 in einer Politbürorede, es sei ein Prozeß im Gange, der einen neuen Weltkrieg materiell vorbereite.

Wenn wir das Aufrüsten im Nahen Osten beobachten, müssen wir uns fragen, wie weit wir noch von Hesekiel 38, das heißt von der Schlacht von Harmagedon, entfernt sind. Kann man etwa annehmen, daß in dem Zusammenschluß zwischen mohammedanischen Arabern und Sowjetrussen die Füße der Riesenstatue zu sehen sind, die Daniel dem Nebukadnezar erklärte? (Daniel 2,33).

Nach dem Bericht des UPI-Spezialisten Carol Tailor lieferten die Russen in der letzten Zeit 150 Boden-Raketen an die Syrer, die die großen Städte Israels erreichen können. Durch diese Waffenlieferungen wurde das militärische Potential Syriens außerordentlich verstärkt. Weitere Lieferungen sollen die Anzahl der Raketen für Syrien auf 200 Stück bringen. Nach Ansicht der Sachverständigen ist im Nahen Osten ein riesiger Rüstungswettlauf im Gange, wodurch die Menge und Qualität des Materials, das den Arabern und Israel zur Verfügung steht, wesentlich gesteigert wird. Es ist nicht klar, warum die Russen so viele Raketen an Syrien geliefert haben. Vielleicht rechnen sie mit dem Ausbruch eines Krieges von unbegrenztem Ausmaß.

Sowjetische Versprechen

So wie die Dinge heute liegen, scheint Ägypten noch weit davon entfernt, Atomwaffen herstellen zu können. Schon im Mai 1966 drohte Nasser, ein militärisches Nuklearprogramm in die Wege zu leiten, wenn Israel nicht offiziell auf die Herstellung und den Besitz von Atomwaffen verzichten würde. Die Sowjetunion verweigerte ihm jedoch die Unterstützung und begnügte sich damit, Kairo die Garantie des sowjetischen Atomschirms zu geben, sollte Israel Atomwaffen herstellen, beziehen oder einsetzen. Diese Garantie ist wahrscheinlich heute noch gültig.

Die Frage nach der Entwicklung von Atomenergie durch die arabischen Staaten wurde beim Gipfeltreffen in Algier im November 1973 aufgeworfen. Dadurch wurde dem gemeinsamen arabischen wissenschaftlichen Rat neuer Auftrieb gegeben. Besteht nun die Gefahr einer nuklearen Auseinandersetzung? Die Abschreckungswaffen, die beide Supermächte zur Ko-Existenz gezwungen haben, dürfte auch die Araber und die Israelis zur Vernunft bringen. Eine solche Überlegung ist zwar verlockend, wird aber von den meisten arabischen und selbst westlichen Strategen nicht geteilt. Denn die Gefahr einer atomaren Auseinandersetzung hat Kriege mit konventionellen Waffen niemals verhütet, zumal beide Lager über bedeutende Arsenale verfügen und Atomwaffen deshalb nicht benötigen.

Wir wollen gern hoffen, ohne fest damit zu rechnen, daß es sich hier um einen Abschreckungsversuch handelt, um beiden

Das ehemalige Römische Reich

Seiten eine realistische Lösung aufzuzwingen. Doch leider ist die Gefahr einer atomaren Auseinandersetzung näher gerückt. Eine neue militärische Runde dürfte im Nahen Osten nicht zu vermeiden sein. Ob Tel Aviv nichtkonventionelle Waffen anwenden wird? Das wirtschaftliche und militärische Potential der Araber soll dermaßen entwickelt sein, daß der jüdische Staat, der bisher nur dank der kurzen Blitzkriege überlebte, keine Hoffnung hat, eine längere Auseinandersetzung zu überstehen, wenn er nicht Gebrauch von der Atomwaffe macht. Da die Möglichkeit besteht, daß die Araber ebenfalls solche Waffen besitzen, wäre der jüdische Staat vielleicht gezwungen, ihnen mit einem heftigen Präventivschlag zuvorzukommen.

Eisen und Ton

Du hast Eisen mit Tonerde vermengt gesehen, das bedeutet: Sie werden sich zwar durch Verheiratung mischen, aber doch nicht aneinander halten, wie sich denn Eisen nicht mit Ton vermischen läßt (Daniel 12,43).

Man ist bestrebt, die Schranken zwischen dem Abendland und der islamischen Welt zu verwischen, aber das Experiment scheint zu mißlingen.

Die islamische Welt ist erwacht, sie ist sich ihrer Macht bewußt und will nun ernstgenommen werden. Sie gewinnt in dem Maße an Ansehen in der Welt, wie die Völker von dem Reichtum, der aus der Wüste fließt, abhängiger werden. Aber das Abendland hat eine andere Vergangenheit, eine andere Kultur und eine andere Religion als die arabisch-islamische Welt: Hier stoßen zwei Welten aufeinander, die sich nicht miteinander mischen lassen, selbst wenn sie es wollten.

Die arabische Welt gleicht einer Festung, um die Mohammed einen eisernen Gürtel gelegt hat: den Islam. Dieser arabischen Welt, die bisher isoliert und unzugänglich ein eigenständiges Leben gelebt hat, wird es schwerfallen, ja unmöglich erscheinen, sich einer völlig fremden Welt anzupassen. Immer mehr wird sie alles Fremde ablehnen und ausstoßen.

Die arabisch-islamische Welt steht in der Geschichte einzigartig da. Kaum ein anderes Volk ist jahrhundertelang so isoliert gewesen. Denken wir an die Forscher, die in islamischen Gegenden Afrikas und des Nahen Ostens ihr Leben lassen mußten. Noch heute ist es unmöglich, in die Gegend der heiligen Stadt Mekka vorzudringen.

Bei dem Bild von Ton und Eisen wollen wir nicht vergessen, daß Rußland die Vorbereitungen zum Auftritt für das letzte Tier trifft. Rußland ist wie der rote Teppich für den Islam.

Kein Land Europas oder Asiens hat sich so sehr mit dem Problem des Islam auseinanderzusetzen wie die Sowjetunion. Es scheint, als wäre sie der Koloß mit tönernen Füßen. Rund 50 Millionen Moslems leben dort, eine Zahl, die durch die Bevölkerungsexplosion ständig wächst. Die im Kaukasus und Zentralasien lebenden Moslems bilden eine in sich geschlossene Gesellschaft, die aus ihrem Schlaf erwacht. Für die Sowjetunion ist das besorgniserregend, da dieser Koloß weder

Etwa 650 Millionen Moslems – ein Fünftel der Weltbevölkerung

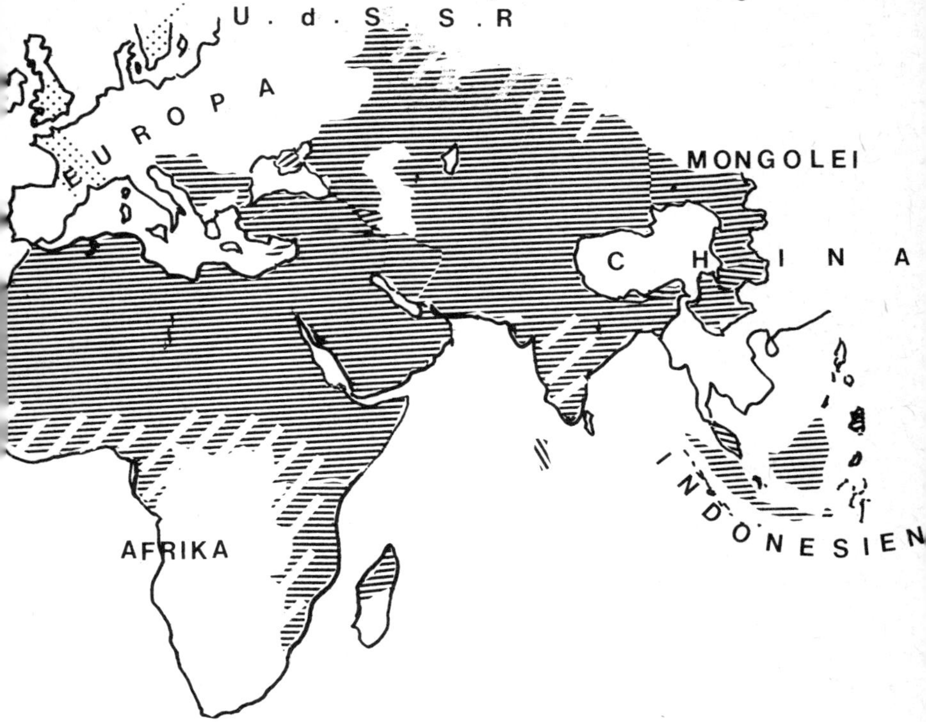

Vorwiegend islamische Gebiete
Heute kommt der Islam in Frankreich, England und Schweden schon an zweiter Stelle.
UdSSR: 50 Millionen, China: 17 Millionen Moslems.

unterschätzt noch unterdrückt werden darf. Sollte Lenins und Stalins Ideologie von einer neuen Gesellschaft in ihren Grundfesten zu beben anfangen? Wäre es möglich, hier Ton und Eisen zu vermengen?

Seit einem Jahrhundert nimmt die Zahl der Russen als ethnische Gruppe ab, dagegen wächst die Zahl der Moslems in Rußland. Ende dieses Jahrhunderts werden es ungefähr 100 Millionen sein, also über ein Drittel der Gesamtbevölkerung. Ein Beweis dafür, daß die religiöse Dynamik des Islam dem dialektischen Materialismus der Russen überlegen ist.

Es könnte den Anschein haben, als würde sich in dieser Mischung von Kommunismus und Islam Eisen und Ton durch menschliche Bündnisse vereinen. Ob das gelingt, weiß niemand. Jedenfalls unterstützt die Sowjetunion die Araber in ihrer Härte gegen Israel.

Das Schwergewicht von 50 Millionen Moslems wird die Sowjetunion in einen Konflikt im Nahen Osten hineinziehen. Denn auch für sie ist Jerusalem die Quds – die heilige Stadt –. Durch den Friedensbund zwischen Ägypten und Israel wird dieser Prozeß des Zusammenfindens von Ton und Erz beschleunigt und befestigt.

Seit den Ereignissen im Iran hat auch Saudi-Arabien, das bis dahin noch das einzige prowestliche und proamerikanische Land im Nahen Osten war, seinen Kurs geändert. Auch in diesem Land, das bis vor kurzem antikommunistisch eingestellt war und Rußland als einen atheistischen Staat ablehnte, gehen Veränderungen vor sich. Saudi-Arabien fängt an, mit Rußland zu liebäugeln. Auch hier eine Annäherung von Ton und Eisen? Immer mehr wechselt Saudi-Arabien in das Lager der Ablehnungsfront über. Am 1. April 1979 hat Saudi-Arabien beschlossen, seine Öllieferungen auf achteinhalb Millionen Barrel pro Tag zu reduzieren. Um die Welt in einem normalen Wirtschaftsrhythmus zu erhalten, sind 16 Millionen Barrel pro Tag notwendig. Diese Produktionsdrosselung ist die Folge der amerikanischen Nahost-Politik und die Konsequenz aus dem Friedensvertrag zwischen Ägypten und Israel. Wie lange wird das Abendland diesem Druck standhalten können? Ein Zusammenschluß zwischen Kommunismus und Islam ist unmöglich, ebenso wie es unmöglich ist, Ton und Erz zu vermischen.

Darum ist das Bündnis zwischen Saudi-Arabien und Rußland von vornherein zum Scheitern verurteilt, denn auch ihm ist ein Ende gesetzt: Es wird von dem Stein, der ohne Menschenhand vom Himmel fällt, zerstört werden.

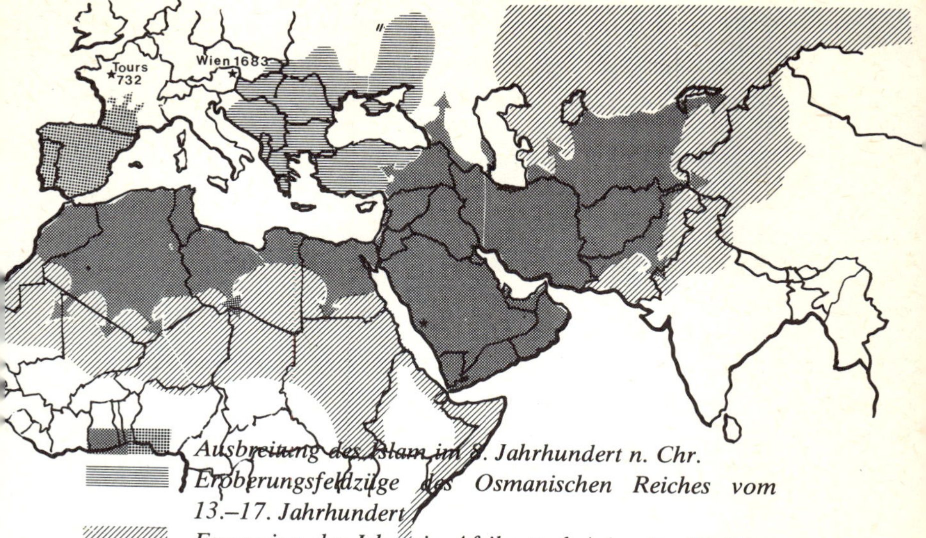

Ausbreitung des Islam im 8. Jahrhundert n. Chr.

Eroberungsfeldzüge des Osmanischen Reiches vom 13.–17. Jahrhundert

Expansion des Islam in Afrika und Asien im 17. Jahrhundert

Von den Christen zurückeroberte Gebiete zwischen dem 8. u. 17. Jahrh.

Das größte Waffenlager der Weltgeschichte

Mit jedem Tag werden von Ost und West immer mehr und immer modernere Waffen in den Nahen Osten geschleust. Das geschieht unter dem Vorwand, das Gleichgewicht der Kräfte müsse hergestellt werden, um den Frieden zu garantieren! Zu diesen Waffen gehört natürlich auch die Atombombe.

> Im Mai 1974 forderte die militärische Abteilung der arabischen Liga die Ausrüstung der arabischen Armee mit Atomwaffen. Die arabischen Könige wollen fremde Wissenschaftler anstellen, um in Arabien eine Atombombe zu bauen. El-Gadafi würde jede Summe bezahlen, um die Atombombe zu kaufen (G. Konzelmann, Die Reichen im Morgenland, F. A. Herbig Verlagsbuchhandlung, München – Berlin).

Es wird nicht mehr lange dauern, bis die Araber erkennen, daß ihre Ölwaffe ebenso stark ist wie die Atombombe. Um ihr

Ziel, die Zerstörung Israels, zu erreichen, sind sie bereit, über jedes Land, das sich nicht an die Seite der arabisch-islamischen Welt stellt, ein völliges Öl-Embargo zu verhängen. Durch die Bemühungen des Westens, zwischen Israel und Ägypten einen Frieden zustande zu bringen, hat der Westen seine Stellung gegenüber der arabisch-islamischen Welt festgelegt und mit dem Friedensnobelpreis besiegelt. Die arabisch-islamische Welt weiß nun genau, wer Freund und wer Feind der arabischen Sache ist.

Die Araber werden sich gegen alle einigen, die versuchen, die Israelfrage friedlich zu lösen. Ganz gleich, wie sich der nächste Konflikt im Nahen Osten gestaltet, er wird zugunsten des Tieres, des mohammedanischen Blocks, ausfallen. Damit wird die Aussage in Offenbarung 13,2 Wirklichkeit. Dort heißt es:

Und der Drache (Satan) gab ihm seine Kraft und seinen Stuhl (die Erde) und große Macht.

Diese große Macht, die das Tier über kurz oder lang erhalten wird, heißt: Kontrolle über Energiequellen und Geld, von denen das Abendland abhängt. Damit wird die Welt vor die Wahl gestellt: Gott oder den Mammon anzubeten.

Der Drache lacht

Die schwindelerregende Aufrüstung der Sowjetunion, aber auch der USA, im Nahen Osten ist allgemein bekannt. Zweifellos werden die Waffen nicht ohne Grund in diesem Erdteil aufgestapelt. Wie leicht kann dieses Pulverfaß explodieren, wenn einmal die Lunte angelegt ist! Dann werden wir rasch begreifen, warum die Bibel von einer apokalyptischen Zeit spricht, die der Drache auslösen wird. Die Menschheit bereitet ihre eigene Vernichtung vor und ist noch imstande, Gott dafür verantwortlich zu machen.

Der Drache lacht, denn die ganze Welt strebt seinem Ziel entgegen: zuerst die geistige und dann die materielle Vernichtung der Menschheit. Ganz plötzlich wird das Verderben über unsere Welt hereinbrechen. Johannes spricht in der Offenbarung von *einer Stunde* (Offenbarung 18,10; 16,19). Dreimal im gleichen Kapitel unterstreicht Johannes, daß die Herrlichkeit der Stadt Babylon (Irak) in einer Stunde zerstört, und dadurch der ganze Welthandel ins Stocken geraten wird. Heute kann man sich gut vorstellen, daß so etwas im Bereich des Möglichen liegt.

Sowohl Rußland als auch Amerika und Europa sind viel zu stark im Nahen Osten engagiert, um nicht in diesen Konflikt hineingezogen zu werden.

> Amerika baut den Saudis ein Pentagon
>
> Die Vereinigten Staaten wollen nach dem Muster ihres eigenen Pentagon für Saudi-Arabien ein neues Verteidigungsministerium bauen. Der Gebäudekomplex soll nach offizieller Mitteilung Washingtons mit einem unterirdischen Kommandostand, einer Moschee, einer Cafeteria, Parkdecks und Landepisten ausgestattet werden. Die Saudis wollen dafür fast eine Milliarde Mark ausgeben. Auch den Bau der Zufahrtsstraßen und die Gestaltung der notwendigen Landschaftsanlagen werden die Amerikaner übernehmen (AP Washington – Die Welt 12. 9. 78).

Die vorangegangenen Nahost- und Fernost-Kriege waren nur ein Geplänkel im Vergleich zu der Endschlacht, in der die Supermächte im Nahen Osten aufeinanderprallen werden.

> *So wirst du kommen aus deinem Ort, aus dem äußersten Norden, du und viele Völker mit dir, welche alle auf Pferden reiten, deren ein großer Haufe und ein mächtiges Heer ist? Ja, du wirst wider mein Volk Israel heraufziehen, um wie eine Wolke das Land zu bedecken. Solches wird am Ende der Tage geschehen, daß ich dich wider mein Land heraufkommen lasse, damit mich die Heiden erkennen sollen, wenn ich mich an dir, o Gog, vor ihren Augen als den Heiligen erweisen werde! (Hesekiel 38, 15–16).*

Die beteiligten Nationen werden erst dann Gott erkennen, wenn sie am Boden liegen.

Der Kampf gegen Gott und seinen Gesalbten

Israel wird nach der Rückkehr in sein Land, wie es die Bibel vor etwa 2500 Jahren vorausgesagt hat, zum Weltproblem Nr. 1, zum Laststein für die ganze Welt.

Wie dieser Streit *wider Gott und seinen Gesalbten* ausgehen wird, wissen wir auch.

Und es soll geschehen an jenem Tage, daß ich trachten werde, alle Nationen zu vertilgen, die gegen Jerusalem kommen (Sacharja 12,9).

Aber der Herr wird ausziehen und streiten wider jene Nationen, dereinst am Tage seines Kampfes, am Tage der Schlacht (Sacharja 14,3).

Und ich sah das Tier und die Könige der Erde und ihre Heere versammelt, um Krieg zu führen mit dem, der auf dem Pferde sitzt, und mit seinem Heer (Offenbarung 19,19).

An der Seite des Tieres, das aus dem Abgrund heraufkam und dessen tödliche Wunde wieder heil wurde, dem der Drache Macht gab, um die Könige der Erde zu verführen und in seinen Bann zu ziehen, stehen die Könige der Erde in Ost und West, um gegen Israel in den Streit zu ziehen. Dabei merken sie nicht, daß sie gegen Gott und gegen seinen Sohn Jesus Christus kämpfen.

Aus allen Fehlern der Vergangenheit hat die Menschheit nichts gelernt. Sie will das Problem Israel und *Gott* aus der Welt schaffen. Damit dient sie den Absichten des Widersachers, denn er bemüht sich seit Jahrtausenden, das Problem Israel, das ein Hindernis und Fremdkörper in seinem System ist, zu vernichten.

Über dem Friedens- und Kriegsapparat der Völker steht das Wort: *vergeblich.* Das läßt uns ahnen, wie tief die Nationen in diesem Labyrinth festgefahren sind. Die Welt kommt nicht an Gott und seinem Gesalbten vorbei, wie sehr sie sich auch drehen und wenden mag.

Auch hier ist eine Parallele zwischen Israel und den Nationen festzustellen. Beide werden erst dann den erkennen, den sie – beide – durchstochen haben, wenn sie durch das apokalyptische Feuer gegangen sind.

Die Tragödie auf der Weltbühne Jerusalem

Ein großer Tag, ein schrecklicher Tag, ein Tag des Feuers, ein finsterer Tag, das Tohuwabohu wird einbrechen (Joel 2, 1–2).

Für die Nationen wird dieser Tag die *Stunde der Wahrheit* sein. Doch aus diesem Chaos, in das die Welt hineingestürzt wird, aus dem Tohuwabohu, wird Gott in einem Augenblick einen herrlichen Tag machen (Sacharja 12,10), und zwar dann, wenn Jesus Christus eingreifen wird, um diese Tage zu verkürzen (Matthäus 24,22). Das wird der Anfang einer neuen Zeit sein, das *Friedensreich* wird anbrechen.

Jetzt eine menschliche Lösung zu suchen, hieße Gott zum Lügner machen, denn es geht hier um weit mehr als um die Stadt Jerusalem oder den Tempel – oder die Moschee. Es geht um die Ehre Gottes, um Wahrheit oder Lüge, um sein inspiriertes Wort, um Licht oder Finsternis.

Je eifriger die Nationen eine Kompromißlösung suchen, desto tiefer werden sie in dem Sumpf des Chaos versinken, und desto schneller ihre Selbstzerstörung herbeiführen.

Irren wir uns nicht, der Mensch kann die Grenzen und Gesetze Gottes nicht ungestraft überschreiten (Galater 6,7). Selbst wenn Gott es möchte, könnte er die Menschheit nicht vor dem kommenden Chaos bewahren, das würde seine Selbstverneinung bedeuten. Denn er hat ein für allemal dem Menschen die Gelegenheit gegeben, durch das Opfer seines Sohnes am Kreuz dem kommendem Zorn zu entrinnen. Wer dieses Angebot nicht angenommen hat, für den wird es keine Rettung geben, sondern nur ein Warten auf das Gericht (Hebräer 10,29).

Gott ist nicht ein Mensch, daß er lüge, noch ein Menschenkind, daß ihn etwas gereue. Sollte er etwas sagen und nicht tun? Sollte er etwas reden und nicht halten? (4. Mose 23,19).

Gott hat Jerusalem erwählt (Sacharja 1, 17; 2,16), doch auch Satan scheint diesen Ort zu beanspruchen (Sacharja 3,2). Nun suchen die Nationen eine Lösung dieses Problems. Ob sie sie finden werden? Ob Carter, Begin, Sadat, und wie sie auch immer heißen mögen, die Lösung hätten finden können?

Solange Jerusalem, mit dem Felsendom und der Al-Aqsa-Moschee im Besitz Israels ist, wird die arabisch-islamische Welt nicht zur Ruhe kommen. Yasser Arafat hat am 9. 11. 78 alle Araber und Moslems zum *Heiligen Krieg* aufgerufen, um Jerusalem und die Moschee Al-Aqsa zu befreien.

Darum kann der Friedensbund zwischen Israel und Ägypten, wie immer er auch zustande gekommen ist, nicht von Dauer sein. Es ist eine Scheinlösung und eine Ersatzlösung, die Gott ablehnen wird, da es nicht sein Friedensplan ist.

Ist es nicht sonderbar, daß das historische Treffen Carter – Begin – Sadat, die über den Frieden zwischen Israel und Ägypten verhandelten, an einem Ort stattfand, der *Camp David* heißt? Der Riese Goliath verlor den Kampf mit dem kleinen David in der Schlacht gegen die Philister. In der heutigen Sprache heißt Philistäa Palästina. Hier wie dort wird die Lösung und das Wunder ein Stein sein, der ohne Menschenhand auf das Standbild des Kolosses herabfallen wird, um den jahrtausendealten Riesen zu zerstören. Es wird niemand anderes sein als der geringe Nazarener, der auf dem Thron Davids sitzen wird (Daniel 2,34, 44–50).

Die arabische Welt, insbesondere Saudi-Arabien, das den Vereinigten Staaten sehr wohl die Stirn bieten kann, verweigert dem Abkommen Carter – Begin – Sadat die Zustimmung, weil damit das Problem *Jerusalem* für die islamische Welt nicht gelöst ist. Erst wenn Jerusalem, vielleicht durch Verhandlungen, wahrscheinlich aber durch militärische Auseinandersetzungen, in den Händen des starken Mannes der Endzeit sein wird, werden die Nationen an der Seite des Tieres und des falschen Propheten aufmarschieren, um das Problem Israel durch die Endlösung aus der Welt zu schaffen.

Die Nationen werden sich auf die Seite des Tieres stellen, um in den Kampf gegen Gott und seinen Gesalbten zu ziehen

(1.Thessalonicher 5, 1–11; Sacharja 12; Hesekiel 38 + 39, Psalm 2).

Welch ein Zusammenprall!

Aus dieser Endschlacht wird der Friedefürst als Endsieger hervorgehen.

Doch gegenwärtig sind wir noch Zeugen einer Zusammenballung religiöser und militärischer Kräfte, wie die Welt sie noch nie gesehen hat. Darum wird auch der Konflikt der größte Konflikt der Weltgeschichte sein:

> *Denn alsdann wird eine große Trübsal sein, wie von Anfang der Welt bis jetzt nicht gewesen ist und auch keine mehr kommen wird. Und wenn jene Tage nicht verkürzt würden, so würde kein Mensch errettet werden (Matthäus 24, 21–22).*

Die Völker um Israel, und mit ihnen die Könige der Erde von Ost und West, werden zu diesem letzten Kampf um den Berg Morija aufmarschieren. Das Waffenlager um Harmagedon (Hesekiel 38) wird mit den neuesten und modernsten Waffen aus Ost und West beliefert. Wann die Schlacht stattfindet, ist nur noch eine Frage der Zeit. Die Augen des Tieres sind nach dem Tempelplatz in Jerusalem gerichtet. Solange dieser Platz, und mit ihm Palästina, nicht befreit und nicht im Besitz des Tieres ist, wird es keinen Frieden im Nahen Osten geben.

Faisal sagte: »Wenn wir die Welt bedrohen, so geschieht das nur, um Jerusalem zu befreien.«

Und Gott spricht:

> *An jenem Tage will ich Jerusalem zum Laststein für alle Völker machen. Alle die ihn heben wollen (Camp David, Genf usw.) werden sich daran wund reißen, und alle Nationen der Erde werden sich gegen sie versammeln (Sacharja 12, 2–3).*

Zu jener Zeit wird die ganze Welt gegen Jerusalem sein. Die Stadt wird wieder von ihren Feinden eingenommen werden (Sacharja 14,2). Der Friede kann nur auf der Grundlage und Ordnung hergestellt werden, die Gott gegeben hat. Wenn Israel zu der Erkenntnis gekommen sein wird, von der der Jude Paulus schreibt:

Einen anderen Grund kann niemand legen, außer dem, der gelegt ist, welcher ist Jesus Christus (1. Korinther 3,11),

dann wird für die Welt das langersehnte Friedensreich anbrechen. Jede andere Grundlage des Friedens ist zum Scheitern verurteilt.

Nicht durch Heer und nicht durch Kraft, sondern durch meinen Geist! spricht der Herr der Heerscharen (Sacharja 4,6).

9

DER AUSWEG

Die neue Gesellschaft

Die neue Gesellschaft, von der so viele Politiker träumen, bleibt utopisch, solange der einzelne Mensch nicht wiedergeboren ist durch den heiligen Geist. Die heutige Gesellschaft kann nicht besser werden, weil sie Jesus Christus ablehnt und sich immer mehr von dem Gott der Bibel entfernt. Das Abendland hat durch das Christentum in der Reformationszeit seinen Höhepunkt erreicht. Erst wenn dem christlichen Abendland alles genommen sein wird, weil es undankbar war und von Gott abgefallen ist, wird es begreifen, welche Kraft ihm geschenkt war. Nun aber ist es untreu geworden, und es ist zu spät, das Zerstörte wieder aufzubauen.

Weil das Abendland des Herrn Wort verworfen hat, hat der Herr es auch verworfen.

> Bevor ein Volk untergeht, hat es seine Götter getötet (Jean Geau).

So steht über dem natürlichen Menschen, der den Geist Gottes ablehnt und sich nicht von ihm leiten, führen und strafen lassen will, das Wort *Torheit.* Er wird es nicht verstehen, er hat auch nicht die Fähigkeit dazu (1. Korinther 2, 13–16).

> *Viele sollen gesichtet, gereinigt und geläutert werden, und die Gottlosen werden gottlos bleiben und kein Gottloser wird es merken; aber die Verständigen werden es merken (Daniel 12, 10).*

Nur der Glaube an Jesus Christus kann im kommenden Chaos den Durchblick und die Kraft zum Durchhalten geben.

Ein geistlicher Kampf

Der Kampf, der im Nahen Osten ausgefochten werden wird, ist geistiger und geistlicher Art. Er spielt sich zwar auch auf wirtschaftlichem, politischem und militärischem Gebiet ab. Doch aus keinem dieser Bereiche kann die Lösung kommen. Die Mächte der Finsternis werden durch den Geist Gottes in der Gemeinde Jesu in Schach gehalten.

Nach der Entrückung der Gemeinde Jesu (1. Thessalonicher 4, 13–18) wird der Geist des falschen Propheten und des Antichristen freie Bahn haben. Es wird sein wie am Anfang: Der Geist Gottes schwebte über dem Chaos.

Der Zweck dieses Buches ist, allen, die Jesus Christus erwarten und seine Erscheinung liebhaben, vor Augen zu halten, wie weit der Zeiger an der Weltenuhr vorgerückt ist. Gleichzeitig dürfen Kinder Gottes aber auch ihre Häupter erheben, weil sie wissen und sehen, daß sich ihre Erlösung naht. Die Gemeinde wird die Endphase des antichristlichen Reiches auf der Erde nicht miterleben. Wenn Gott trotzdem in seinem Wort von dieser Zeit spricht, will er uns darauf aufmerksam machen, wie nahe unsere Erlösung ist.

Vielleicht ist manchem beim Lesen bewußt geworden, wie ernst unsere Zeit ist und daß es keine andere Hoffnung gibt als eine klare Hinwendung zu Jesus Christus. Er allein ist unsere Hoffnung. Wer ihn in dieser letzten Zeit nicht in sein Herz und Leben aufgenommen hat, der wird in dieses plötzlich ausbrechende Chaos hineingezogen werden.

Abendland, quo vadis?

Mit unserer Macht ist nichts getan,
wir sind gar bald verloren;
es streit't für uns der rechte Mann,
den Gott selbst hat erkoren.
Fragst du, wer der ist?
Er heißt Jesus Christ,
der Herr Zebaoth,
und ist kein andrer Gott;
das Feld muß er behalten. *(Martin Luther)*

Wo wird das christliche Abendland heute die Kraft finden, um dem gleichen Feind, der vor 296 Jahren vor den Toren Europas stand, die Stirn zu bieten?

> Mit unserer Macht ist nichts getan,
> wir sind gar bald verloren.

Der aber, der für uns streiten könnte, wurde ausgeschaltet. Wir können heute weder von einem christlichen noch von einem vereinigten Europa sprechen. Um Europa zu einigen, sollte man sich auf etwas anderes als auf Handel, Politik und Militär stützen. Die Kraft, die uns hätte einigen und retten können, wurde durch die Weisheit dieser Welt ausgeschaltet.

Das Vakuum, das durch Politik und Religion geschaffen wurde, wird durch einen neuen Geist ausgefüllt. Irren wir uns nicht, schwere Gewitterwolken hängen drohend über uns. Wir können schon den Donner hören, der das Gericht über eine abgefallene Welt ankündigt. Die christlichen Länder werden am schlimmsten betroffen; denn sie sind am meisten von dem Öl abhängig, das aus den Ländern am Persisch-Arabischen Golf kommt.

Serge Tarasenko, Thermonuklearforscher, sagt:

Ist die Energie also doch eine Religion? Gewiß!

Christus wurde aus allen Gebieten unseres Lebens verdrängt; aus unseren Familien, in denen wir uns nicht mehr um die Bibel zusammenfinden und in denen wir nicht mehr mit unseren Kindern beten, ebenso wie aus den Regierungen. Wo gibt es noch Politiker, die den Mut hätten, vor ihren Debatten zu beten?

In Saudi-Arabien ist das Gebet heilig, fünfmal am Tag schließen die Geschäfte, und die Politiker unterbrechen ihre Arbeit, um ihre Gebete zu verrichten. Wenn wir dann noch in Betracht ziehen, daß in der liberalen Theologie der biblische Christus ausgeschaltet wurde, müssen wir uns ernstlich fragen: Abendland, quo vadis?

Doch irren wir uns nicht, das letzte Wort ist noch nicht gesprochen. Im 1. Korintherbrief lesen wir:

Ich will zunichte machen die Weisheit der Weisen, und den Verstand der Verständigen will ich verwerfen. Wo ist der Weise, wo der Schriftgelehrte, wo der Disputiergeist dieser Welt? Hat nicht Gott die Weisheit dieser Welt zur Torheit gemacht? (1. Korinther 1, 19–20).

Denn das Wort vom Kreuz ist eine Torheit denen, die verloren gehen; uns aber, die wir gerettet werden, ist es eine Gotteskraft (1. Korinther 1, 18).

Der Ausweg

Die Menschheit sucht einen Weg aus dem von ihr selbst angelegten Labyrinth, in das sie durch eine *Gott ist tot – Philosophie* hineingeraten ist.

Je mehr sie sucht, sich aus diesem Labyrinth zu befreien, desto mehr verirrt sie sich darin. Der Weg in die Freiheit führt nur über Jesus Christus, den Sohn Gottes, und über Golgatha. Jesus ist der Weg, die Wahrheit und das Leben. Die Entscheidung, aus dem Labyrinth herauszukommen, kann nicht kollektiv getroffen werden, sondern nur persönlich.

Darum ist jemand in Christus, so ist er eine neue Kreatur: das Alte ist vergangen, siehe, es ist alles neu geworden (2. Korinther 5, 17).

Denn in Christus Jesus gilt weder Beschneidung noch Unbeschnittensein etwas, sondern der Glaube, der durch Liebe wirksam ist (Galater 5, 6).

Denn in Christus gilt weder Beschnitten- noch Unbeschnittensein etwas, sondern eine neue Kreatur (Galater 6, 15).

Du bist der Christus, der Sohn des lebendigen Gottes! (Matthäus 16, 16).

Denn einen andern Grund kann niemand legen, außer dem, der gelegt ist, welcher ist Jesus Christus (1. Korinther 3, 11).

Das Angebot Gottes, die Welt aus dem Chaos herauszuführen, wurde von der Welt abgelehnt. Nicht nur Israel, auch die *christlichen Heiden* lehnen den biblischen Jesus Christus, ihre einzige Rettung, ab.

Die Gemeinde Jesu besteht nur aus Freiwilligen, die sich bewußt unter die Führung Jesu Christi stellen. Es ist jedoch unmöglich, daß die ganze Menschheit, auch die sogenannte christliche, sich diesem Herrn freiwillig unterstellt. Darum ist die Vorstellung von einem Reich Gottes auf der Erde in dieser Weltzeit, wie es in Kirche und Theologie jahrhundertelang verkündigt worden ist, eine Utopie. Wir müssen erkennen:

Erstens, daß Israel eine endgeschichtliche Aufgabe hat.

Zweitens, daß die Zeit der Nationen ein Ende haben wird.

Drittens, daß die Gemeinde Jesu keine irdische Institution ist. Sie hat keinen politischen Auftrag; denn sie ist aus der Welt herausgerufen.

Ich habe ihnen dein Wort gegeben, und die Welt haßt sie; denn sie sind nicht von der Welt, gleichwie auch ich nicht von der Welt bin (Johannes 17, 14).

Wäret ihr von der Welt, so hätte die Welt das Ihrige lieb; weil ihr aber nicht von der Welt seid, sondern ich euch aus der Welt heraus erwählt habe, darum haßt euch die Welt (Johannes 15, 19).

Mein Reich ist nicht von dieser Welt (Johannes 18, 36).

Wie Israel offensichtlich ein Fremdkörper in der Welt des Nahen Ostens ist, so ist auch die Gemeinde Jesu auf geistlichem Gebiet ein Fremdkörper.

Wie soll also das Reich Gottes auf Erden gebaut werden, wenn die wahren Bürger dieses Reiches als Fremdkörper ausgestoßen werden? Deshalb bereitet sich der wahre Christ nicht auf ein irdisches, religiöses, politisches oder ideologisches Reich vor, sondern auf ein unsichtbares, himmlisches und unvergängliches (Hebräer 11, 9–16).

Wenn wir Gottes Wort als Wahrheit anerkennen, haben wir die einzig gültige Richtschnur. Eine andere gibt es nicht.

Lasset euch niemand das Ziel verrücken (Kolosser 2, 18).

Ja, ich komme bald. Amen (Offenbarung 22, 20).

Die Welt ist heute vor die Wahl gestellt: Christus oder Mohammed. Jesus sagt:

Wer mich haßt, der haßt auch meinen Vater (Johannes 15, 23).

Noch sind wir in der Zeit der Gnade, die Tür in die Gemeinde Jesu ist noch für alle offen: Juden, Heiden und Moslems, für jeden, der an den eingeborenen Sohn Gottes glauben will (Johannes 3, 16–19).

Aber diese Zeit der Gnade neigt sich ihrem Ende zu. Wir leben in der interessantesten Zeit seit dem Bestehen der Gemeinde. Die Propheten und Apostel wünschten zu sehen, was wir heute erleben. Darum sollten wir die Zeit ernstnehmen und auskaufen und uns auf die Wiederkunft Jesu Christi einstellen, um ihm mit Freuden entgegengehen zu können. Jesus wird die Glieder seines Leibes mit sich, dem Haupt des Leibes, vereinigen, um sie herrlich und ohne Flecken und Runzeln seinem Vater darzustellen (Epheser 5, 27).

Gehören wir zu diesem Leib Jesu Christi? Ist unser Gebet und unsere Sehnsucht, wie es Johannes sagt:

Und der Geist und die Braut sprechen: Komm!
Und wer es hört, der spreche: Komm!
Und wen dürstet, der komme; wer will,
der nehme das Wasser des Lebens umsonst
(Offenbarung 22, 17).

Es spricht, der dieses bezeugt; Ja, ich komme bald (oder plötzlich)! *Amen, komm, Herr Jesu! (Offenbarung 22, 20).*

Paulus ruft uns im Blick auf die Endzeit zu:

Und dieses sollen wir tun als solche, die die Zeit verstehen, daß nämlich die Stunde schon da ist, wo wir vom Schlaf aufwachen sollten; denn jetzt ist unser Heil näher, als da wir gläubig wurden; die Nacht ist vorgerückt, der Tag aber nahe.

So lasset uns nun ablegen die Werke der Finsternis und anziehen die Waffen des Lichts; laßt uns anständig wandeln als am Tage; nicht in Schmausereien und Schlemmereien, nicht in Unzucht und Ausschweifungen, nicht in Hader und Neid; sondern ziehet den Herrn Jesus Christus an, und pfleget das Fleisch nicht bis zur Erregung von Begierden (Römer 13, 11–14).

Mögen wir ebenfalls mit Paulus an jenem Tag sagen können:

Ich habe den guten Kampf gekämpft, den Lauf vollendet, Glauben bewahrt. Hinfort liegt für mich die Krone der Gerechtigkeit bereit, welche mir der Herr, der gerechte Richter, an jenem Tage zuerkennen wird, nicht aber mir allein, sondern auch allen, die seine Erscheinung liebgewonnen haben (2. Timotheus 4,7–8).

Haben wir wirklich sein Erscheinen lieb und freuen wir uns darauf?

Die Ereignisse in Politik und Wirtschaft zeigen uns, daß dieser Tag nahe vor der Tür steht, näher, als wir es vielleicht wahrhaben möchten.

Kinder, es ist die letzte Stunde (1. Johannes 2, 18).

Der Kampf gegen Gott und seinen Gesalbten hat begonnen; er spitzt sich von Tag zu Tag mehr zu. Der, der es noch aufhält, muß hinweggetan werden: der Leib Jesu Christi (die Ekklesia), und mit ihm der heilige Geist (2. Thessalonicher 2, 7–12).

Das ist die Hoffnung des Gläubigen. Er hat eine lebendige Hoffnung, daß er einst allezeit bei dem Herrn Jesus Christus in der Gegenwart des Vaters sein darf. Während die Welt dem Chaos und der Zerstörung entgegengeht, darf der Gläubige voll Mut und Freude getrost in die Zukunft blicken und sich daran erinnern, daß Jesus ihm zusagt:

Frieden hinterlasse ich euch, meinen Frieden gebe ich euch. Nicht wie die Welt gibt, gebe ich euch; euer Herz errege sich nicht und verzage nicht! Ihr habt gehört, daß ich sagte: Ich gehe hin und ich komme zu euch! Hättet ihr mich lieb, so würdet ihr euch freuen, daß ich zum Vater gehe; denn der Vater ist größer als ich. Nun habe ich es euch gesagt, ehe es geschieht, damit ihr glaubet, wenn es nun geschieht (Johannes 14, 27–29).

In der sogenannten *großen Trübsal* werden durch die Verkündigung des Evangeliums des Reichs auch Menschen zum Glauben an Jesus Christus kommen. Sie gehören allerdings nicht mehr zur Gemeinde, die ja schon entrückt ist. Diese Gläubigen ermuntert der Herr und ruft ihnen zu:

Seid getrost und unverzagt, alle, die ihr des Herrn harrt! (Psalm 31, 25).

Und ich sah Throne, und sie setzten sich darauf, und das Gericht wurde ihnen übergeben; und ich sah die Seelen derer, die enthauptet worden waren um des Zeugnisses Jesu und um des Wortes Gottes willen, und die das Tier nicht angebetet hatten noch sein Bild, und das Malzeichen weder auf ihre Stirn noch auf ihre Hand genommen hatten; und sie lebten und regierten mit Christus tausend Jahre (Offenbarung 20, 4–6).

Dann erst wird für die Menschheit das ersehnte und erwünschte Friedensreich kommen, in welchem Gerechtigkeit herrscht. Aus diesem von allen monotheistischen Religionen begehrten Jerusalem wird die Gerechtigkeit, der Glaube, der Friede und das ewige Wort Gottes hervorgehen.

Der Herr wird Richter sein über die Nationen und alle Völker strafen. Dann wird die Weissagung des Propheten Jesaja, die an dem UNO-Palast in New York steht, in Erfüllung gehen:

Da werden sie ihre Schwerter zu Pflugscharen und ihre Spieße zu Rebmessern verschmieden; kein Volk wird wider das andere ein Schwert erheben, und sie werden den Krieg nicht mehr erlernen (Jesaja 2, 1–4).

Jesus Christus ist unser Friede! (Epheser 2, 14; Jesaja 9, 5; Hebräer 7, 2).

ISRAEL – ISMAEL

Der Nahost-Konflikt ist geistiger Art: Der Sohn nach dem Fleisch will sich die geistlichen Verheißungen (Volk-Land-Segen) aneignen. Der Magd Sohn soll nicht erben mit meinem Sohn Isaak (1. Mose 21, 10-13; Gal. 4, 30). Doch die zwei Linien streben (unter dem Druck der Weltmächte!) einer Kompromißlösung und Verbrüderung zu, welche zu dem Bund führt, der mitten in der Jahrwoche (Daniel 9, 27 und 1. Thess. 5, 3) gebrochen wird und die große Trübsal einleitet (Matth. 24, 21–22). Das sind die Vorwehen des kommenden Messianischen Königreichs zur Errichtung des 1000jährigen Friedensreichs (Matth. 24, 30; Offb. 20. 6.).

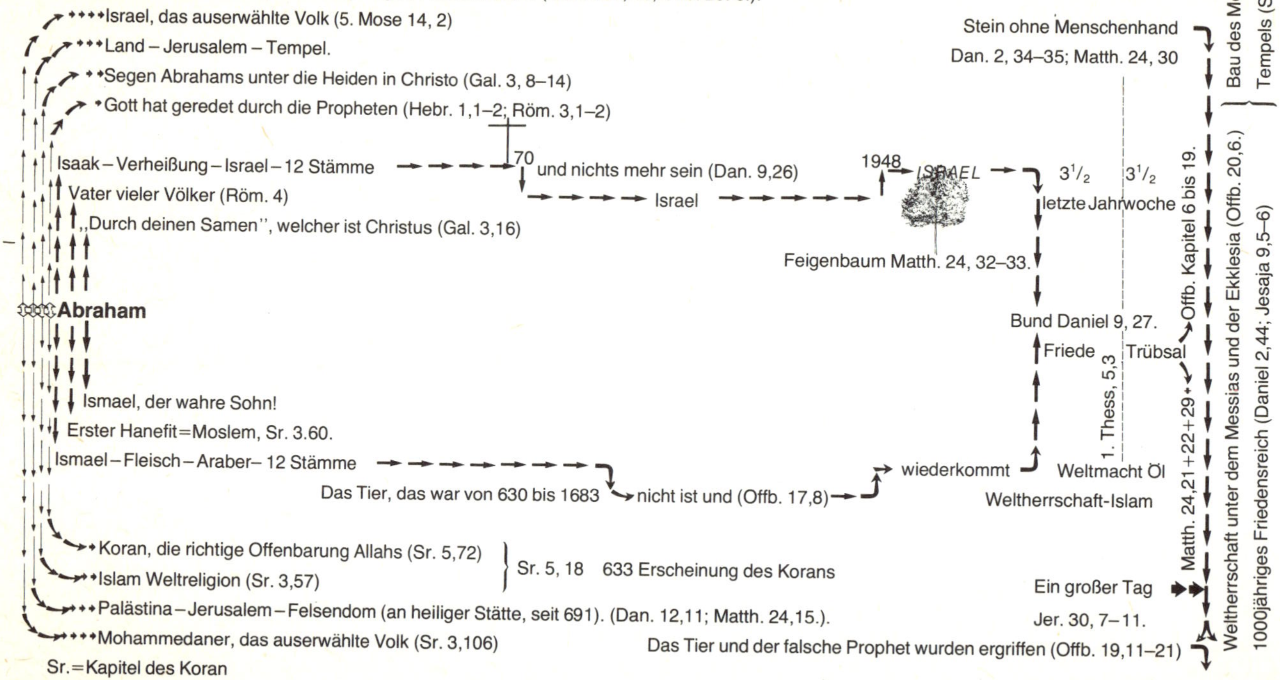

EKKLESIA – ISLAM

In diesen zwei Linien stoßen die Kräfte der Finsternis und des Lichts zusammen. Es entwickelt sich schließlich ein Kampf, der mit dem Sieg des Lammes über das Tier und den falschen Propheten enden wird (Offb. 17,14; 2. Thess. 2,8; Offb. 19,15+20)

Isaak → Verheißung → Christus
0---33

Christus → Er muß den Himmel einnehmen, bis auf die Zeit . . . (Apg. 3,21) → Hochzeit d. Lammes
Christus → Er kommt nicht, es sei denn . . . (2. Thess. 2,3)
Christus → Er wartet, bis daß . . . (Hebr. 10,13)

EN ATOMO
(1. Kor. 15,52)

Der verheißene Parakletos... (Joh. 14,16+26)
Heiliger Geist – Das Geheimnis von Christus und der Gemeinde . . . (Eph. 5,32)

$3^1/_2$ | $3^1/_2$

Ekklesia → In der Welt, aber nicht von der Welt... (Joh. 17,14)
Ekklesia → Ein Fremdkörper in der Welt (Joh. 15,19)
Ekklesia → Glaube – Hoffnung – Liebe (1. Kor. 13,13; Röm. 8,23+25; Tit. 2,13)
Ekklesia → zu warten auf seinen SOHN (1. Thess. 1,10) → zukünftiger Zorn
Ekklesia → Das auserwählte Volk . . . (1. Petr. 2,7–10)

Offb. 6,17; Hebr. 10,27

Abraham

Zeit der Nationen:
- Das Weib reitet das Tier . . . (Offb. 17,3) (Kolonialzeit – Christliches Europa!) → Harmagedon (Offb. 16,12–16)
- 1517 Reformation
- 1521 Die Türken (Islam) vor den Grenzen des habsburgischen Kaiserreiches
- 1683 Der Islam wird vom christlichen Europa zurückgedrängt... Doch die Wunde ward heil (Offb. 13,3)
- 1683 Europa wird führend in der Weltgeschichte

Der nach dem Fleisch Geborene verfolgte den, der nach dem Geist geboren war, also geht es jetzt auch (Gal. 4,29)

Ismael → Fleischl. Linie → Mohammed
570----632

Mohammed → 630 Islam im Aufsteigen – Hl. Krieg (Sr. 9,29) → Islam → Weltmacht Öl
Mohammed → Das Tier ist gewesen → 1683 → ist nicht → 1973 → und kommt wieder. (Offb. 17,8)
Mohammed → Der verheißene Periklytos (Sr. 61,6)
Mohammed → Islam Weltreligion (Sr. 3,17–19+57)
Mohammed → Mohammedaner, das auserwählte Volk (Sr. 3,106)
Mohammed → Islam und Koran, Licht der Welt (Sr. 5,18)

Zeit des Tieres u. des falschen Propheten

Das Geheimnis der Bosheit... „Alsdann wird der Boshafte offenbart werden" (2. Thess. 2,7–8; Offb. 19,15–20)

1000jähr. Reich; Christus Ekklesia (Offb. 20,6). Braut des Lammes dann sichtbar (Offb. 21,9) DA SOLL DANN KOMMEN ALLER HEIDEN BESTES... (Haggai 2,7)

Sr. = Kapitel des Korans

Weitere Bücher aus dem Verlag Schulte + Gerth, die sich mit endzeitlicher Prophetie beschäftigen:

Hal Lindsey/Carole Carlson: Alter Planet Erde, wohin?
224 Seiten, Pb.

Der Untertitel »Im Vorfeld des dritten Weltkriegs« weist auf den bedrängenden Ernst der gegenwärtigen Weltentwicklung hin. Ein erschütternd aufschlußreiches Buch über kommendes Unheil und kommendes Heil mit »überführenden« Einzelheiten.
HSW 15237. (Auch in Taschenbuchausgabe. HSW 15562)

Hal Lindsey: Die Feuerflut – Geburtswehen einer neuen Welt, 334 Seiten, Pb.

Das zeitlich offenbar immer näher rückende Buch der Offenbarung hat der Autor durchforscht und angesichts des aktuellen Geschehens ausgelegt. Die systematische Behandlung auch schwer zugänglicher Texte ist eine Hilfe für alle, die selbst Klarheit gewinnen und anderen den Weg zum Heil zeigen möchten. Verständlich für jedermann geschrieben.
HSW 15262

Hal Lindsey: Sind wir die letzte Generation?
208 Seiten, Pb.

Es ist das große Verdienst des Verfassers, den Einfluß der Philosophen auf die heutige Gesellschaft gründlich erforscht zu haben. Hier zeigt er, wie Weltanschauungen darauf ausgerichtet sind, letztlich geistliche Werte zu zerstören, aber auch, welch einzigartige Hoffnung die Christen besitzen. Ein aktueller Beitrag zur Diskussion über die Zukunft der Menschheit.
HSW 15284

Merrill F. Unger: Die Reiter kommen
256 Seiten, Pb.

Erregend aktuell ist die Deutung der okkultistischen Szene unserer Tage. Der Autor untersucht Spiritismus, Astrologie, Wahrsagerei und andere Themen und zeigt den Stellenwert der satanischen Praktiken in der biblischen Prophetie. Gleichzeitig wird eine zeitgemäße Schau Israels, des Weltendes und der nachfolgenden Ereignisse gegeben, die zu Konsequenzen ermutigt.
HSW 15280

John Wesley White: Der dritte Weltkrieg
246 Seiten, Pb.

Geht die gute alte Erde ihrem Ende entgegen? Taumelt sie in eine Katastrophe apokalyptischen Ausmaßes? Rohstoffknappheit, Hungersnöte, Umweltverschmutzung, Atomreaktoren – es spricht tatsächlich alles dafür, daß diese Erde unaufhaltsam dem totalen Chaos entgegentreibt.
Zwei Weltkriege haben die Erde in diesem Jahrhundert schon heimgesucht. Steht uns nun ein dritter Weltkrieg bevor, der in einer katastrophalen, lebenvernichtenden Apokalypse enden wird? Den Christen können diese Fragen nicht erschrecken. Die Bibel sagt uns an zahlreichen Stellen, vor allem aber in der Offenbarung des Johannes, sehr genau, was auf die Erde und ihre Bewohner zukommt.
Der Autor untersucht die vielen Zeichen, die auf eine Endzeitkatastrophe hindeuten, und vergleicht sie mit den Aussagen der Bibel.
HSW 15296